地域デザイン学会叢書 2

食文化のスタイルデザイン
― "地域"と"生活"からのコンテクスト転換 ―

一般社団法人地域デザイン学会 監修
原田保、庄司真人、青山忠靖 編著

大学教育出版

はしがき

　本書『食文化のスタイルデザイン―"地域"と"生活"からのコンテクスト転換―』は、地域デザイン学会叢書の第2巻として刊行される。この刊行の理由は、食文化が地域から生まれグローバルな広がりをみせる人の生活と密接な関係にあるからである。これはすなわち、食文化が、地域の価値発現や暮らしの中心にあることを意味する。

　それゆえ、我々は食をまさに自然に対する人の働きかけとして捉えるし、また他者への影響力の行使としても捉えられる。そこには、食文化をめぐるグローバルな、かつダイナミックなパワーの行使が読み取れる。その意味で、食文化とは、まさに人間の存在やその組織化と密接な関係がある。また、社会的、経済的側面のみならず、同時に政治や宗教などを通じた国家や民族の覇権とも深く関わっている。

　したがって、食文化を考察するにあたっては、地域をめぐる人の営みであるという側面と政治などをめぐるパワーの側面の、まさに双方からのアプローチが欠かせない。しかし、本書では、地域における人の営みに重点を置き、ライフスタイルとの関係から食文化を考察する。

　なお、執筆者はすべて地域デザイン学会の会員であるが、食品や文化に関わる専門の研究者は一人もいない。それは、我々が地域を捉えて食文化のコンテクストを解き明かそうとする研究を指向する立場のコンテクストデザイナーだからである。その意味では、本書ではコンテンツとしての食への学問的なアプローチは行われない。それゆえ、食の分野にフォーカスした人の暮らしをめぐる地域デザインの研究の一環であると考えてほしい。

　このようなことから、まず序章においては、本書の全体を貫く基本的な考え方の提示が行われる。これは、「食文化スタイルデザインのコンテクスト転換（原田）」であり、ここでは分析対象の考察ではなく分析視角の重要性が主張される。

　続いて、このいささか特異なアプローチの理論的正当性を追究すべく「第1部　総括編　食文化の分析と理論フレーム」が提示される。ここにおいては、あ

くまでも、いわばコンテクストデザイナーの立場からの理論の言及が行われる。なお、この第1部は3つの章から構成されている。第1章の「コンテクストとしての食の文化と歴史（庄司、原田）」は食を文化と歴史からトレースした分析であり、第2章の「地域コンテンツ的食文化のパラダイムシフト（青山、原田）」は食文化をパラダイムシフトから言及した食文化の戦略的解釈が追求されて、最後の第3章の「食文化価値の創造に向けたコンテクスト転換（原田、庄司、青山）」は2つの議論を踏まえた食文化に関するコンテクストクリエーションを指向した構想が披露される。

この第1部を踏まえて、以降の第2部から第6部までの5つの部においては、多彩な切り口から抽出された食文化をめぐる大事なテーマを、まさにスタイルデザインの視角から考察する。

第2部の「具体編Ⅰ 優れた食文化に見るスタイルデザイン」においては、第4章の「スローフードのスタイルデザイン（原田、宮本）」、第5章の「ファストフードのスタイルデザイン（庄司）」、第6章の「トーキョーカフェのスタイルデザイン（青山）」、第7章の「グローバルスパイスのスタイルデザイン（宮本）」、第8章の「移動フード販売のスタイルデザイン（佐藤）」の5つの主張が提示される。

続く第3部の「具体編Ⅱ 高度な料理芸術に見るスタイルデザイン」においては、以下の2つの議論が展開される。これらは、第9章の「懐席料理のスタイルデザイン（宮本）」、第10章の「宮廷料理のスタイルデザイン（庄司）」である。

第4部の「具体編Ⅲ ヘルシーフードに見るスタイルデザイン」においては、以下の2つの議論が展開される。これらは、第11章の「薬膳料理のスタイルデザイン（吉澤）」、第12章「精進料理のスタイルデザイン（宮本）」についての議論である。

第5部の「具体編Ⅳ ローカルブランドに見るスタイルデザイン」においては、以下の5つの議論が展開される。これらは、第13章の「京風料理のスタイルデザイン（青山）」、第14章の「江戸前料理のスタイルデザイン（庄司）」、第15章の「沖縄料理のスタイルデザイン（河内）」、第16章の「名古屋料理のスタイルデザイン（青山）」、第17章の「長崎料理のスタイルデザイン（山田）」である。

第6部の「具体編Ⅴ　ステイタス認証制度に見るスタイルデザイン」については、以下の2つの議論が展開される。これらは、第18章の「ユネスコ無形文化遺産認定食のスタイルデザイン（原田・宮本）」、第19章「ミシュラン認定店舗のスタイルデザイン（原田・宮本）」である。

　これらから理解できるのは、食文化の問題は地域やそこに暮らす人々の生活と密接に関係があることである。それは、言うまでもなく、人の暮らしの根幹を担っているのは食生活であり、そしてそれにいかに文化を注入していくかが、いつの時代でも人類のミッションの1つだからである。その意味では、食文化は地理的側面と歴史的側面から同時に捉えることが望ましい。

　こう考えると、ここで提示した食文化の後には、ファッション文化、住生活文化、余暇生活文化、社会文化など、まさに多岐にわたる地域との関係を捉えた生活文化研究は大いに期待できる。我々はこれらのテーマについて、順次研究に着手したいと考えているが、それには研究のための充分な準備と研究者の組織化が急務の課題になる。

　今回の出版は、原田が香川大学に勤務していた際にお世話になった大学教育出版にお願いし、以前ご担当していただいた佐藤守さんにお願いすることになった。我々はこれを契機に、今後においても地域デザインに関する良書を継続して刊行したいと願っている。また、新たな研究領域の拡大に向けた他者との連携戦略の展開も推進していく予定である。それゆえ、本学会および地域の多くの方々が、本書に対して興味を示してくださることを大いに期待する。

2015年6月1日

（編著者）原田　保
庄司真人
青山忠靖

地域デザイン学会叢書 2
食文化のスタイルデザイン
―"地域"と"生活"からのコンテクスト転換―

目　次

はしがき……………………………………………………………………i

序章　食文化スタイルデザインのコンテクスト転換 …………原田保…1
　はじめに　*1*
　　（1）《視角①》＝コンテクストとしての地域　*3*
　　（2）《視角②》＝文化としての食事　*5*
　　（3）価値発現行為としての調理機能　*7*
　　（4）主食が決める世界の四大食文化圏　*9*
　　（5）食文化の光と影　*11*
　おわりに　*13*

第1部　総括編　食文化の分析と理論フレーム

第1章　コンテクストとしての食の文化と歴史 ……………庄司真人・原田保…16
　はじめに　食の文化と地域　*16*
　第1節　食文化と文化・歴史　*17*
　　（1）地域と密接に関係する食文化　*17*
　　（2）ライフスタイルと食文化　*18*
　第2節　食文化の視点　*21*
　　（1）スタイルとしての食文化　*21*
　　（2）文化人類学と食　*22*
　　（3）食における認証とスタイル　*24*
　おわりに　*26*

第2章　地域コンテンツ的食文化のパラダイムシフト ……青山忠靖・原田保…29
　はじめに　*29*
　第1節　食文化のコンテクストによる文化的ヘゲモニーの歴史的な推移　*31*
　　（1）ガストロノミーによる文化的生産　*31*
　　（2）フランス料理による文化的覇権の確立　*36*

（3）エッジとしてのスローフードの登場　*38*
　第2節　エンパイアーフーディズムの台頭とその波及　*43*
　（1）マクドナルドという帝国（エンパイアー）　*43*
　（2）よりエリート的なガストロノミーとアメリカ的食文化　*46*
　（3）非食文化としてのファストフード　*49*
　おわりに　*52*

第3章　食文化価値の創造に向けたコンテクスト転換
　　　　　　　　………………………………………原田保・庄司真人・青山忠靖…*57*
　はじめに　*57*
　第1節　食文化のコンテクスト構造＝調理と食事空間の共振と共進　*59*
　（1）人間のみに見いだされる食文化　*59*
　（2）コンテクストとしての調理と食事空間　*61*
　（3）行為＝調理と場所＝食事空間の共振と共進による価値創造　*63*
　第2節　コンテクストのコスモポリタニズム＝アンサンブルと適合　*66*
　（1）食空間の公共性化とコスモポリタニズム化　*66*
　（2）形態とコンテクストとの調和によるアンサンブルの形成　*69*
　（3）コンテンツの共振と適合、そして結合へ　*72*
　第3節　食文化のローカル性とグローバル性＝対抗関係からの止揚　*75*
　（1）食文化と地域　*75*
　（2）食のローカル性　*76*
　（3）食文化のグローバル化とローカル性から見る食の方向性　*77*
　おわりに　*79*

第2部　具体編Ⅰ　優れた食文化に見るスタイルデザイン

第4章　スローフードのスタイルデザイン　……………原田保・宮本文宏…*86*
　はじめに　*86*
　第1節　スローフードから発展したスロースタイルデザイン　*87*

（1）ファストフード批判としてのスローフードのブランド戦略　87
　（2）スローフードにおける食の関係性のコンテクスト転換　90
　（3）スローフードからスロースタイルへのコンテクスト転換　91
第2節　脱近代としてのスロースタイルデザイン　92
　（1）時間意識におけるスロースタイルのコンセプトデザイン　92
　（2）空間と場所におけるスロースタイルのコンセプトデザイン　93
　（3）ローカルとグローバルの融合化としてのスロースタイルのコンセプト　94
第3節　変化の起点としてのスロースタイルデザイン　95
　（1）交流による創造としてのスロースタイルデザイン　95
　（2）地域のネットワークとしてのスロースタイルデザイン　96
　（3）デマンドサイドの意識変革としてのスロースタイルデザイン　98
おわりに　99

第5章　ファストフードのスタイルデザイン　　　　　　庄司真人…103

はじめに──ファストスタイル──　103
第1節　ファストフードとファストフードのスタイル　104
　（1）ファストフードの定義　104
　（2）スタイルとしてのファストフード　106
第2節　ファストスタイルに関する歴史的・地理的考察　107
　（1）ファストスタイルのグローバル性　107
　（2）ファストスタイルと工業化　108
第3節　ファストスタイルと食文化　109
　（1）ファストスタイルへのアプローチ　109
　（2）ファストスタイルの可能性と限界　110
おわりに　111

第6章　トーキョーカフェのスタイルデザイン　　　　　青山忠靖…114

はじめに　114
第1節　都市機能としてのカフェデザイン　115
　（1）カフェの空間的都市機能としての存在理由　115

（２）路上カフェ（street café）にみるコンテクスト分析　*116*
　（３）カフェがその機能を発揮させるべきコンテクストの条件として　*117*
第２節　都市空間におけるカフェのパタン・ランゲージ　*118*
　（１）パタン・ランゲージとは何か　*118*
　（２）トーキョーカフェスタイルのコンテクストデザイン　*119*
　（３）新たなパタン・ランゲージとバリスタの台頭　*122*
第３節　カフェの変遷とポストカフェスタイル　*125*
　（１）カフェの創成とその変遷　*125*
　（２）喫茶店・カフェバーに見られる日本的コンテクスト　*127*
　（３）ポストカフェのデザインスタイル　*127*
おわりに　*131*

第７章　グローバルスパイスのスタイルデザイン　………………　宮本文宏…*134*

はじめに　*134*
第１節　スパイスとは何か ── 特徴と歴史性 ──　*136*
　（１）富の象徴としてのスパイス　*136*
　（２）異国の象徴としてのスパイス　*137*
　（３）貿易としてのスパイス　*138*
第２節　スパイスによるコンテクスト転換　*140*
　（１）スパイスの特異性 ── 地域デザインとしてのスパイス ──　*140*
　（２）スパイスの外部性 ── 外部からもたらされるものとしてのスパイス ──　*141*
　（３）スパイスのグローバル性 ── 交流としてのスパイス ──　*142*
第３節　スパイススタイルのデザイン　*143*
　（１）文化間のネットワークとしてのスパイススタイル　*143*
　（２）過剰さの象徴としてのスパイススタイル　*145*
　（３）枠組みの転換としてのスパイススタイル　*146*
　（４）価値創造としてのスパイススタイル　*146*
おわりに ── 文化創造の媒介としてのスパイス ──　*147*

第8章　移動フード販売のスタイルデザイン …………………… 佐藤正弘…151
　　はじめに　151
　　第1節　移動販売の歴史　152
　　第2節　現代の移動販売の概観　154
　　第3節　ネオ屋台村の事例　157
　　おわりに　162

第3部　具体編Ⅱ　高度な料理芸術に見るスタイルデザイン

第9章　懐石料理のスタイルデザイン ……………………………… 宮本文宏…166
　　はじめに　166
　　第1節　懐石とは何か　167
　　　（1）懐石が日本を代表する食文化というストーリーはなぜ生まれたか　167
　　　（2）懐石の起源とは何か　168
　　　（3）懐石の目的は何か　169
　　第2節　2つのKAISEKIの存在　170
　　　（1）会席料理との違いと懐石のコンテクスト　170
　　　（2）懐石を代表的な日本の食文化とする理由とは何か　172
　　　（3）懐石はいつから普及したか　172
　　第3節　懐石のコンテクストデザインの方法　173
　　　（1）茶の湯というコンステレーションデザイン　173
　　　（2）主客一如というトポスデザイン　176
　　　（3）千利休というアクター　177
　　　（4）KAISEKIとしての懐石のデザイン　178
　　おわりに　懐石という食文化を問う　179

第10章　宮廷料理のスタイルデザイン ……………………………… 庄司真人…183
　　はじめに　183
　　第1節　スタイルとしての宮廷料理　184

（1）宮廷料理としてのフランス料理　*184*
　（2）スタイルとしてのマナー　*185*
第2節　宮廷料理に関する歴史的・地理的考察　*187*
　（1）ヨーロッパの歴史的背景　*187*
　（2）フランス料理の発展　*188*
第3節　宮廷料理に関する文化論　*188*
　（1）権威付け　*188*
　（2）提供の方法　*190*
　（3）アクターによる価値創造　*191*
おわりに　*191*

第4部　具体編Ⅲ　ヘルシーフードに見るスタイルデザイン

第11章　薬膳料理のスタイルデザイン　　　　　　　　　　　吉澤靖博…*196*

はじめに　*196*

第1節　薬膳料理に見る食文化のコンテクスト構造　*198*
　（1）薬膳料理の食文化価値　*198*
　（2）薬膳の3段階コンテクスト　*199*
　（3）薬膳料理における「所」と「場」の共振と共進　*201*
第2節　薬膳料理におけるコスモポリタニズム　*202*
　（1）薬膳料理の起源　*202*
　（2）陰陽五行説にもとづいたアンサンブルの形成　*203*
　（3）日本の編集力がつくりだす新たな結合　*204*
第3節　薬膳料理のローカル性とグローバル性　*206*
　（1）「身土不二」思想と「スローフード」思想に見る地域性　*206*
　（2）「辺境性＝ローカル性」が生み出す編集力　*207*
　（3）21世紀型脱グローバル文化への止揚　*209*
おわりに　*210*

第12章　精進料理のスタイルデザイン　　　　　　　　　　　宮本文宏…213

はじめに　*213*

第1節　精進料理の背景　*214*
（1）精進料理の定義――精進の意味するもの――　*214*
（2）精進料理の誕生――仏教伝播の歴史――　*215*
（3）日本における肉食禁忌の成立　*217*

第2節　日本における精進料理の展開　*218*
（1）精進料理の成立と発展　*218*
（2）精進料理の普及　*219*
（3）精進料理の特徴　*220*

第3節　精進料理のブランドデザイン展開　*221*
（1）「心の料理」としての精進料理のブランド　*221*
（2）健康食としての精進料理のブランドデザイン　*222*
（3）精進料理のブランドデザインのコンセプト　*223*

おわりに　*225*

第5部　具体編Ⅳ　ローカルブランドに見るスタイルデザイン

第13章　京風料理のスタイルデザイン　　　　　　　　　　　青山忠靖…230

はじめに　*230*

第1節　京都料理のコンテクスト的な本質　*231*
（1）山間の地の郷土料理というコンテクスト　*231*
（2）ことば遊びのコンテクスト　*233*
（3）融合化で広がる京都料理のコンテクスト　*234*

第2節　イデアとしての京料理　*237*
（1）現代料理と伝統料理の定義　*237*
（2）小京都と呼ばれるイデア　*238*
（3）現代料理として確立化された京都料理　*239*

第3節　京都料理のコンテクスト的考察　*241*

（1）京都料理の記述による優位性　241
　　（2）京都料理のコンテクスト的構成　243
　　（3）反文人趣味という気骨のコンテクスト　244
　おわりに　246

第14章　江戸前料理のスタイルデザイン　………………………庄司真人…249
　はじめに　249
　第1節　江戸前料理　250
　　（1）江戸前とは　250
　　（2）江戸前料理としての寿司、天ぷら　251
　第2節　江戸前料理に関する歴史的・地理的考察　253
　　（1）政治の中心としての江戸　253
　　（2）江戸の発展　254
　第3節　江戸前料理というコンテクスト　255
　　（1）江戸前スタイル　255
　　（2）食文化としての江戸前　256
　おわりに　257

第15章　沖縄料理のスタイルデザイン　………………………河内俊樹…259
　はじめに　259
　第1節　沖縄に特徴的な食材とその活用法　260
　　（1）ンム（芋）　260
　　（2）豚肉と肉食文化　261
　　（3）ヒージャー（ヤギ）　262
　　（4）沖縄豆腐　262
　　（5）沖縄の野菜　263
　　（6）魚　263
　　（7）海藻類　264
　第2節　沖縄の共食文化と行事食　264
　第3節　戦後における食文化の変容　266

（1）「ポークランチョンミート」の定着　267
　（2）「ファスト・フード」の定着　268
　（3）「タコライス」の登場　269
おわりに　沖縄の食に対する考え方とその意識
　　　　—もう1つのコンテクスト—　270

第16章　名古屋料理のスタイルデザイン　　　青山忠靖…276
はじめに　276
第1節　名古屋メシの台頭　277
　（1）取るに足らない名物の歴史　277
　（2）ブランドとして確立された名古屋コーチン　278
　（3）名古屋メシの登場　279
第2節　名古屋食文化の歴史的なコンテクスト　280
　（1）文化的な都市でもあった近世の名古屋　280
　（2）モータリゼーションと名古屋食文化との関連性　283
　（3）名古屋メシのカンブリア期　284
第3節　名古屋メシはどうなるのか　286
　（1）名古屋メシを育んだ独特の資本主義のスタイル　286
　（2）名古屋食文化から学ぶこと　288
　（3）収穫逓減を迎える名古屋メシ　289
おわりに　291

第17章　長崎料理のスタイルデザイン　　　山田啓一…293
はじめに　293
第1節　長崎の地勢　294
第2節　コンテクストとしてのアジアン・グローバリゼーションと長崎の歴史　296
　（1）ポルトガル、イスパニアと長崎　297
　（2）バテレン禁教令　298
　（3）オランダと長崎　299

（4）華人と長崎　*300*
　（5）鎖国の影響　*301*
　第3節　長崎の食文化　*302*
　（1）カステラ　*302*
　（2）ちゃんぽん　*304*
　（3）卓袱料理　*306*
　おわりに　*306*

第6部　具体編V　ステイタス認証制度に見るスタイルデザイン

第18章　ユネスコ無形文化遺産認定食のスタイルデザイン
　　　　　　　　　　　　　　　　　　　　　　　　　　原田保・宮本文宏…*310*
　はじめに　*310*
　第1節　文化の保護のための無形文化遺産　*311*
　（1）ユネスコ無形文化遺産の概要　*311*
　（2）ユネスコ無形文化遺産とユネスコ世界遺産との違い　*312*
　（3）無形文化遺産に和食を登録しようとした主体　*314*
　第2節　無形文化遺産としての食文化　*315*
　（1）食文化を無形文化遺産に登録する目的　*315*
　（2）食文化の保護の理由　*316*
　（3）ブランドとしての食　*317*
　第3節　無形文化遺産と食の多様性　*319*
　（1）保護主義と自由主義　*319*
　（2）カリフォルニアロールは和食といえるのか　*320*
　（3）食の伝統の本質　*321*
　おわりに　*322*

第19章　ミシュラン認定店舗のスタイルデザイン　……原田保・宮本文宏…*325*
　はじめに　*325*

第1節　ミシュランの力　*326*

（1）2つのミシュラン　*326*

（2）ベル・エポックの夢とミシュランガイドブックの誕生　*327*

（3）ミシュランガイドブックの目的の変容　*328*

第2節　ミシュランガイドブックのコンテクスト転換　*329*

（1）フランス美食文化とミシュランの関係性　*329*

（2）格付けシステムとしてのミシュランガイドブックの成立と構造　*330*

（3）メディアとしてのミシュランガイドブック　*331*

第3節　ミシュランというシステム　*333*

（1）スター創造システムとしてのミシュランガイドブック　*333*

（2）ミシュランガイドブックは美食文化創造に貢献したか　*334*

（3）ミシュランガイドブックの変容　*336*

おわりに　*337*

地域デザイン学会叢書 2
食文化のスタイルデザイン
― "地域" と "生活" からのコンテクスト転換 ―

序　章

食文化スタイルデザインのコンテクスト転換

原田保

はじめに

　本書を構想した理由は、筆者が食文化の地域における生活様式への影響を踏まえた生活の場としての地域デザインの方法を考察したいと考えたことにある。このように考えたきっかけは、以前に本書の編者の一人である青山らと『スロースタイル―生活デザインとポストマスマーケティング（原田・三浦、2007）』を新評論から出版したことにある。この書は簡単にいえば、イタリアから全世界に広がったスローフード運動が地域を越えてグローバルな存在感を示すまでになり、これを契機に食の領域を超えた生活全般を規定する生活思想の枠組みへと発展してきたことの背景と理由を読み解いたものである。

　これに加えて、筆者が地域デザイン学会を創設して、地域性と生活様式からの視角が付与されることにより、本書『食文化のスタイルデザイン―"地域"と"生活"からのコンテクスト転換―』が刊行されることになった。

　ここで主張される最も大事な点は、食文化デザインがコンテクストとしての地域性と生活様式に多大な影響を与えることである。とりわけ、地域コンテクストについては食文化から多大な影響を受けており、結果として地域住民のライフデザインに対しても多大な影響を与えている。このように、食文化は地域の中で定着して、生活者のライフデザインの根幹に組み込まれる。このことから理解できるのは、食文化の領域では、何らかのローカルなポジションを確立した食文化が他の食文化に対する比較優位性を示すようになり、これが次第にグローバルなポ

ジションを獲得することになる。こうして、いつの時代にも地域における食文化のコンテクスト転換が現出することにもなる。

　例えば、イタリアの伝統的な家庭から生まれた料理は長い時間をかけて獲得してきた暮らしと密接に関係しており、かつ健康的な料理に溢れるいわばぬくもりのある"手作り感の溢れる食文化"として、すでに周知のように現在では我が国を始めとして世界中の多くの国や地域に波及し、そこに暮らす人々に受容されている。しかし、ここで認識すべきなのは、それぞれの多くの地域の食のすべてがイタリア料理にとって替わられたのではなく、それぞれの地域の料理がイタリアから生まれたスローという食文化のコンテクストを吸収しながらそれぞれに地域の食に取り込んでいる、という点である。

　このような意味では、例えばスローフードとはまさに眼前にあるコンテンツとしての料理でありその文化を押し付けるべき料理なのではなく、むしろこれらから読み取れるコンテクストによってその地域の食文化が顕現するような料理である、と考えられる。これはすなわち、イタリアというコンテクストとしての地域が、それが現出させるコンテンツとしてのスローフードをグローバルなコンテクストとしての食文化へと転換させていったことを示している。

　それゆえスローフードこそが、地域がスローというコンセプトをある種のプラットフォームにしながらグローバル化を受容していった好事例である、と考えられる。言い換えれば、イタリアという一つのローカルな地域から生まれたグローバル化した食がスローフードなのである。つまり、スローフードは単なるコンテンツのグローバル化ではなく、むしろその背景であるスロースタイルというコンテクストのグローバル化である、と理解すべきである。これこそが、まさに食文化に関わるコンテクストのローカルからグローバルというコンテクスト転換の現出である。

　そこで、これに続く後章では、以上の認識に依拠しながら、食文化デザインに関する広範なアプローチの中から、特に地域性と生活様式を捉えた言及を行っていく。そこでまず、それらの議論の前提になる食文化のコンテクスト論に関する基本的な認識についての議論を行う。これは具体的には、第1がコンテクストとしての地域であり、第2がコンテクストとしての調理である。

（1）《視角①》＝コンテクストとしての地域

　すでに周知のように、世界における三大料理とはフランス料理、イタリア料理、そしてトルコ料理である。これらがなぜ三大料理と言われるのかという問に対しては、それらが世界の人々からはるか昔から特別に美味しい料理であるという評価を獲得してきたかである、という解を提示する。しかし、第1のフランス料理はかなり昔からグローバルな高級料理というアイデンティティを確立しているし、第2のイタリア料理も近年ではやや大衆的な要素が強い料理として世界的なアイデンティティを獲得している。しかし筆者には、これら2つに比較して第3のトルコ料理は少なくとも我が国においては未だに知る人ぞ知るというようなポジションに留まっているように感じられる。

　このことは、フランス料理やイタリア料理がすでに広範な層に対するグローバルアイデンティティを確立しているのに対して、トルコ料理が一部の高質顧客を除けば未だにローカル性の強い存在に留まっていることを意味するのかもしれない。これは言い換えれば、ローカルな地域名称（国名）であるフランスやイタリアが単なる国というコンテンツとしてではなく、むしろある種のグローバルな文化的なコンテクストとして、すなわち食に関わるグローバル文化のようなものとして認知される（古賀、2013）ことによってすでにグローバルなポジションを獲得している、ということになる。このことから理解できるのは、実は地域とは自在にその保持する意味を転換させられるコンテクスト、ということである（図表序 -1）。

図表序 -1　コンテクストとしての地域による料理の誕生

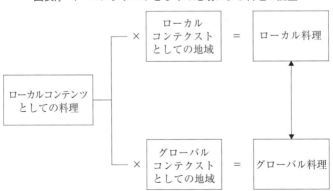

それでは、以下においてフランス料理とイタリア料理に見いだされるコンテクストとしての地域は一体どのように異なっているかについての考察を行う。ざっくりと言い切れば、現在では前者が宮廷を想起させる高級な料理であり、後者はむしろ庶民の日常的な料理である（フランス料理に影響を与えたにもかかわらず）ということになる。それゆえ、前者の戦略は例えば可能な限りの高付加価値の獲得ということになり、後者の戦略は例えば人々の毎日の生活の中に入り込むことになろう。結果として、前者のフランス料理はどちらかというとスロースタイル向きのコンテンツにはふさわしくないように感じられるのに対して、ふさわしいように感じる料理が後者のイタリア料理になる。もちろん、フランス料理においても例えば南部のプロバンス地方に代表される地中海沿岸に見いだされる日常的な料理については十分にスローフードとしての役割を果たしている、と思われる。しかし筆者には、これらに対しては通常の高級料理としてのフランス料理のイメージが感じられない。むしろ、地中海料理の一部である。

すでに周知のように、両国においてはそれぞれにパリコレクションやミラノコレクションによって、グローバルなファッション文化拠点としてのアイデンティティが確立している。このように、ファッションにおいては、国よりも小さなゾーンであるパリやミラノという歴史のある大都市がコンテクストとして機能している（ファッションビジネスとしてはミラノは後発であるが）と考えられる。

以上のことから理解できることは、一方の食文化はどちらかというと国単位のゾーンの付加価値を増大させているし、他方のファッション文化はどちらかというと都市の付加価値を増大させているという差違の存在である。これはすなわち、ファッションがもっぱらその先進性がアイデンティティの形成に寄与するのに対して、食はどちらかというと背景にある文化性がアイデンティティの形成に寄与するからである。その意味では、食の領域においてグローバルアイデンティティを獲得するためには、より深く地域の生活文化に根ざすべく、ある程度時間をかけたブランディングやビジネスモデルの構築を行うことが望ましい。また、食文化のグローバル化のためには、まさに地域性というコンテクストを武器にしたローカルな存在からコンテクストとしてのグローバル性を感じさせる存在へと、食文化の存在感を大きく転換させることが必要になる。

以上のことから、たとえ1つのローカルなコンテンツであっても、それへの効

果的なコンテクストの付与によってグローバルブランドへと転換できることがわかる。こう考えると、我が国においてはジャパン、あるいは日本（ニッポン）というコンテクストブランドをフランスブランドやイタリアブランドに匹敵するものに育成していけるかどうかが、現時点における大きな課題になる。

（2）《視角②》＝文化としての食事

多くの人々にとって食に関する基本的な概念としては、「食物（たべもの）」と「食事」があることは周知であろう。前者の食物とは、人が食するための物であり、人間の口から体内に入る栄養分としてのコンテンツである。なお、これについてはほとんどすべての動物に共通する「餌」というコンテンツとはまったく異なる意味を持っている。

また、この食物と餌との差異は、動物が加工や調理をしないことに起因している。一方の動物が食する食物は単なる餌としての動植物であるのに対して、他方の人間が食する食物は加工や調理が伴っている場合がほとんどである（島田、1999）（図表序 -2）。

これに対して、食事は文字どおり食に関わるできごとであるから、ある種の

図表序 -2　食品から食物（たべもの）への転換プロセス

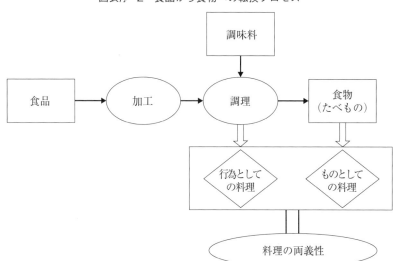

コンテクストである。これこそが人間が他の動物とは大きく異なる特徴であるとされる。これによって食事は、ただ単に食べるだけという栄養補給行為とは一線を画している（杉田、1999）。すなわち、人が食することはその行為には何らかの背景が存在している。また、そこにはほとんどの場合に人間関係に依拠したできごとや地域で開催されるイベントによって現出する何らかのエピソードメイク（原田・三浦、2011）が見いだされる。

　その意味では、人間にとっての食事とは、食生活で何を食べるのかというコンテンツの選択なのではなく、いつ、どこで、誰と食に関わる時間を過ごすのかというコンテクストの選択である、といっても過言ではない。言い換えれば、人間の本質はコンテンツイーターではなく、むしろコンテクストイーターであることに見いだされる（図表序 -3）。

　このように、食事は単なる食物というコンテンツを食べるための行為ではなく、人々の間で何らかの意味を交換するコミュニケーションツールであるし、また自身の心の中に深く刻み込まれるコンステレーション形成のためのツールでも

図表序 -3　食文化としての食事

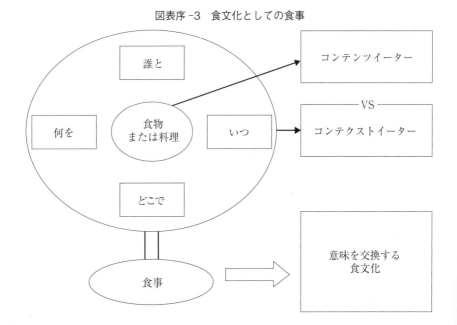

ある。このような考え方の延長線上に、例えば食を盛る器の文化や食事のための部屋の文化、あるいは食の作法（作り方と食べ方）などが重視されることになった。

　したがって、人間にとって食事は生理的欲求を満たすのみの行為ではなく、同時に文化的充足を求めるというある種の精神的な欲求を満足させるためのものである。これこそが、人間にとっての食事の意味であるし、それゆえ単に空腹を満たすためではなく、同時に心をも満足させる行為であることを示している。

　例えば、我が国に古くから繁栄してきた茶の湯は昔から総合芸術であると言われてきた。茶室とは、いわばハードウエアに意味を持たせながら、そこにある様々な茶道具、そして客をもてなすために用意される和菓子、さらには花や掛け軸という空間を演出する小道具などのすべてを五感で味わいつくす、いわば静かな劇場空間である。これこそがコンテクストイーターとしての人間の究極の食文化空間である。

　こうしたことから、食事とはコンテクストに彩られることから獲得できる精神性の高揚を指向する行為であるとも言える。ここにおいては、食事行為が肉体的な価値のみならず、同時にきわめて高度な精神的な価値をも現出させている。このような食事行為は、飢餓の心配のない、いわば経済的に恵まれている人々にとってはきわめて意味深いエピソードメイクを可能にしている。

（3） 価値発現行為としての調理機能

　さて、多くの場合には、主に料理人（調理師を含めた料理に関わる専門人材をいう）によって食材が何らかの方法によって調理（例えば、煮る、焼く、蒸す、炒めるなどの料理に関わる行為）されたものが料理（食事の対称にふさわしいように転換されたもの）であると言われる。言い換えれば、食品である食材は料理人の調理という行為によって料理へとコンテクスト転換がなされる。その意味では、コックや板前はある種のコンテクストデザイナーであるとも言える。そこで、ここでは調理と料理人に対してコンテクストデザインの視点から考察を加えていく（図表序 -4）。

　実は、料理に付加価値を現出させるには良いシェフ（パティシエなどの様々な領域の職人も含む）や良いレストラン（他の料理提供施設も含む）が不可欠であ

図表序-4　価値転換の担い手としての料理人

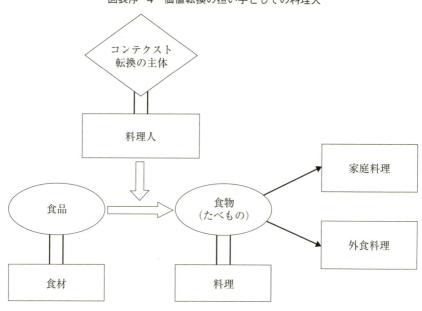

る。しかし、調理の対象になる食材の生産については、第一次産業の担い手、つまり農業従事者や漁業従事者によって行われる。それゆえ、食材の価値は彼らの仕事ぶりに大きく左右される。

　このことは、消費者が自宅でスーパーマーケットなどから購入した食材を自身の手で調理する場合を除けば、食するべき料理の価値はそれこそプロの料理人の腕前に大きく依存する。もしも、優れた料理人の手に掛かれば、そうでない場合に比較して数倍もの価値が現出する。

　しかし、料理が美味しければどんなにみすぼらしいレストランでも良いのかといえば、必ずしもそうではない。言い換えれば、これは、たとえいくら美味しい料理を食べられるレストランであっても、そこでの居心地が悪ければそこに何度も行こうとは思わないことを示している。特に、非日常的な食事においては、例えば前述した茶の湯に代表されるように、今ここで過ごすための時空間の全体に対する満足感が求められる。

　こうした全体的な評価は多くの先進国においては標準的なものとして広く受

容される。今では、このような食の空間に対して総合評価を行う機関が現出しているが、この代表的なものとしたのは、かのミシュランの評価をあげられる。

　さて、前述のように、調理はある種の価値発現装置であるが、だからこそ料理人の調理に関する各自のコンセプトが大事になる。例えば、たかが魚一匹を素材として調理する場合にも、その調理の仕方によって多様な料理ができあがってくる。食材を扱う料理人によって、料理はまさに和食にも洋食にもなるし、また中華料理にも、インド料理にも、中にはイスラム料理になる場合もある。このことは、我々に対して同じ素材からでも異なる複数の価値が発現することを教えてくれる。

　このように、料理人や店舗環境に代表される料理の背景の良し悪しによって、コンテンツとしての料理の価値は大きく変化してしまう。その意味で、料理人や店舗環境が料理をめぐる価値を決定付けるためのコンテクストとしての差別化要因になることが理解できる。これはすなわち、料理人や店舗環境は料理の価値を経験価値的に高められる価値発現装置である。

　このように、コンテンツの価値を決定する料理人や店舗環境を含めた統合的な背景はもはやコンテンツではなく、むしろコンテクストである。それゆえ、今後の料理ビジネス（料理を伴わない単なる商品販売員も含む）にはコンテクストデザインの導入が不可欠になる。そして、良いコンテクストが構築できれば、これによって多くの優れたコンテンツに多大な価値を付与させることができる。こうして、レストランビジネスなどの食に関わる多くのビジネスモデルは、次第にコンテクストによるビジネスモデルへと進化していく。

（4）主食が決める世界の四大食文化圏

　実は、食に関わる文化圏については多重的な相貌を見せている。それは、主食に見る文化圏と野菜、あるいは調味料などに代表される他の食品に見る文化圏とは必ずしも完全には一致していないからである。例えば、コロンブスによるアメリカ大陸の発見などによって交易が盛んに行われるようになったことが影響し、食材や調味料、さらには嗜好品などが海を越えてヨーロッパにもたらされ、ここから世界中に広がっていった。

　それでも、食文化圏を語る際には、一般的には現時点の主食の広がりを捉えて

行われる。この主食は人種や地域によって実際には多くの種類の主食が多様な広がりを見せているが、ここでは特に、麦、米、雑穀、根菜の四つを四大主食として捉えた（21世紀研究会、2004）。これらを地図に表記すると以下のようなある程度の食文化圏というゾーンが浮かび上がる（図表序-5）。

すでに周知であろうが、麦の中心的存在は小麦であり、これを基盤にしながら広範な文化圏が形成されている。このゾーンにはヨーロッパ、そしてアフリカからインド西部までを含んでおり、それらは主にキリスト教文化圏とイスラム教文化圏である。このゾーンは政治的にも経済的にも長い間ずっと世界をリードしてきたが、食文化においてもまた長い間ずっと世界のリーダー役を担ってきた。なお、中国の北部については主に大麦などが主食になっているため、この地域はアジアにおける大陸型の食文化を形成しているとも感じられる。

米文化圏にはインド東部から東南アジア、中国南部、そして日本などが含まれる。そのためこのゾーンは主に水田による稲作文化に依拠した食文化圏であり、人口密度が高い地域になっている。ここにおける宗教の影響は他の地域に比較すると緩やかではあるが、それでも仏教から何らかの影響を受けていると考えられ

図表序-5　4大主食の世界的広がり

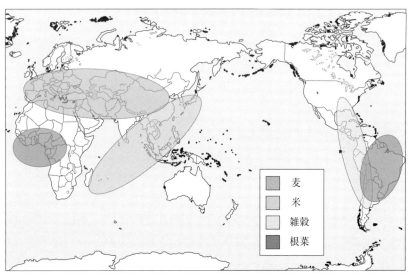

（21世紀研究会編『食の世界地図』収集の多数の地図を参考にして筆者が作成。）

る。また、この米文化圏の中で特筆すべきことは、実はラオスを中心にしてもち米文化が根付いていることである。

これに対して、雑穀文化圏は例えば粟とか稗に代表される内陸に広がる土壌の恵まれない地域に根ざした食文化圏である。また、南北アメリカではトウモロコシが家畜用も含めて主たる穀物である。しかし現在では、トウモロコシを主食にする地域は若干低下している。それでも、トウモロコシは米や麦に比較すると生産が容易であるためか、発展途上国においては未だ日常的な食の源泉になっている。

また、太平洋とインド洋を挟んで南米から中央アフリカに広がりを見せるのが根菜類である。このゾーンには、サツマイモ、ジャガイモ、タロイモなどの多種多様な種類の芋が栽培されている。このようなゾーンは、どちらかというと経済的には未だに発展途上地域であり、また米や麦、そして雑穀類の生産が難しく、食の環境に恵まれない地域である。

このように、主食をベースにして食の文化圏を設定することができるが、これは交易の発展などによって形成された現時点における文化圏の設定である。しかし、今後の科学技術の発展やさらなる公益の促進によるグローバル化の進展によって、この主食に依拠した文化圏は大きくこの姿を変化させることも予測できる。これが、実は食文化におけるグローバル化の進展がもたらす大きな変化である。その意味では、人間の生活における根幹をなす食文化においても、眼下のグローバル時代においてはその相貌を大きく変化させることが大いに予測できる。

(5) 食文化の光と影

以上においては、食文化の歴史的な視点を踏まえながら、部分的に文化人類学的な解釈も行ってきた。また本書では、このような視角から食文化の本質を探る努力を行っていく。しかし、この食文化に関わる研究においては、光の部分のみならず影の部分も含む複雑な構造を捉えなければならないという、きわめて多大で困難な問題に直面する。

すでに周知のように、人間のための食物は、塩を除けばそのほとんどが植物と動物という、まさに生命を持つ何らかの生物である。特に、動物を食材として利用する際には、必ずやこれらの命を奪うという行為が伴うことになる。場合に

よっては、例えば魚などは、それこそ生きたまま食べることも日常的に行われている。これはすなわち、人間の食文化はまさに殺生によって支えられていることを表している。

さて、異端の学者であるシュロッサー（Schlosser, 2001）によれば、食肉工場の光景はきわめて悲惨なものであるらしい。これは、殺される動物の運命が悲惨であるということだけではなく、この食肉工場（正確には食肉処理場）で働く従業員の運命もまたきわめて悲惨であることを示している。現代社会においては、この食肉加工工場は一つの重要なビジネス拠点になっている。それゆえ、ここにおいては日々きわめて多くの従業員が働いており、彼らにはここでの殺生行為という仕事に対して給料が払われている。

当然ながら、食肉加工工場においては鋭利な刃物が道具であるのだから、従業員が大怪我をすることは日常茶飯事のできごとであり、また全身を血みどろ状態にしながら仕事を続けるという状態が従業員に対して日常的に強いられる。特に、アメリカの場合は数多の不法移民がこのような職場に入り込んでいるのだから、それこそ劣悪な労働環境であっても、また廉価な給与であっても、このような雇用が問題にされない当然のこととしてまかりとおっている。

ここで考えてもらいたいのは、我が国においても、また食肉加工工場が存在しており、そこで働いている多くの従業員が実際に存在することである。筆者が講義を行う大学院のサテライトがある品川駅の南側にある港南口の先においては、まさにこのような食肉加工工場がある。それゆえ、特に風の強い日には駅から続くペデストリアンデッキを歩くと、人々はきわめて異様な匂いに襲われる。

マクドナルドに代表されるファストフードでは多くの場合には、その目玉商品はハンバーグであることが多い。しかし周知のように、これらのほとんどすべてが悲惨な食肉加工工場から供給されている。また、これらの肉を仕入れているファストフード店における労働条件も食肉加工工場よりはまだましであると思われるが、それでも実に多くの問題点を現出させていることも周知である。ここにおいては、例えば給与の不払いやパワーハラスメントも日常的に行われており、極端な場合には裁判沙汰になっている事例も数多にある。

また、多くのファストフードで扱われているコカコーラに代表される炭酸飲料が糖分が多いために健康に悪影響を与えていることは、すでに周知の事実になっ

ている。それでも、この炭酸飲料においては子供に対して今でも積極的なプロモーションが行われている。それにもかかわらず、一向に社会的な制裁を受けるような様子は見られない。このように、食に関わるビジネスにおいては、肉体的そして精神的な健康面の問題点や、低い給与による長時間労働などの労働条件の問題点が未だにほとんど解決していない。

　食の世界には一方ではきわめて華やかな光の部分が見いだせるのだが、この華やかな表舞台の裏ではオープンにしづらい影の部分が数多存在している。もちろん、他の多くの産業においてもこのような影の部分は随所に見いだされる。それでも筆者には、動物の生命を断ち切ることが仕事になっている食肉加工工場は特別の存在であると感じられる。

　このように、筆者は食文化には光と影の部分があることは認識しているが、それでも本書においてはあえて光の部分にフォーカスしながら食文化の論述に注力することにした。これについては、読者に対してあらかじめご了解いただきたい。

おわりに

　以上の論述を踏まえながら、後章においては食文化デザインに関わる理論と事例の紹介を行う。これまでは、我々が現在保持する食文化に関するいくつかの視角についての提示を行ってきた。そこで、ここでの論述については本書の全編に流れるいわば通奏低音のような役割を果たすことが期待されている。つまり、本書を読み解くためには、まずここで論述を正確に理解することが不可欠になっている。

　本書は食文化をコンテクストで読み解き、これをベースにしてコンテクスト転換を行うことで新たな価値創造を指向するためのある種の思想書である。また本書においては、コンテクストから捉えた食文化をさらに地域というもう一つのコンテクストに関連付けて理論化を指向するアプローチがなされている。

　なお、ここでは触れなかったが、筆者においては、現在の食文化はサプライサイドである食に関わる企業と食を楽しむライフデザイナーとの間で行われる相互関係から現出される共創的文化であると考える。その意味では、食文化とはフー

ドビジネスモデルデザインとフードライフスタイルデザインとの関わりから導出される価値創造行為による表出になる。それゆえ、後章において語られるそれぞれの主張は、この2つの観点からの統合的な議論が展開されると考えられる。

なお、食文化を地域デザインとの関連から言及するにあたっては、多段階における多様な文化圏をある種の価値を伴うゾーンに見立てた展開が行われる。また、食文化に関わる人間については、まさに食文化を創造するある種のアクターズネットワークを構成するアクターとして位置づけられる。このようないわばゾーンとアクターが織り成す関係から食文化のコンテクスト転換による多様な価値の発現を図ることが、実は本書を地域デザイン学会の叢書として刊行する意義なのである。

参考文献

E. Schlosser（2001）*FAST FOOD NATION*, Houghton Mifflin Company（楳井浩一訳（2001）『ファストフードが世界を食いつぶす』草思社）
21世紀研究会編（2004）『食の世界地図』文春新書
古賀広志（2013）「伝統と革新 地域とソーシャルネットワーク」原田保編著『地域デザイン戦略総論 コンテンツデザインからコンテクストデザインへ』芙蓉書房出版、pp.237-261
島田淳子（1999）「調理の文化」杉田浩一責任編集『調理と食べ物』財団法食の文化センター、pp.27-109
杉田浩一（1999）「調理文化の創造と変容」杉田浩一責任編集『調理と食べ物』財団法人食の文化センター、pp.11-24
原田保・三浦俊彦（2007）『スロースタイル 生活デザインとポストマスマーケティング』新評論
原田保・三浦俊彦（2011）「地域ブランド戦略の体系」原田保・三浦俊彦編著『地域ブランドのコンテクストデザイン』同文舘出版

第1部

総括編　食文化の分析と理論フレーム

第1章

コンテクストとしての食の文化と歴史

庄司真人・原田保

はじめに　食の文化と地域

　食の歴史は人類の歴史でもあり、食の文化は人類の文化でもある。まさに我々人類が歩み始めたと同時に必要とされたのが食であり、食の分析は我々そのものを分析することになろう。食はその提供者である農家やレストラン、食品関連企業だけでは価値が発現しない。食の文化は、食に関わる企業だけではなく、それを調理するアクター、食を食べるアクター、そしてその食を直接的、間接的に共にするアクターのネットワークを形成することによって価値が生み出される。これは我々が地域ブランド、地域デザインにおける分析視点の一つとまさに歩を同じくする。

　プロローグでは、食におけるコンテクストとして、地域の問題と文化としての食事という2つの視点を指摘している。ここにおいて食を重視するのは、食が地域と文化をつなぎ合わせるリンクとしての役割を担うからに他ならない。

　本書では、上記のような視点のもとで、コンテクストとしての食文化に注目することを通じて地域価値の発現のパースペクティブを提供にするために、第1部では食文化デザインの分析と枠組みを取り上げ、第2部以降に具体編として食文化に関する各領域を取り上げている。つまり、第1部は理論編として、第2部から第6部までは実例編として位置付けている。

　第1部の第1章である本章では、食文化を考察するものとして、食文化の定義を取り上げ、併せて食文化に関連する研究とその歴史を取り上げている。これ

はすなわちライフスタイルもしくはとりわけコンテクストとしてのスタイルに注目すると同時に、文化の視点としての文化人類学に代表される食にかかわる先行研究について確認である。

第1節　食文化と文化・歴史

(1) 地域と密接に関係する食文化

　本書のテーマとなる食文化はどのように定義されるのだろうか。本書の第1章を論述するにあたり、食文化の範囲や対象を検討することが必要である。そこで、主な研究者における食文化の定義を検討してみよう。

　まず、石毛（1988）は食文化を生活様式、すなわちライフスタイルに関連付けて定義している。具体的には、食文化は、食料生産や食料の流通、食物の栄養や食物摂取と人体の生理に関する観念など、食に関するあらゆる事項の文化的側面を対象とし、人間が工夫を重ねて形成した食に関する生活様式を食文化としている。人類が歴史の中で工夫を重ねて作り上げてきた文化を食文化としているのである。

　吉田（1998）は食文化を食物の生産から胃袋に入るまでとしている。すなわち、食物をつくること、貯蔵すること、加工すること、運ぶこと、売ること、買うこと、調理すること、並べること、食べること、味わうこと、消化することまでを食文化の範囲としている。つまり、食文化とは単なる食べることまでではなく、食物を作り、貯蔵するという前段階、調理することという製造段階、食べること、味わうこと、消化するという消費段階に分けられる食品の流通プロセスすべてを対象とすると指摘している。

　さらに、江原も石毛と同様に食の生活様式、ライフスタイルを指し、加えてその範囲も示している。「食文化とは、民族・集団・地域・時代などにおいて共有され、それが一定の様式として習慣化され、伝承されるほどに定着した食物摂取に関する生活様式をさす。また食物摂取に関する生活様式とは、食料の生産、流通から、これを調理・加工して配膳し、一定の作法で食するまでをその範囲に含んでいる」（江原、2009、p.1）としている。

　これらの定義から本書において確認が必要となるのは、生活様式（本書ではラ

イフスタイルとする）が示すもの、食文化の範囲、そして食文化と地域との関係であろう。山上は食文化を「ある一定の地域社会の構成員等によって共有されている食の体系」（山上、2012、p.2）と定義しているように、食と地域との関係は切り離せないと考えられる。つまり、地域の気候や文化、習慣が食に大きな影響を与えるのであり、地域をデザインするためには食の分析は欠かせない。そのため、地域おこしの一環として取り組まれる B-1 グランプリはそれぞれの地域で見られる食文化を消費するものであり（古川、2011）、地域と食文化との関係を示すといえよう。

さらに、上記の食文化の定義から、食文化が広範囲に渡る対象を持っていることがわかる。食物の生産から消費されるまでという食物に関するライフスタイルが該当する範囲が対象となる。したがって、同じ食物であっても、食文化の差違によって生産が異なったり、加工が異なったりすることが発生することになる。本書は、このような食文化がコンテクストを転換する（原田他、2012）と考えるものである。それゆえ、先述した地域と食文化および食文化のコンテクスト転換が本書における考察の対象となる（図表1-1）。

図表 1-1　食文化の対象

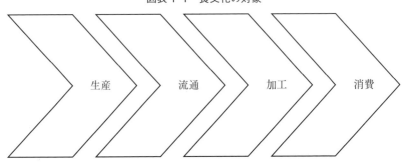

（2）ライフスタイルと食文化

食文化は先述したようにライフスタイルと密接に関係してくる。このライフスタイルは「消費者の生活態度、生活様式」（井上 2012、p.242）のことである。つまり、「総合的かつ最広義の意味において、社会全体あるいは社会の一部分の生活、特にある集団もしくは他の文化と区別する独特な生活様式あるいは特徴的

な生活様式」を意味するものとなる（徳永他、1989）。ライフスタイルは、文化を表す一つの独自の要素になる。

　ライフスタイルはもともと社会学において用いられてきた概念である。社会学においては社会階層や社会的地位との関係の中で、ライフスタイル概念を用いて説明しようとしてきた。社会学研究における先駆的研究としてウエーバー（Weber）の議論がある。ウエーバーは社会階層を説明するのに財産や職業といった経済的要因ではない別の要因があることを示し、生活様式、生活態度、人生観を指摘し、このような背景からライフスタイルの重要性を示唆した。つまり、ウエーバーにおけるライフスタイル議論は生活のスタイルが社会階層によって決定されてくる階層の議論が中心であった。これは上流の階級であれば生活を楽しむことができる、下層階級であれば仕事で忙しいといったような二極化に関する最初の議論であるといってもよい。

　他方、マーケティングや消費者行動論においても、ライフスタイルは消費者の消費行動および使用行動を説明するために重要な概念となっている。マーケティング領域におけるライフスタイル研究の契機となったのがアメリカマーケティング協会（AMA）におけるシンポジウムといわれている。1963年のAMAが開催した冬季大会において、「ライフスタイルの影響と市場行動」をテーマにしたシンポジウムが行われ、ライフスタイル研究の重要性についての議論が行われた。

　我が国において、ライフスタイル研究は、1970年代以降、マーケティング研究で注目されるようになり（村田他、1979）、ライフスタイルが消費行動に与える影響を中心に議論がなされてきた。さらに、ライフスタイルは消費に関連して、消費文化論で検討する研究も見られるようになった（飽戸、1985）。これがVALSに見られる市場細分化変数として捉えられるようになっている。

　井上はライフスタイルの影響を与える要因として以下の項目を指摘する。すなわち、格差社会の出現、核家族の変化、共稼ぎ世帯の増加（女性の社会進出）、子どもとの接触時間の減少、買い物時間の減少、離婚率の上昇、学校教育の重要性の増大、世代間における経験の格差の増大、余暇時間及び余暇意識の変化、単身世帯の増加、子供の数の減少、団塊の世代を中心とした高齢化の進展、男女の平等化の進展、技術革新の家庭内への浸透、地域的な差異の縮小、高関与型商品

への関心の増大である（井上、2012、p.243）。また、これらの要因はライフスタイルに、さらには消費・購買行動に影響をあたえる。

　食生活を検討することは生活を分析する際に重要な視点であると同時に、ビジネスを展開する担当者にとっても重要であることは言うまでもない。そして、それはライフスタイルが強く影響することになる。例えば、アメリカ合衆国ではその多くが海外からの移民であり、多民族国家を形成していると言われている。人種のるつぼもしくはサラダボールともいわれるアメリカにおいては、そのライフスタイルの相違によって、食が大きく異なる。

　米国の食品スーパーをみると、全米に展開しているチェーン店であるクローガー、アルバートソン、セイフウェイといったものの他に、アジア系スーパーやヒスパニック系をターゲットしたスーパーが展開されている。全米チェーン店では、フォーマットが定められ、どの店舗に行っても類似した品揃えが提供されているが、日本人にとっては例えば魚が少ないといった印象を受けることになる。他方、アジア系スーパーやヒスパニック系スーパーはこのような全米チェーン店とは異なる品揃えを提供することになる。アジア系スーパーでは、魚類やアジアの人々にとって必要となる調味料や食材が入手できる。同様に、ヒスパニック系においても、例えば唐辛子が大量に陳列されている。

　また、宗教が食文化に強い影響を与えているものも多い。例えば、ユダヤ教はコーシェルと呼ばれる食事規律があり、摂食において厳しい戒律が定められている。草食動物でなければならないであるとか、また、海や湖に住む生き物であれば、ヒレや鱗があるものは食べてもよいとされている（ミルトスHP http://myrtos.co.jp/info/judaism04.php アクセス日 2014年12月19日）。日本人が好んで食べるエビやカニといった甲殻類、タコやイカ、さらには貝類も食べられないことになる。

　このようにライフスタイルは、様々な要因と関係しながら食文化に強く影響していることになる。ライフスタイル概念が重視されるのには、伝統的な人口統計的変数だけでは消費者がグループ化できないことがあげられる（井上、2012）。このように、ライフスタイルが必要とされる背景には、消費者観に対する考え方の変化があると思われる。

　さらに、このライフスタイルと関連するのが、ライフステージ、ライフコース

論である（青木・女性のライフコース研究会、2008; 藤村、2011）。ライフステージもしくはライフサイクル伝統的な消費者の年齢との関係で購買行動を説明しようとするものである。家族ライフサイクルに見られるように家族構成にしたがって、購買行動が変化することは多くの場合、よく見られるようになる。さらに、近年の社会学におけるライフコース研究には、年齢の推移とコーホートに関連させた研究が見られる。

第2節　食文化の視点

　ここではこれまでの食文化に関わる研究の中で、特に食文化を国際的視点から取り上げられる。その一つはスタイルとしての食文化となる。スローフード、ファストフードという枠組は、食のグローバル化と関連付けることによって多様な典型を見せている。また、伝統的な視点として文化人類学からのアプローチもある。それゆえ、食とスタイルとの関係についてここで取り上げる。さらに、食文化における認証はグローバル競争の中でワインやチーズといった産品だけでなく、食全般に関わっており、特に認証については食のコンテクストに大きく関わっていることについても取り上げる。

（1）スタイルとしての食文化

　食文化が食に関わるあらゆる事項の文化的な視点であるため、食文化の研究は多様な範囲を有していることになる。文化に関わる問題を取り上げるため、アプローチも多彩である。さらに、食は生命の基盤であることからあらゆる分野が食文化に関わっている。

　食文化に関する書籍の多くはそれぞれの研究者や著者の学術的背景から執筆されており、その領域は多岐に渡っている。農学、歴史学、考古学、文化人類学といった領域での書籍が多く見られる。さらには、文化論といったような現代社会に関する論及においても食は密接に関係する（常木、2010; 祖田・杉村、2010）。

　編者の一人である原田は、『スロースタイル』という書籍を出版したが、これについても食が密接に関わる（原田・三浦、2007）。イタリアで発生したスロー

フードの運動はすでに『スロースタイル』においても言及している。そして、これはアメリカ経済を中心とするグローバル化の進展に対する一つの対立軸として提示されるとともに、地域の発展とも密接に関わる問題となっている。

食文化における一つの切り口としてスローフードおよびファストフードの視点がある（中西、2007）。スローフードは1980年代のイタリアに始まるとされている。ローマのスペイン広場にマクドナルドが出店することが話題となり、それに対する反発としてスローフードという言葉が生まれたとされている。ここにおいては、マクドナルドを始めとする効率性重視の食文化をファストフードとよび、ヨーロッパを中心とする食文化をスローフードとしている。

ファストフードがアメリカ型経済の効率性重視の画一化された社会を形成するのに対し、スローフードは地域をベースにした活動ということができるかもしれない。つまり、これはローカルでの活動である。

中西は、イタリアで発生したスローフードムーブメントが、近代化に対する脱近代を象徴するものではなく、むしろ過去に回帰し地域に根ざすことを正答とする前近代的な側面を多々持っている（中西、2007、p.234）、と指摘している。

（2） 文化人類学と食

他方、河合は文化人類学の視点から食へのアプローチについて指摘している（河合他、2000）。それによれば、フレーザー（Frazer）の金枝篇やスミス（Smith）の供犠論にみられる食のタブーや儀礼的・宗教的消費の問題を19世紀の文化人類学では捉えられていた、としている。

食文化において影響を与えた学者の一人として、レビィ・ストロース（Claude Lévi-Strauss）がいる。レビィ・ストロースは文化人類学者として著名であり、構造主義によるアプローチを取るものとして知られている。

彼の食文化に対するアプローチとして「料理の三角形」がある（Pingaud and 伊藤、1968）。レビィ・ストロースは、言語学の概念である「母音の三角形」と「子音の三角形」という言語学の概念を食文化に応用した。そして、文化を分類するための調理法の体系化として料理の三角形という概念を導入している。

レビィ・ストロースによれば、料理には、「生のもの」「料理したもの」「発酵したもの（もしくは腐ったもの）」があるとする。生のものは食材をそのままの

最も自然に近い調理法とするものである。料理したものは、火をかけるものであり、文化的変形を加えることになる。他方、発酵させるということは自然的変形を加える調理法となる。

料理の三角形は、食に関する文化の違いを分析するための一つの枠組として用いられる。例えば、同じものでも料理するものもあれば、生で食べるものもある。また例えば、消費者行動論の研究者であるソロモンの書籍には、日本人は生魚を食べるという記述がある（Solomon, 2013）。このことはアメリカでは生魚の販売を前提としていないことを意味することになる。日本の食文化においては魚を生で食すという文化がある一方で、米国にはほとんど見られない文化であるため、上記のような記述になると思われる。また、代表的な日本の食材である醤油や味噌は発酵させるという自然的変形を加えたものとなる。納豆の匂いや醤油の匂いといった発酵させた食材は独特の匂いがあり、これがまた食文化を考える上で重要となる。

このように、料理の三角形の基本的な考え方は、それが人間の五感と関係してくることにもなる。色、音、におい、触感や味覚といった人間の感性に食は大きく影響する。同じ魚であっても、生で食べるものと焼いて食べるもの、そして発酵させて食べるものでは大きく異なるし、これがそれぞれの文化を形成するこ

図表1-2　食文化とスタイルの相互作用性と地域へのインパクト

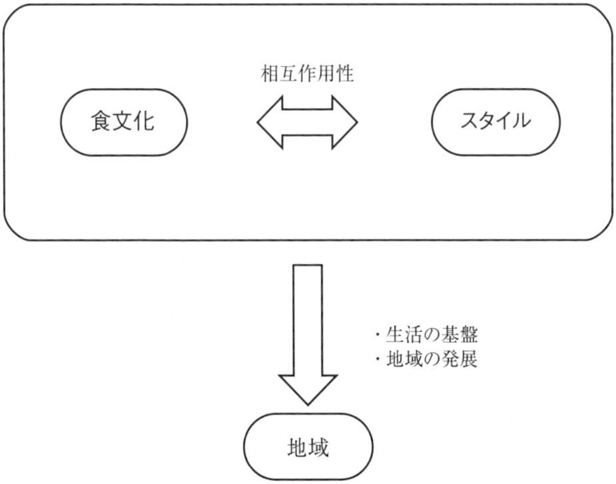

・生活の基盤
・地域の発展

とにもなる（図表1-2）。

「ステーキを売るな、シズルを売れ」といわれるようにモノを売るのではなく、料理を売るというのは、古くより指摘される所でもある。日本の夏には「うなぎは煙で食わせる」といわれることもある。このような食文化における調理方法は、食材を一つのコンテンツとするのであれば、加工するというコンテクストを提供すると考えられる。

（3）食における認証とスタイル

ここでは食における認証とスタイルについてみていく。具体的には、認証制度、特保、ミシュランガイドについて考察する。

食文化と認証は密接にかかわっている。フランスにおいては食の認証制度としてAOC（アペラシオン・ドリジーヌ・コントロ）がある。これは、シャンパンに代表されるフランスの特定の地域において生産されたワイン、チーズ、バターや農産物といった農業に関連する製品の品質を保証することを目的としているものであり、製造および品質において特定の条件を満たすことを求める品質保証基準である。

EU（ヨーロッパ連合）においても同様の基準を制定しようとする動きがある。その一つは、自国もしくは自地域でのブランドとしての農産物の保護がある。これは、品質の劣る製品が市場に氾濫することによって自国もしくは自地域の農産物の価値の低減を防ぐために行われる。

生産過程を対象として、原料および生産地の表示という問題は食品にかかわる領域では重要となる。例えば、我が国では、日本食のブームに伴って海外での日本食と我が国の日本食とのかい離を懸念して、海外日本食レストラン認証制度を設けようとした。確かに海外の日本料理屋の水準と我が国の日本食の水準が大きく異なる。このような食文化の普及はグローバル化が進展する中で無視できないものとなる。

食品の地域とグローバル化は、このような認証制度と大きくかかわっていくことによって食文化に影響を与えている。

他方、近年では食品に関する認証制度の制定が多くみられる。その代表的な事例が健康食品に関連するものとしてのトクホ（特定保健用食品）である。健康食

品とよばれる健康を意識した食品に人気が集まっている。その中でも、保健機能食品とよばれる健康食品は、国が設定した一定の安全性や有効性に関する基準を満たしたものである、とされる。健康増進法及び食品衛生法によって規定されており、特定保健用食品と栄養機能食品の2つに分けられる。

キリンビバレッジが発売した「メッツコーラ」はコンテクスト転換を図った食に関する事例の1つである。コーラ市場はコカコーラ社によるコーラとペプシ社（日本ではサントリーが展開）によるペプシコーラが市場を占めていた。キリンビバレッジもそれまでキリンコーラなどを発売していたが、両社の牙城を崩すことはできなかった。しかし、「メッツコーラ」は2012年5月に市場に発売されるとすぐに人気を集めるようになった。コーラという市場ではなく、史上初の特保コーラというカテゴリーを創造し、コーラという健康についてはあまり考えていないはずの商品にもかかわらず、健康に配慮した食品を提示した。

このような認証における代表的なものとして、ミシュラン（Michelin）ガイドがある。ミシュランガイドは、フランスのタイヤメーカーであるミシュランによるものとして知られている。このミシュランガイドは1900年にパリ万国博覧会が行われ、その際に自動車運転手向けのガイドブックとして作成されたものである。

なぜ、ミシュランがこのようなガイドを作成したのか。その目的は、車文化の発展がある。短期的な視点に基づくと、ミシュランガイドは関係がない。つまり、タイヤメーカーであるミシュランが、レストランというビジネスとはまったく異質の分野で活動している。しかしなぜこれが必要とされるのか。

その中心的な理由は文化にあると考えられる。すなわち、エコシステムの概念を導入することで、このような行動の重要性は説明できる（Iansiti and Levien 2004; Vargo and Lusch 2010）。単純な取引関係の中では、ミシュランの行動は説明できない。つまり、タイヤメーカーであるミシュランにとってすれば直接的にタイヤの売り上げが高まるようなイベントに取り組む必要がある。ミシュランガイドでは短期的にはタイヤの売り上げにはつながらない。しかし、このようなガイドを作り上げることによって、ミシュランが関わっている自動車文化に影響をもたらすことができる。すなわち、コンテクスト転換である。自動車をある場所から別の場所へと人や物を移動させるものとして定義する場合には、このよう

な行動はでてこないであろう。

つまり、移動する過程の中で、あるいはそれを目的地とすることで自動車を利用させるという行為にコンテストを転換した意義がある。ミシュランが行った行動は、食文化にも影響を与えたといってよい。食文化を語る上でミシュランガイドは欠かせない。「フランスの三つ星レストラン」といった表現は、一種の認証としての役割を担うことになる。つまり、ミシュランが食文化と直接関係しない企業であることが、この認証の信頼性を高めている（図表1-3）。

図表1-3　食文化と認証

```
  食品メーカー              レストラン
       ＼                   ／
        ＼                 ／
         ＼               ／
          食文化認証制度
         ／               ＼
        ／                 ＼
       ／                   ＼
  食品流通業者              消費者
```

おわりに

食文化とは、食材の生産から、料理、流通に至る広い範囲を対象とし、それが消費者のライフスタイルをベースとしているものである。そのため、一つの食材であってもその加工の違いや流通の違い、消費の違いが様々な背景の中で異なっている。

このような視点から、本章では食文化がコンテンツとしての対象以上に、コンテクストとしての特質を有していると指摘した。このコンテクストとしての食文化は、スタイルとの関係がでてくる。ライフスタイルが文化を生み出すと同時に、消費者のカテゴリー化においても多くの影響を与えているものであり、これについての研究は社会学や心理学を中心に多岐に渡っている。また、ライフスタイルはビジネスの分野にも強く影響をもたらしているといえよう。

食文化はスタイルと関連することによっていくつかのムーブメントを引き起

こしているといってよい。イタリアで始まったとされるスローフード運動は食文化と密接に関係するものであり、その範囲において地域とも大きく関係する。

　食文化の研究において地域性は非常に重要な視点であり、文化人類学者であるレヴィ・ストロースは、料理の三角形という概念でもって、食を類型化しようとしたが、これらも地域都の関係が大きく出てくるものである。同じ食材であっても地域が異なることで使われ方、食べられ方が違うというように、食文化はスタイルの相違を示すと同時に、地域の相違も示すものである。取り組むべき地域の問題の中で、食文化が果たす役割が大きい。

　さらに、認証制度や特保、ミシュランのように食文化にはコンテクスト性を高める要素が多くある。本章ではこれらについて簡単に触れたが、それぞれについては、後章にて詳細に述べられるものである。

参考文献

Iansiti, M. and R. Levien（2004）, *The keystone advantage*: Harvard Business Press（杉本幸太郎訳『キーストーン戦略：イノベーションを持続させるビジネス・エコシステム』翔泳社, 2007.9）

Pingaud, B. 伊藤晃（1968）『レヴィ＝ストロースの世界』みすず書房

Solomon, M.（2013）, *Consumer behavior*: Pearson

Vargo, S. and R. Lusch（2010）, "From Repeat Patronage to Value Co-creation in Service Ecosystems: A Transcending Conceptualization of Relationship," *Journal of Business Market Management*, 4（4）, pp.169-179

青木幸弘・女性のライフコース研究会（2008）『ライフコース・マーケティング：結婚、出産、仕事の選択をたどって女性消費の深層を読み解く』日本経済新聞出版社

飽戸弘（1985）『消費文化論：新しいライフスタイルからの発想』中央経済社

石毛直道（1998）「なぜ食の文化なのか」吉田集而編集『講座食の文化第1巻　人類の食文化』味の素食の丈化センター

井上崇通（2012）『消費者行動論』同文舘出版

江原絢子（2009）『食文化の領域、日本の食文化その伝承と食の教育』アイ・ケイコーポレーション

河合利光・荒川正也・大柴弘子・梶山勝・浜口尚（2000）『比較食文化論：文化人類学の視点から』建帛社

祖田修・杉村和彦（2010）『食と農を学ぶ人のために』世界思想社

常木晃（2010）『食文化：歴史と民族の饗宴（シュンポシオン）』悠書館

徳永豊・D. マクラクラン・H. タムラ編（1989）『詳解マーケティング辞典』同文舘出版
中西晶（2007）「物語を構築する力：共に世界を創造するスローフード」原田保・三浦俊彦編『スロースタイル』新評論、pp.227-255
原田保・三浦俊彦（2007）『スロースタイル：生活デザインとポストマスマーケティング』新評論
原田保・三浦俊彦・高井透編（2012）『コンテクストデザイン戦略 ― 価値発現のための理論と実践』芙蓉書房出版
藤村正之（2011）『いのちとライフコースの社会学』弘文堂
古川一郎（2011）『地域活性化のマーケティング』有斐閣
村田昭治・井関利明・川勝久（1979）『ライフスタイル全書：理論・技法・応用』ダイヤモンド社
山上徹（2012）『食文化とおもてなし』学文社
吉田集而（1998）「人類の食文化について」吉田集而編集『講座食の文化　第1巻人類の食文化』味の素食の文化センター

第2章

地域コンテンツ的食文化のパラダイムシフト

青山忠靖・原田保

　はじめに

　前述のように、食文化は地域コンテクストから読み取れるが、それは各所による多彩な食に関わるコンテンツが、地域や都市のコンテクストによって独自の価値を現出することを意味する。そこで、本章においては、このような現象を地域コンテンツ的食文化のパラダイムシフトという視角から考察を行うことにしたい。

　さて、米国の歴史学者であるジェフリー・M・ピルチャー（Pilcher, M. Jeffrey.）は、その著書『Food in World History, (2006)』の中で、19世紀全般を通した国民国家[1]の創成期において国民料理[2]という概念が形成された、と述べている。それに対して、現代では国民国家という考え方自体が、想像の共同体[3]と呼ばれる空想の産物とする意見もある。しかし、とりあえず本章では、国民国家及びそれに付随するものとしての国民料理という概念を起点に置くことにする。仮に、各国の政治家同士が決めた国境線の狭間を境として、たとえその国境内にあるすべての地域の国民料理はこれであると規定したとしても、国内における食習慣は国境線内にある地域ごとに異なる場合が多々見うけられる。

　それは、例えば地域に湧き出る水が硬水か軟水かの差異によっても生じてしまうし、また異なる宗教的影響力が相互に行使し合うような社会的背景があるならば、これらが当然のように食習慣にも影響を与える要因ともなりえるからである。そもそもピルチャー（Pilcher, 2006）の言を借りるならば国民料理というも

のが存在するとしたら、それは多様な地方料理（地域における特徴的な料理については地方を使用するのが一般的である）をもとに人々が想像力を働かせて作り上げたものに違いない（Pilcher, 2006）、ということになる。しかし、国民国家の創成とは国民の意識形成のプロセスを伴うものであり、それゆえおそらく国民にふさわしい食文化の創造行為も並行して進められてきたという事実に間違いはない、と思われる。

ナショナリズムの高揚と国民料理については、少なくともフランスでは相互作用の関係性にあったようである。そうした文化的創造行為の発端はフランスにおいて19世紀初頭から開始されることにより、フランス料理が内包するあらゆるコンテクストをコアとした西欧の食文化的コンテクストは帝国主義拡大期（1860年～1910年）を通して、次第に世界的な規模での文化的な覇権を増殖させていった。このヘゲモニーの拡大こそが19世紀における食文化の大きなパラダイムシフトをもたらせることになった。これについては新大陸から新たな食材が全世界へと普及した16世紀に継ぐ大きな波ともいえよう。そこで本章では、そうしたフランスの国民料理がいかなるコンテクストをデザインし、かつそれをグローバルなヘゲモニーを確立させていったのかという流れを語りながら、実はそうしたコンテクストに抗するかたちで創出されたイタリア発祥のスローフードや、これとはまったく別の次元からまさに突如として創発されたファストフードを論じていきたい。

西欧化という食文化のパラダイムシフトの潮流はやがて日本にも押し寄せることになる。ドイツの文化ジャーナリストであり政治評論家でもあるクリストフ・ナイハード（Christoph, 2007）によれば、1872年から明治天皇は食生活を洋風に切り替えていた。ここでの洋風とはほぼフランス風と解釈してかまわないだろう。明治天皇による衣食住を含めたライフスタイルの転換は、皇室を取り巻く華族と呼ばれる貴族階級を介在として、やがて急速に勃興する近代的なブルジョワ階級を経て、次第に庶民にまで伝播することになる。このように、日本においての食文化のパラダイムシフトは天皇という国家頂点から文字通りトップダウンでなされることになった。

東アジアにおいて唯一19世紀中に国民国家創成にキャッチアップできた日本は、洋式の食文化を巧に取り入れながら国民料理の創出に力を注いできた。こう

した歴史と伝統によって、寿司や豆腐といった独自性の高いコンテンツを含んだ日本の食文化的コンテクストは1970年代以降においては世界的な影響力を発揮していった。近年において顕著な北アメリカ（アメリカ合衆国及びカナダ）における箸の普及・拡大は、このような日本食の文化的コンテクストがもたらした成果ともいえよう。

以上のような食文化の認識を踏まえながら、以下においては、第1には食文化のコンテクストによる文化的ヘゲモニーの歴史的な推移、第2にはエンパイアーフーディズム（empire foodism）の台頭とその波及についての議論が行われる。

第1節　食文化のコンテクストによる文化的ヘゲモニーの歴史的な推移

（1）ガストロノミーによる文化的生産

本節では、食文化を地理的な側面から捉えながら、そのグローバルなヘゲモニーの変遷についてコンテクスト転換の視角から考察を行う。これらは具体的には、第1がガストロノミー（gastronomy）[4]による文化的生産、第2がフランス料理による文化的覇権の確立、第3がエッジとしてのスローフードの登場というような議論である。

さて、食を愉しみ、食を一つの文化として語る、あるいは記述するといった試みは、ガストロノミーを構成していく上で重要な要素となる。フランスの歴史学者であるサマ（Samat, 2001）によれば、ガストロノミーという語の発意者はフランス革命期の詩人であり、1801年に長文詩『La gastronomie：美食術』を記したベルシュー（Berchoux, Joseph.）としている。スローフード協会の創設者兼会長も務めるペトリーニ（Petrini, 2005）も、ベルシュー以前にガストロノミーという言語がヨーロッパで使われることは稀であった、としている。また、イタリアの歴史学者であるアルベルト・カパッティ（Capatti, Alberto.）とマッシモ・モンタナーリ（Montanari, Massimo.）は、ガストロノミーという語が古代ギリシャ語の「胃（gastros）」と「規範（nomos）」の2つの言葉を組み合わせることで造語されたベルシューによる新語であると（Capatti and Montanari,

1999)している。ここで重要なのは、19世紀の初頭に創出されたガストロノミーの概念が王侯貴族の食文化の世界観を体現したものではないことである。なお、サマはベルシューがガストロノミーの対象とした料理をキュイジーヌブルジョワーズ（Cusine Bourgeoise＝ブルジョワ料理）と呼んでいる（Samat, 2001）。また、併せて、ブルジョワ料理の本質は、安上がりでおいしい食品をじっくり加熱することでうっとりするような香りをさせる完璧で壮大な料理であることに見いだせる（Samat, 2001）、とも述べている。こうした論述からもわかるように、フランスにおけるガストロノミーとはまさに革命によって政治的なヘゲモニーを確立したブルジョワジー階級によって編集された食文化のコンテクストである、といえる。そこには、実は貴族階級による政治的あるいは文化的な支配の構造を打ち崩したブルジョワジー階級による文化的なヘゲモニーの確立への意図もある。サマ（2001）はこれを、ジャコバン（Jacobin）派ブルジョワによる政治的・文化的な中央集権体制[5]が、鍋底にいたるまでを首都の都会生活の規範とさせたとし、さらに明らかな例外もあるが、地方の料理法もファッションもライフスタイルも、すべてがパリを手本としたものにすぎない（Samat, 2001）、ともしている。

　すなわち、こうした文化の徹底した中央集権化が、フランスにおける国民料理とライフスタイルの確立を促した。しかし、こうしたガストロノミーのコンテクストについてはフランス料理だけが編集なしえたものではない。日本や中国を含めたどこの地域においても美食を文化的もしくは体系的にまとめた記述が存在する。こうした記述がエポックメーキング的に、その地域や国内において地理的あるいは時間的に分断された食文化のコンテクストを統合することによって、ある意図にそって方向付けていくわけである。言い換えれば、それぞれの地域に固有のガストロノミーとは食文化のコンテクストのコアを構成するものでもあり、また精緻なガストロノミーのデザイン力が優れた食文化のコンテクストを創出する。

　つまり、ガストロノミーとは人間にとって一つの文化的生産でもある。荒れ地を耕し植物の種子を蒔き、生長を見守った後に収穫して、それを加工して食すという行為は、まさに人類のみが可能とさせた文化的なプロセスでもあり、当然ながらそれこそが人類固有のアイデンティティでもある。

我々人類は他の種と異なり、自然物をそのまま口に運ぶことは稀である。焼く、煮る、蒸す、煎る、あるいはグリルする、すなわち料理（食物ではなく調理という行為）という積み重ねられた経験と知識を基に洗練された固有の技術的な行為を用いている。ときには、トリュフのように無慈悲ともいえる飼育を強いながらも、人は自然の摂理にあえて手を加え、さらに傲慢なことにそれを食べるべきかどうかまでも選択している。

このように、ガストロノミーとはそうした一連の食に関するプロセスを検討しつつ、それぞれの民族や地域が美的と思われる最良の過程を編集したものを複雑な定義でまとめたものである。

20世紀の後半までガストロノミーは美食ということばで片付けられてしまうことが多かった。しかし、ペトリーニ（Petrini, 2005）の言を借りれば、ガストロノミーとは食べ物に正しい重要性を取り戻し、食べ物が意味するものを正しく評価するための表現（Petrini, 2005）として規定している。これはすなわち、美食ということばの陰にある通俗的なジャーナリズムから、ガストロノミーとの距離を置こうとしていることを意味する。

必然的に、美食に関しては記述に依存することが多くなるのだが、それは実は論理構成された文体よりも一つの世界観をわかりやすく、さらにはスタイリッシュに想起させることがより多くの対象にとっては受け入れやすいものになる。

つまり、美食は写真を含めた映像やイメージで訴求されることが多いということである。このように、美食とは文字で定義するよりは視覚を通じて舌と感覚で受け入れさせるものなのである。また、これはしばしばスノッブなメディアによって必要以上にセンセーショナルに取り扱われることにもなる。なぜならば、氾濫するグルメ情報が、料理を提供する側と常に一種の共犯関係にあるからである。このような共犯関係はガストロノミーの成立時から存在している。ナイハード（Neidhart, 2007）はグルメエリートとも呼ぶべきブルジョワジー階層と料理人たちが新興の料理評論家と共謀して、特定の料理を流行させ別の食品を野暮なものに格下げさせた、とも述べている。いずれにしても、美食を讃える文化的なコンテクストは商業的で軽薄なカルチャーの顔も有していることになる。また、ガストロノミーが本来持っている深い文化的な意味を単なる美食として片づけてしまう傾向の理由も、ここにある、といえよう。

フランス料理を代表する記述家としては、ブリア・サヴァラン[6]（Brillat-Savarin, A.）が代表とされるであろう。このサヴァランによる著書『La Physiologie du gout, 1826（邦題『美味礼賛』）』は、料理の作り手ではなく食べ手である人間が、料理に関してきわめてウィットとレトリックに満ちた言説空間を展開することが、文化的、かつ知的好奇心に満ちたものであることを世に知らしめた。それゆえ、人々は本来の味を探る舌だけではなく、文体を通じたいわば考える舌で食を感じ取ることに気づかされた。

ブリア・サヴァラン（1826）のコンセプトは実に明確である。これによる狙いは、とりわけ食卓（レストランのテーブルであろうか自宅のそれであろうかは関係ない）の喜びをあらゆる局面から考察することによって、従来の料理本よりもさらに有益な情報について言及することにある。これはすなわち、旧来の料理紹介の記述とはまったく異なる視点から食文化を評言するパラダイムシフトでもあった、と考えるべきである。

近世日本の生活文化史を専門とする原田（1989）によれば、ちなみに邦題である『美味礼賛』の原題である『La Physiologie du gout』を直訳すると『味覚生理学』となり、サブタイトルは『超絶的美味学の瞑想』になるとしている。この『味覚生理学』はまさに大上段に振りかざしたアカデミックな主題であるが、他方で副題では瞑想として逃げている。ペトリーニ（2005）は、そうした一連に関してそれは厳格さの下に陳腐さを、そして滑稽さの下に真面目さを隠してしまい、非体系的なコンテクストの中に体系を隠すために構成された文章という魅力である（Petrini, 2005）とも解釈しているが、印象としてはきわめて曖昧である。しかし、こうしたある種の文学的な遊びともとれるレトリックが、実は19世紀以来の一般的なガストロノミーが醸し出すどこか曖昧模糊としたある種の胡散臭さの源泉でもある、ともいえる。

他方、東アジアでも18世紀においてガストロノミーのコンテクストが形成され始めていたという事実がある。その東アジアの中心ともいえる中華料理では、袁枚[7]の『随園食単(1792)』がガストロノミーの代表的な記述として挙げられる、とも考えられる。原田（1989）は、サヴァランが超絶的美味学の瞑想という副題を付して食味の哲学の構築を図ったのに対して、袁枚はみずからの別荘で客人に供する料理を題材にして、実際的な評言と優れた見識を加えて精彩を

放った、としている。彼はその人柄と同様に飄々とかつ深淵に、食と文化を語ったのである。詩人であり随筆にも手を染めた袁枚は、現代風に解釈するならば軽いエッセー風に食を語り、奥深い文化的な世界観をそこに訴求した、ともいえよう。袁枚が乾隆帝治下にある清朝の文人たちに感銘を与えたのとは対象的に、日本ではこの時期に優れた食の大著が文人大家の手によって書かれてはいない。わずかに林羅山が『庖丁書録』を書しているが、これはごく平凡な調理の羅列と説明に終始している（原田、1989）しかし、その内容は削ぎ落とされたかのように簡略化されている。日本の知識層にとって、食とは『論語』の「君子は道を謀りて食を謀らず」という類いの儒教的禁欲主義的立場から、軽んずべき対象でもあった。すなわち、原田（1989）の指摘にもあるように、食の哲学や歴史についての研究に知識人は積極的ではなかった。例えば、さらに後年となるが、幸田露伴は、袁枚の『随園食単』について「書余のこと」と、すなわち遊びにすぎないと評してもいる（原田、1989）。とはいえ、周知のように、日本の文人の全てがそうであったわけではない。在野の儒学者である曾谷学川[8]（そだにがくせん）らは1782年（天明2年）に『豆腐百珍』を大阪の地で出版している。この書は豆腐だけにスポットを当てるという斬新な切り口から、漢詩を随所にちりばめた「豆腐百珍引」を序文に豆腐料理を具体的かつ簡略に記しているが、これに対して原田（1989）は、これを単なる調理の羅列に終始するのではなく、それぞれの調理を尋常品・通品・佳品・奇品・妙品・絶品の6ランクにわけるなど手が込んでいる、としている。曾谷学川は、宝暦年間から天明年間にかけて大阪で活躍した文人漢詩人であり、当代きっての知識人という立ち位置ではなかったが、それなりの文化人として畿内では知られた存在であった。なお、原田（1989）によれば、『豆腐百珍』は、1782年（天明2年）5月に大阪高麗橋一丁目の書物所藤屋善七によって上梓されたが、1782年の10月には京都堀川の西村市郎右衛門、及び中川藤四郎の手によって京都でも販売された。1783年の9月には版元の大手である江戸本郷町十軒店の山崎金兵衛が江戸で出版する（原田、1989）に及んで、『豆腐百珍』は三都に跨がる当時のベストセラーとなった。そして、江戸、京都、大阪の主要都市では、この時期に書物所や版元と呼ばれる出版業者が商業ブルジョワジーとして台頭していった。

　これによって、豆腐料理は天明年間を通じて都市部の上位層に属する庶民に

ブームを引き起こした。この町人と一括りにされる階級層の中に、ヨーロッパでは商業ブルジョワジーとも呼ばれるべき知的な経済階層が、日本においてもこの時期に生まれつつあった、ともいえよう。彼らは遊びの要素を料理に求め、それは文化的な意味でも内容の濃い豆腐という食材を介して独自のガストロノミーを醸成した。ヘルシーでくせがなく、どのようなレシピにも応用が効く豆腐は現在ではアメリカを始めとしてグローバルな食材としてのコンテクスト化が浸透しているが、その原点は実は『豆腐百珍』にあるといってもよい。この後、多様な戯作者の手によって百珍シリーズが出版されていくが、しかしそれらの中には手間ひまかけた見せ物にすぎない（原田、1989）書も多くある。

いずれにしても、『随園食単』と『豆腐百珍』は世界的には忘れ去られた記述ではあるかもしれないが、それでも随園は中華名店の象徴的な記号として、さらに豆腐は世界的な食文化のコンテクストとして現在も息付いている。

（2）フランス料理による文化的覇権の確立

サヴァランが死の前年に記した『美味礼賛』（1826）は、ヨーロッパの食文化をフランスに、あるいはもっとあからさまにいうならばパリへと引き寄せてしまった。第一帝政期と王政復古期には外務大臣を務めたタレイランの料理人であり、やがて英国王ジョージ4世にまで招聘された著名な料理人であるカレーム（Careme, A.）は貴族の従者であった料理人の社会的な地位を、ある種の文化人として向上させていた。

また、作家のグリモ（Grimod, Reyniere.）が発刊した著書『*Manuel des amphitryons, 1808*（邦題『招客必携』）』は、近代的なグルメ評論の先駆けともいえた。このグリモに関して、ピルチャー（2006）は、その放蕩ぶりで知られた元貴族と述べている（Pilcher, 2006）が、サマ（2001）によればグリモは徴税請負人の息子でありブルジョワジーに属する（Samat, 2001）、としている。いずれにしても、こうした新しい料理や風俗に関する文化的な勃興というコンテクストの背景を基に、サヴァランはフランス料理文化のコンテクストを体系化かつ編集作業を試みたのである。

やがて、パリから発信されるガストロノミーは、ヨーロッパ大陸を席巻し南北アメリカ大陸を浸食し、19世紀のアメリカの上流ブルジョワジーを熱狂さ

せ、アメリカ合衆国の覇権の拡張とともに東アジアへと向けられていった。それによって、フランス料理は外交儀式のスタンダードとなり、アジアでも国家行事では必ずといってよいほどにフランス料理のしきたりが守られる（Neidhart, 2007）ことにもなった。

　フランスでは18世紀末から19世紀後半にかけて繰り返された革命と数度に渡る政治体制の根本的な変革や、無意味な海外遠征あるいは杜撰な戦争[9]によって、大国としての威信が揺らぐという結果を招いたが、それでも食文化による文化的覇権は同時代のライバルである英国をしのぎ世界を席巻した。むしろ、19世紀の英国はフランス料理に心酔すらしていた（Pilcher, 2006）。それでは、フランス料理はいかに優位性を築いたのか。優位性の要因はまさにガストロノミーという文化的コンテクストのデザイン力に依拠している。端的にまとめるならば、体系化された正しい食のルールをフランス料理文化はいち早く構築し、さらにそうした体系化により文化的権威が高まることによって、フランス産のワインや食品にプレミアがつくという、ある種のビジネスモデルにまで、そのポジションを高めた。

　ピルチャー（2006）は英国では料理のコンテンツとして、海亀のスープという優れた味覚を生み出していたが、19世紀のフランスのシェフたちはこれを自分たちの料理の一つにしてしまった（Pilcher, 2006）、と述べている。これは他者が保持し優位性を有するコンテンツを編集し、自分たちのコンテクストに組み入れたという事実に結び付く。ガストロノミーとして編集するフランス料理の文化的コンテクストは、このように多国籍な料理をも自身の文脈の中へと内包させていった。なお、同様なことは、今日のベトナム料理にもあてはまる。これはベトナムに入植したフランス人たちが気候や文化の違いをものともせずに、料理のフランス化を徹底して推し進めたことからも理解できる。たとえばベトナムでは水牛が畜産の中心であるために、ヨーロッパ的なミルクの入手が不可能であった。しかし、フランス人たちは、アメリカからコンデンスミルクの缶詰を大量に輸入することによって、それを克服することができた（Pilcher, 2006）。東京にも数多くあるベトナム風のカフェで当然のようにコーヒーにコンデンスミルクがふんだんに入れられるのは、この時代の名残りのコンテクストである。また、カスタードプリンやアイスクリームには嗜好品として現地特産のココナッツミルク

が用いられた。こうしたスウィーツはエスニック風のデザートとして現代の東京でも喜ばれているが、そのルーツはやはり以上の理由に見てとれる。ピルチャー（2006）の指摘によれば、上流階級に属するベトナム人はこぞってフランス風に魅了されたが、フランス人はベトナム固有の料理に本格的な関心を示さなかった（Pilcher, 2006）。なお、このような姿勢はまさに文化的覇権の体現でもあると理解できる。ガストロノミーが果たした役割は、以下の図表にまとめられる（図表2-1）。

図表2-1　フランスにおけるガストロノミーのコンテクストと国民料理形成のプロセス

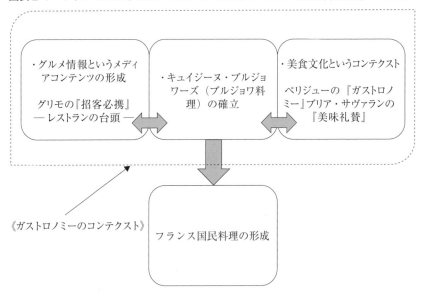

（3）エッジとしてのスローフードの登場

さて、このようなフランス料理の台頭の陰で、ルネサンス以降ながらくヨーロッパの料理界をリードしてきたイタリア人の困惑と屈辱も現出した。これに関して、ピルチャーは、ヨーロッパ中にフランス料理が普及するようになると、愛国的なイタリア人の間に困惑が広がっていった（Pilcher, 2006）、と述べている。このように、国民国家の創成に乗り遅れたイタリアでは、1861年のサルディニア国王ヴィットリオ・エマヌエーレ（Vittorio Emanuele）による統一後も、引

き続き政治的、あるいは文化的郷土色がそれぞれの地方では強かったために国民料理という概念が育ちにくかった、ともいえる。

こうした理由によって、個別の料理コンテンツに鮮烈な個性を放ちながらも、それらの個有料理（あるいは郷土料理と呼ぶべきかもしれない）は、フランスのように優れた食文化的コンテクストを構築することができなかった。ピルチャーは、ようやく19世紀末にアルトゥージ（Artusi, P.）が著書『La scienza in cucina e l'arte di mangier bene, 1891（台所の科学と正しい食事の技法）』（Pilcher, 2006）を出版するに及んで、イタリア料理のコンテクスト化が遅ればせながら構築された、としている。しかし、カパッティ（1999）とモンタナーリ（1999）は、その記述が北中部イタリアのブルジョワジー階級の都市料理文化と各地方の郷土料理を組み合わせた、きわめて限定的なものであった（Capatti and Montanari, 1999）、としている。それゆえ、フランス料理の持つ統一感に較べるとアルトゥージの記述の完成度と洗練度はそれほど高くはなかった。

料理史ではすでに伝説化されているが、1533年に後のフランス国王アンリ（Henri）2世となるオルレアン公アンリ・ヴァロアに嫁いだカトリーヌ（Catherine）・デ・メディチに同行した料理人によって、イタリア料理がパリの宮廷に持ち込まれたという逸話がある。これは、フランス料理の根源的なルーツがイタリアにあり、イタリア料理こそが本来的な主流の料理であるという考え方でもある。しかし、こうした主張には資料的根拠があるわけではない（Capatti and Montanari, 1999）。中世のヨーロッパでは、すでに13世紀以降様々なレシピ集が残されているが、そこにはフランスとイタリアの各地方間でアイディアと知識の交換があったということが記されている（Capatti and Montanari, 1999）。これからも、イタリアの食文化からフランスが隔絶されていたという事実は恐らくない、と思われる。また、イタリア料理が半島内で独自に進化を遂げていたというわけでもない。サマによれば、実際に14世紀にイタリアで刊行された料理書の多くは、その頃のヨーロッパの宮廷で活躍していたカタルーニャ[10]の料理人を手本としている（Samat, 2001）。ちなみに、カタルーニャ料理は、当時、最も手が込んでいたアラブ＝アンダルシア料理の影響を受けていたが、これは中世の宮廷料理が無国籍料理化していた事実も示している（Samat, 2001）。これは、すなわちイタリアの伝統的な料理が中世ヨーロッパ料理の標準

ではないという指摘でもある。

　当時の書籍は基本的にラテン語で書かれていたので、教養人にとって翻訳は不要だったが、それでも一般的には普及しづらかった。当時、読書はラテン語を解する教育を受けるだけの余裕があった富裕層、あるいは専門家のみに許された行為でもあった。中世においては、イタリア料理がヨーロッパをリードしていたという説には、このラテン語の使用が大きく影響しているようである。

　当時、実際に出版界で使用されていたラテン語は粗ラテン語と呼ばれ、これはラテン語の文法と語順の上にイタリア語を新語として取り込んで語彙を豊かにしたものであった（Capatti and Montanari, 1999）。これは、すなわち、イタリア人にとって出版メディアは言語というハードルが幾分か低かったという事情を示している。これがイタリア人による料理に関する出版物が中世では多かったという理由にも結び付く。ひいては、イタリア人の執筆者が中世ヨーロッパの料理界を記述の上ではフランス人をリードしていたというコンテクストにたどりつく。

　さらに、イタリアとフランスの中世から近世にかけての差異は、微妙な社会身分制度の構造的な差異にも関係している。統一された強大な国王を抱くフランスでは貴族階級とブルジョワジー階級とは、かぶることのないまったく異なる存在であった。しかし、イタリアでは、ナポリのような宮廷を持つ都市を別にして、ヴェネツィアを始めとする多くの都市国家では伝統的な貴族と商業や金融業に従事する新しい権力階層とが入り交じっていた。アンリ2世に輿入れしたカトリーヌ・デ・メディチにしても、もちろんフィレンツェを代表する実力者の家系ではあったがもとは薬を取り扱う商人の出自であり、厳密にいうならば伝統的な貴族階級の出身ではない。このイタリア諸都市の商人的貴族階級は、気質でいえば21世紀のビジネスエクゼクティブに近い感覚を持っていた。こうした社会的あるいは、政治的な背景の差異は食文化にもかなりの影響を与えている。

　サマ（Samat, 2001）は、伝統的な中世の貴族社会では料理は必ずしも味覚を追求するものではなかった、としている。貴族に雇われた料理人たちは、招待者を感嘆させるための仕掛け作り、たとえば舞台装置のように動く仕掛けや、不必要なまでに彩色や金箔でおおったロースト肉などのために努力をさいたが、同時期のフィレンツェやシエーナのような自治都市のブルジョワジー的な社会では、その関心は分量、コスト、所要時間などに関する厳密さがレシピに求められてい

た（Capatti and Montanari, 1999）。後者の方が、現代人にとってより受け入れやすいものであることは明白であろう。イタリア料理のコンテクストが有する庶民性、家庭的、実益的、さらには手軽で親しみやすいといった印象は、こうした中世以来の社会的な背景が大きな影響を与えている、ともいえよう。

このようなイタリアの文化的な背景は、20世紀の後半にスローフードというムーブメントを生み出した。スローフードはファストフードへのカウンタームーブメントとして理解されることが多いが、フランス料理文化をコアにした従来的なガストロノミーという文化的なコンテクストに対する再構築行為という面も否定できない。しかし筆者には、スローフードという活動の主目的は、過去2世紀にわたるフランス料理文化のヘゲモニーに対する異議申立てという側面が強い、とも感じられる。

社会学の研究家であり政治活動家でもあるカルロ・ペトリーニ（Petrini, Carlo.）が1989年にスローフード国際協会を設立したとき、そこには「おいしい、きれい、ただしい」の3つの基本原則と「新しいガストロノミーの法則」が明記された（Petrini, 2005）。しかし、この新しいガストロノミーという概念は従来的なガストロノミーに対する問題提議になっている。

2世紀にもわたって世界の食文化の公式な文脈となっていたフランス料理のコンテクストは、グローバル化が促進されるとともに、さらに高度に洗練化され各地域の食文化に対して多大な影響と変化を与えた。しかし、他方では、美食というものが利己的でエリート的なものという概念を植え付けたという印象も否めない。世界にはまだ飢餓という、先進諸国が近世まで悩まされていた問題に直面している地域もあるが、従来的なガストロノミーは社会的な問題に対して無関心であった。これに対して、ペトリーニはそのような姿勢に対して異を唱えた。

このペトリーニ（Petrini, 2005）が最も問題とした点は、ガストロノミーということばが、その使われ始めた頃から強いエリート意識をはらんでいたことと、支配層が自分たちのためにレシピ集や料理批評を書いていたことからもわかるように、ガストロノミーが彼ら支配者層のために存在した（Petrini, 2005）ところにある、ということである。実際に、名も無き英国の漁民やベトナムの農民たちの料理の知恵が、いつの間にかフランス料理に依拠する文化的エリートたちに取り上げられてしまった事実（前述の海亀のスープやココナッツミルクをここでは

指している）もある。

　ガストロノミーはその記述においては科学の仮面を取り繕うこともあるが、前述のナイハードの指摘にもあるように、流行をつくるための、あるいは身分にふさわしい作法にかなった食事の広告としてのコンテクストも否定できない。それに対してペトリーニは自らが考えるガストロノミーのあるべき姿は新ガストロノミーである（ペトリーニは明確には新しいガストロノミーとしているが、ここでは新ガストロノミーとする）、と定義している（Petrini, 2005）。

　ペトリーニは、ガストロノミーを物質的にも精神的にも文化であると（Petrini, 2005）とした上で、新ガストロノミーの重要な点は教育であるとし、これは次のような多岐に渡る学問と関わりを持つとした。それらの学問とは、植物学、遺伝学、自然科学、物理学、化学、農業、畜産学、栽培学、エコロジー、文化人類学、社会学、地政学、政治経済、経営学、生理学、医学、認識論、技術、産業、専門知識、そして料理である（Petrini, 2005）。

　ペトリーニのこうした考えは、2つの具体的な啓蒙活動を通じて世界に発信されている。まず1つは、「味覚ワークショップ」である。このワークショップは単なる食べる会ではなく、生産者や感覚分析の専門家によるガイダンスを受けながら、参加者の味覚の感性を磨くことが目的になっている（Petrini, 2005）。

　2つ目は「マスター・オブ・フード」と呼ばれる一種の市民大学講座で、20ほどのカテゴリーに分けられた食品（パン、パスタ、オイルなど）をテーマに味覚や生産知識を比較検討して教えることを目的としている（Petrini, 2005）。

　さて、リッツァ（Ritzer, George. 1998）のマクドナルド化という問題提起によって、日本ではスローフードをファストフードに対する対抗論題として捉える傾向も否めないが、ペトリーニの主張は従来のガストロノミーのコンテクストに対する再構築と捉えるのが妥当である。また、さらに、ここで邪推するならば、スローフードというムーブメント自体がフランス食文化とイタリア食文化による文化的覇権を巡る確執が産み落とした一つの帰結であるという解釈もできる。

　さて、図表2-2は、スローフードを含めた食文化のコンテクストをポジショニングしたものである。スローフードも従来のガストロノミーもエリート的であることには違いはない。ここでの食育のコンテクストは、行政などによる食育の施策などを含んでいる。ここで問題なのは、一部のファストフードがこの食育に

図表 2-2 食文化のコンテクストのポジショニング

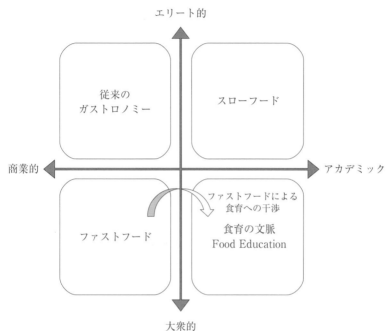

対して自ら熱心な働きかけを始めている事実の存在である（図表2-2）。

第2節　エンパイアーフーディズムの台頭とその波及

（1）マクドナルドという帝国（エンパイアー）

　本節では、前節で行った議論とは対極にあると思われるエンパイアーフーディズム[11]（empire foodism）についての考察を行ってみる。そして、この議論を通じて両者の食文化における差異についても言及を重ねていく。それらは、具体的には、第1がマクドナルドというエンパイアー（帝国）、第2がよりエリート的なガストロノミーとアメリカ的食文化、第3が非食文化としてのファストフード、についての議論である。

　歴史学者であるドナルド・ケーガン（Kagan, Donald.）は、古代アテネの都市国家としての性質を理解するためにはアテネを「アテネ帝国民主政」として

捉えて、「アテネ」「帝国」「民主政」という3つの要素から考慮することが有益である (Kagan, 1994)、と述べている。しかし、これは今日のアメリカ合衆国を考える上でも十分に当てはまる。すなわち、アテネ、帝国、民主政を、アメリカ、帝国的、民主制度と置き換えるだけで、何らかの示唆が我々の脳裏をかすめるであろう、と推察できる。

　古代ギリシャ世界はアテネを中心に自主的にデロス同盟という軍事同盟を結成したが、デロス同盟は次第にアテネを盟主とした帝国へと変質し、最終的にはアテネの国益を増幅するための機能を果たすことになる (Kagan, 1994)。これが帝国 (empire) の本質なのである。なお、ここでのエンパイアーとはきわめて強い主体を指しており、その主体の周囲に集う複数の客体は主体の利益に向けて、それぞれが機能を果たすようになっている権力組織概念でもある。普通、当初においては、各々の客体は外敵から我が身を守るために主体と同盟的な関係を結ぶのだが、それは次第に客体が主体に対して隷属的な関係へと変容していく。

　しかし、価値観をまったく共有できない強大な外敵を前にするという現実がある限り、客体は主体に何らかの形態で隷属する以外の選択は許されなくなる。

　このことは決して政治や外交戦略にとどまるものではない。アメリカの巨大企業は、21世紀の現在において、まさにアテネやローマがたどってきたようなある種の帝国化の途を歩んでいる。それは、TPP (Trans-Pacific Strategic Economic Partnership Agreement：環太平洋戦略経済協定) と呼ばれる多分に政治的ではあるが新しい経済的な枠組みによって、今後はさらに促進されていくことが予見できるからである。

　このような帝国的なファストフードの雄として語られる機会の多い企業は、おそらくマクドナルドをおいてはない。すでにマクドナルドは、リッツァ (Ritzer, 2003) の指摘を受けるまでもなく、もはや世界的な帝国を築き上げている。このマクドナルドの1号店は1930年代に、カリフォルニア州サンバーナーディノの街道沿いで営業を開始した。当初は、普通のレストランであったが、1948年になってオーナーのマクドナルド兄弟は革新的なアイディアを思いついた。それは、ハンバーガーとポテトフライとシェイクにメニューを限定したことと、ナイフとフォークを使わないことであった。また、ピルチャーは、さらに分業化を進めながら、具体的には紙製のコップを使用することによって標準化を図り、結果

的には販売価格を抑えることにも成功した（Pilcher, 2006）、と述べている。

　たかだか80年足らずの時間的経過の中で、マクドナルドがなぜ今日のような帝国化を実現するまでに至ったのか。その要因として、リッツァ（Ritzer, 2003）は以下の4つの原理を挙げている。これはすなわち、第1が効率化、第2が予測可能性、第3が計算可能性。第4が脱人間化（正確な制御化）である（Rizer, 2003）。しかし、この4つの原理に関した説明は、もはや語り尽くされており新鮮さがまったくない。

　もっと核心的に、かつ端的に述べるならば、フォーディズム[12]（Fordism：フォード生産システム）を、マクドナルドが初めて外食産業として徹底的に取り入れたことが成功要因の一つであろう。これはマクドナルド以前には誰も気づかなかったことでもある。また、客席に張り付かなければならないウェイトレスがいらない。食器を洗う必要がないといったマクドナルドの合理性に驚愕したレイモンド・クロック（Kroc, Raymond）は、1954年にマクドナルド兄弟からシステムをフランチャイズ化する権利を買い取った。ピルチャーは料理人ではなく、厨房機器のセールスマンであったクロックに買収されたことが、実はファストフード帝国を築く礎になった（Pilcher, 2006）、ともしている。

　さらに、ピルチャー（2006）は、これ以降ライバル企業たちが産業効率化の技術をフライドチキン、タコス、ピザ、アイスクリームなどの他の食品に応用していった（Pilcher, 2006）、と述べている。しかし、マクドナルドを超えた存在は未だに現出してはいない。これは丸山とリッツァ（2003）の指摘にもあるように、ある種のシステムの垂直的な拡大に要因があるかもしれない。つまり、このマクドナルドのシステムにおいては、材料提供者であれ輸送担当者だろうと全ての関係者が、独自の効率性に対して原理依拠して動かなければならないために、こうしたシステムの垂直的拡大の徹底が持続的な競争力を高めている、という事実が推測できる。

　このように、マクドナルドにおいては、効率化された生産システムとある程度の予測可能性を有した運用システムの活用によって世界的な帝国を形成させるに至った、といえよう。それはまさにフーディズム（foodism）と呼ぶにふさわしい徹底した運用システムによって築かれた帝国なのである。この帝国は、世界100ヶ国以上に張り巡らされたフランチャイズの所有者（ベルの視点で見れば隷

属者）とのアライアンスと呼ばれる一種の同盟関係によって成立している。こうして、フランチャイズの所有者は帝国の実質的な盟主である株主の利益増幅のために機能を果たさなければならない状態が現出する。

マクドナルドを始めとするある種のエンパイアーフーディズム（empire foodism）は、完結した機能をもつ一つの巨大産業そのものであるが、それが文化生産に何らの寄与や価値を与えることはない。なぜならば、このエンパイアーフーディズムとは、徹底した効率化によって最大の利潤のみを日々追うことだけが唯一の存在目的だからである。

スローフード関係者も含めたヨーロッパのガストロノモ[13]（gastronome）は、エンパイアーフーディズムを文化帝国主義と批判する傾向が強いと推察される。しかし、労働者階級という従来のガストロノミーとは無縁の人々をターゲットとしていたファストフードにとっては、こうした批判は、まったく次元の異なる反発でもある。そもそも、マクドナルドに調理人は存在していない。完璧な味覚の平準化を図るためには、食材や調味料の配分を全て機械が行っているからである。そのため、マックジョブ[14]とも呼ばれる労働形態では、ひたすら機械の命令に従うだけでハンバーガーやフレンチフライができ上がってくる仕組みとなっている。当然ながら、このような機械作業とそのメンテナンスの繰り返し作業からは文化は生まれるべくもない。エンパイアーフーディズムはまさに巨大ではあるが文化的に過大視する必要はないし、それが食文化を破壊し併呑する脅威として位置付けるほどのものではないことが、ここからはっきりと理解できる。

（2）よりエリート的なガストロノミーとアメリカ的食文化

第1節でも明らかにされたように、国民料理とその延長線上にあるガストロノミーの形成にはブルジョワジー階級による文化的な勃興が寄与されてきた。しかし、後年ファストフードを生み出したアメリカでは事情が多少異なっていた。19世紀の都市部に居住する上中流以上の階層にとっては、ガストロノミーは実は完璧なフランスからの受け売りであった。フランス料理は彼らのステータスシンボルであり、それゆえあらかじめ決められた演出によって進行するコース料理において知識を優雅にひけらかすことは、まさに上流人士にとってはある種の喜びでもあった。しかし、フランスやイタリアのブルジョワジー階級がいわゆる代々の

連なる名望家の家系で構成されていたのに対して、アメリカにおいては様々な階層の出身者が成功をもぎ取ったかたちでブルジョワジー階層を構築していた、という事実も見過ごせない。

建築家であり歴史学者でもあるリチャード・プランツ（Plunz, Richard.）は、その著書『A history of Housing in New York City, 1990：ニューヨーク都市居住の社会史酒井詠子訳（2005）』において、小説家アンソニー・トロロープ（Trollope, Anthony.）が1861年にニューヨークの富裕層について書き記した文章を次のように引用している。

> 私は5番街の住民で、偉大な人物、著名な政治家、あるいは特筆するべき博愛家を一人たりとも知らない。右に住む紳士はシャツの襟を発明したことで、100万ドルという金額をものにし、またこの左の紳士は世界中をローションひとつで驚かせたという。そしてあの角に住む紳士にいたっては、キューバの奴隷輸入という噂がある。これが5番街の実像である。　　　　　　　　　　　　　　　　（Plunz, 1990）

この記述からもわかるように、アメリカの富裕層はその出自に関係なく自らの手で成功を掴み取った者たちによって多くは構成されていた。その反面で、共和制という政治制度ゆえに、彼らの社会的な地位を力によって脅かすような貴族階級や暴力的で専制的な政治統治システムが存在しないため、成功者たちは逆に自分たちよりも社会的には下層に位置する労働者たちの不満の蓄積による暴走を恐れる傾向もあった。

そうした富裕層の憂鬱は、上述のプランツ（1990）の著書中における、19世紀の批評家アレン・フォアマン（Forman, Allen.）がアメリカン・マガジン誌1888年11月号（American Magazine. November 1888）に寄稿した記事 "Some Adopted American" の以下の引用からもうかがうことができる。

> さて、ポーランド人、ロシア人、さらにはドイツ人の最下層の者たちは、無政府思想を吹き込まれて（移民として）やってくる。その思想は働かずに富を得ようとやって来たこの国における生活の惨めさと失望によって培われている。それゆえ、彼らはヨーロッパのスラム街から流入する彼らとはまったく性質の異なる人種である（我々の）法律が認める言論の自由によってさらに助長される。　　　（Plunz, 1990）

ここから読み取れることは、富裕なブルジョワジー層にとって年々増加する移

民の労働者層は脅威の存在であり、少なくとも彼らの側から労働者層への歩み寄りの姿勢はない、ということである。むしろ、軽蔑と嫌悪感が伝わってくるが、この当時のアメリカの上流階層にとって労働者層を含めた中流以下の階層は交わるべき対象ではなかった。このように、フランスのブルジョワジーが国民の規範となるべき食文化を編集したことに対して、アメリカのブルジョワジーはむしろ中世の伝統的な貴族のように下層の者たちを感嘆させる優越的な食文化の行動様式を好んだ。

ナイハード（Neidhart, 2007）は、フランス風のガストロノミーによる身分にふさわしい作法にかなった食事に対する賞賛が19世紀のアメリカのニューリッチ層とも呼ぶべき階層の間で起こった、としている。つまり、中世無き国であるアメリカではブルジョワジー層が貴族的に振る舞うためのステータスとしてガストロノミーが機能した、とも推察できる。こうして、アメリカの上流階層のグルメ美学は極めてエリート的であり、グルメの感覚を有する人とそれらを解さない人たちとの間に境界線を引いた。

しかしながら、アメリカ社会は19世紀のフランスを代表する政治学者であるトクヴィル（Tocqueville, A.）が書簡の中で「社会全体が混ざり合って中産階級になったように見える」（Damrosch, 2010）と述べたように、そのような一部の上流階層の動向をものともしない活力と生気がみなぎっていたという一面もある。

移民で構成される都市部の労働者が、新鮮な食肉を口にすることは稀であった。すでに缶詰は発明されていたが、19世紀の初頭は缶詰の値段が高く、しかも缶を開けるための専用の缶切りが発明されるまでは、一般的な普及には時間が必要であった。しかし、1830年代になるとアメリカでは産業革命の波が食品業にも及ぶようになり、分業によるハムやベーコンの大量生産が可能となった。また、こうした食肉加工品の流通は労働者階級の栄養状態を飛躍的に向上させることになった。これらの初期加工品は後年に開発されるランチョンミートやスライスハムといった規格製品の原型ともなる。1850年代には鉄道と製氷技術が普及し、広大な国土の時間と距離が大幅に短縮されるようになる。そして、これによって中西部で生産される膨大な生鮮食肉が都市部に流通する。さらに、1840年代には、蒸気機関で作動するベルトコンベアが開発されることになり、大量の

穀物を自動的に船や鉄道車両に積み込む方式が導入された（Pilcher, 2006）。こうした農業生産地と畜産地を都市とを結ぶ技術力が促進されたために、アメリカの一般的な食卓はヨーロッパ諸国と較べても格段に豊さを誇るようになる。こうして、1860年代にはブリキが発明され、これが缶詰に応用されるに及んで普及が加速する。特に、南北戦争（Civil War 1861～1865）では、北部を中心に缶詰生産の大規模な展開が行われた。なお、このような調理の手間を省く工業食料製品の普及は20世紀に台頭するファストフードの萌芽である、ともいえる。アメリカ的な食文化はこれらの工業化された食品産業によって培われることにもなった。食品産業の工業化は、この後には様々な標準化された製品を生み出すが、それは同時に世界中のあらゆる食材や料理を編集した上で、改めて標準化されたものを創り出すという独特のアメリカ的な食文化を醸成することを意味する。ドイツの地方料理であったハンブルグステーキがハンバーガーとして編集されていく素地は以上のような過程を経て形成されたのである、ともいえる。

（3）非食文化としてのファストフード

　前述のように、フランスでは国民料理が生まれて、それがガストロノミーを形成した。しかし、当然すべての国がそうした過程を経たわけではない。アメリカにおいてはフランスのような国民料理形成のプロセスは存在しないが、それはフランスとイタリアでの違いがあったように、社会的あるいは政治的な理由による、と考えられる。そして、そこには料理や食文化に関する優越性を語る以前に、背景のコンテクストが大いに異なるという事情が存在する。他方のフランスとイタリアの食文化は、互いに影響しあうという相互関係性の伝統が数百年にわたってあるが、一方のアメリカでは世界中から移民が集まってくるという多様性が最大の影響力を発揮している。例えば、17世紀のイギリスではプラムプディングを始めとする様々なプディングが食文化として定着していたが、かつてのイギリスの植民地であったアメリカにおいてはこの伝統がほとんど残ってはいないように感じられる。

　それは、アメリカにおいてもフランス料理への畏敬の念が強いのは当然であるとしても、イタリア系、ドイツ系、中国系、ヒスパニック系、あるいは日系といった具合に、各国の伝統的でポピュラーなメニューが一般的な食として根付いてい

るという背景があるからである。

　さらに、アメリカには、豊富な農業資源と畜産資源、さらには桁違いな工業力という高い産業生産性が背後に控えていたことも独特な食文化を生み出した要因である、とも思われる。また、このようなアメリカにおける食文化の特徴は、まさに創り出せないものは何もないというようなインフラの整備が十分に整っていることにも起因している、とも考えられる。

　ファストフードは、こうした米国の社会的な背景から当然のごとく生まれた、合理的な食の産業システムなのである。フォーディズムと呼ばれるフォード生産方式が自動車産業で生まれたように、フーディズムも米国の産業社会が生み出した一つの帰結である。

　ファストフードは突き詰めれば機械による給食のシステムであり、下記の図表にもあるように調理という行為としての料理が存在せず、料理としての両義性が成り立たない（図表2-3）。

図表2-3　食品から食物（たべもの）への転換プロセスとファストフードの生産プロセスとの差異

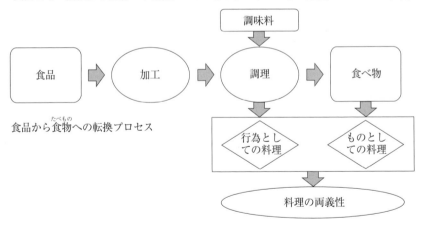

食品から食物（たべもの）への転換プロセス

ファストフードの生産プロセス：ファストフードは単なる生産物（製品）を生み出すものであって料理ではない。

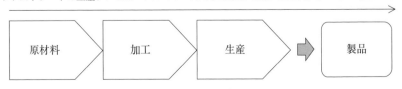

比喩的にいうならば、マクドナルド店舗の厨房は工場であり、ハンバーガーは料理品ではなくて、むしろ製品なのである、となる。ファストフードが革新的なものである理由は、実は顧客である我々が問屋や中間業者を通すことなく工場でそのまま製品を買うことができることにある。顧客は、ここにおいてはある種の工場といえる店にまで出向いて、そこで製品を購入することによってまさに廉価な購入が可能となる。

庶民の食生活に対する、マクドナルドの多大な貢献をここで読み説くことも可能である。それは、近代以前には、白いパンや肉を毎日食べることができたのは、一部の特権階級に限られていたという状況からの脱却を可能にしたからである。このようなマクドナルドのビジネスは確かに庶民にとっての夢のような食生活をかなえてくれた、ともいえる。これは、まさに効率化と合理性というブルジョワジーが数百年にわたって突き詰めてきた課題の克服がもたらされた成果である、ともいえる。しかし、その一方で、ブルジョワジーはガストロノミーという、ある意味で極めて利己的な妄想ともとれる理想の世界も追い求めてきた、と考えられる。いずれにしても、それらは中世の道徳的経済から市場経済への移行に際して推進役となったブルジョワジーの有する精神的な葛藤でもあった。このようなマクドナルドに代表されるファストフードがアメリカで創出された理由は、アメリカ人のブルジョワジー精神が効率化と合理性に対して妥協を許さなかったからに他ならない。これに対して、他方のガストロノミーは文化的覇権という、実益があまり伴わない精神的なヘゲモニーの追求であった。しかし、これについてはフランス人のブルジョワジー精神に占める文化的な優越性に対する執着が行き着いた先である、ともいえる。

また、イタリアに代表されるスローフード活動は、ファストフードに批判的であるが、他の地域ではあまり盛り上がっているようには感じられない。ピルチャー（Pilcher, 2006）はマクドナルド擁護派も反対派も、マクドナルドが現代の食習慣の形成に果たした役割を誇張しすぎるきらいがある、としている。確かに、マクドナルド化という社会学の概念は近年ではポジティブな説得力を失いつつあるようである。

マクドナルドに代表されるファストフードは、現時点においては食文化的なコンテクストを発信させているようには感じられない。これはすなわち、彼らは

製品生産を行うが文化的生産には手を下してもいないことを意味している。確かに、彼らはパブリシティ活動を含めた広告戦略は展開するが、ガストロノミーに関する活動はほとんど行わないように見受けられる。それは、そもそもガストロノミーとは次元が違うことに彼らは最初から気づいていたことに起因している。それゆえ、マクドナルドはビジネスモデルとしての帝国（エンパイアー）を築いたが、他方で、文化的なコンテクストによる覇権には手を染めなかった、と理解できる。

おわりに

本章においては、食文化コンテクストの重要な要素を構成するガストロノミーと、そうしたガストロノミーとは別の次元から創出されたファストフードについて、歴史的視点も含めながら主に地理的な変遷から考察を試みた。これから理解できたことは、ガストロノミーはブルジョワジー階級の勃興によって編集されたコンテクストであり、またフランス、イタリア、アメリカのみならず日本においてもその傾向はみられた点は特筆すべきである、ということであった。

ガストロノミーは国民料理の成立とその普及が前提となるが、国民国家の成立と国民料理の成立は必ずしも並行するものではない、ということも理解できた。こうした視点に立脚すると、フランス料理は最もそのような試みによって成功した食文化である、といえよう。また、反対に、アメリカでは国民料理もガストロノミーも独自のものは生み出せなかったが、他国に先駆けて食品業での工業化が進んだためにファストフードという優れた食のシステムを創出することに成功した、と理解できる。ファストフードは機械による給食システムであり、厳密にいえば料理としての両義性を保持していない。両義性とは一つの言葉が二重の意味を持つことであり、この場合図表2-2にもあるように、料理は行為としての料理（調理）と食べ物（ものとしての料理）で成り立っていることを指している。それゆえに、調理というプロセスを省くファストフードは、料理を提供するものとは言い難い。また、マックジョブと呼ばれる労働形態は行為としての調理を行うことができず、それゆえファストフードは食文化というコンテクストを有することが不可能である。だからこそ、ファストフードは文化的な覇権を最初から諦観

し、資本的な帝国を目指すことになる。

　ここでは多くはさかれなかったが、日本の近世におけるガストロノミーのコンテクストも細々ではあったが、今日の世界的な日本食ブームを引き起こすシーズとなったことも見逃せない。近年の日本では、政府や行政が主体となり、国民健康づくり運動の一環として食育が注目されているが、主眼は栄養の偏りの防止や朝食習慣の推進といったものに傾注し過ぎる傾向が見受けられる。他方で、B級グルメムーブメントといったジャンクフード（junk food）メニューの開発がブームになっている。B級グルメのトレンドは、全国に焼きそばやご当地バーガーといった定番メニューを普及させたが、一過性の流行となったものも多い、と推察される。

　しかし、行政からは健康促進が促され、地域の経済界からは地元振興に向けたB級グルメづくりが押し進められるといった、ある種の矛盾を含んだような状況が、日本中でみられている事実もある。日本各地には質の高い地産品が野菜から魚介類、あるいは食肉と揃っているにもかかわらず、単なる介在品に過ぎない焼きそばやバーガーに留めてしまう食文化の編集は、文化的な衰退をも招きかねない可能性すらある。

　フランスの国民料理が創成されていた時期には、時の政府や文化的指導者は、栄養価の高いジャガイモ、サヤインゲン、グリンピース、トウモロコシといった廉価な食材を使用したレシピの開発に力を入れた、という史実がある。特に、ジャガイモなどは再評価され、皮肉なことにフレンチフライは、ファストフードの人気メニューになってしまった。また、ポトフなどの料理も、この時期におけるブルジョワジー料理である。

　我々日本人は、中国や西欧から伝わってきた食材や料理文化を巧に取り入れた上で、優れた編集を行ってきたという伝統を有している。そうした編集力を地産の食材に活かしていくことが、現在の私たちには強く求められているであろう。話題になっているB級グルメに対しては、そうした意味で単なる効率の悪いファストフードのまがい物といった印象も否めない。編集力とは、すなわちコンテクストデザイン力であり、本章での記述にもあるように卓越したデザイン力（編集力）を有した食文化こそが、優位性を確立させることができる。優位性を築き上げるためには、コンテンツ的な食育やB級グルメに力を注ぐことは愚かしいと

も思われる。日本の食文化をさらに高めるためには、それぞれの地域で地産品に対する再評価の実施と新たなる構築の視点でコンテクストを設計していくことが望ましい、と推察される。いずれにしても、本章における議論から確認できることは、コンテクストデザインの重要性がガストロノミーの史的変遷を通じて理解できた、と思われる。

注

1) 国家への忠誠心を共通のアイデンティティとしていると想定される人々を国民として持つ領域国家を指す。イギリスやフランスなど西欧近代の生み出した概念である。そこでは国民を同質的集団として暗黙のうちに前提とされている。
2) 同質的集団として前提された国民にとってふさわしいとされる料理あるいは食文化全般を指す。
3) 米国の政治学者であるベネディクト・アンダーソンが1983年に発表した概念である。それによれば、国民という政治共同体は想像の産物であり、そこでは国家権力が領土全域にくまなく均等に作用した状態がイメージされている、と定義されている。
4) 料理と文化の関連性を考察することを指す概念の総称。ガストロノミーは料理を中心として様々な文化的要素で構成される。それは、社会学、自然科学、文学、演劇、生物学、農学などがかかわる、とされている。
5) フランス革命期（1789～1803）の初期において、緩やかな連邦制を主張するジロンド派に対してロベスピエールを中心とする急進的なジャコバン派は、極度の中央集権化を押し進めた。以降、ナポレオン1世もこれを踏襲し、フランスの政治は中央集権化を促進していく。
6) ブリア・サヴァラン（1755～1826）／フランス革命期の政治家、法律家。法律家の家系に生まれ、幼少期から音楽の才能にも恵まれる。1789年の革命以降は憲法制定議会の議員に選出される。穏健なジロンド派に属すると思われたために、ジャコバン派による独裁体制の時期（1793～95）にはニューヨークに亡命しヴァイオリニストとしてオーケストラの一員となる。総裁政府の樹立後の1796年にフランスに戻り、大審院の判事として王政復古後もその職を務める。食通としても有名であったが、初版の『美味礼賛』では著者名を明示してはいなかった。
7) 袁枚（1716～1796）／清朝の詩人・散文作家。杭州に生まれ幼き頃より秀才ぶりを謳われた。12歳で生員に合格した後に地方県令となる。38歳で官僚職を辞して「随園」に隠遁した。高潔風雅の士として多くの門人に慕われた。
8) 曾谷学川（1738～1797）／江戸時代中期の篆刻家・漢詩人。京都に生まれ、高芙蓉に篆刻を学ぶ。また片山北海に儒学を学ぶ。後年は大阪に居を移し、在阪の漢詩同人会である混沌社に参加して詩作をよくした。著書に『印籍考』などがある。『豆腐百珍』は学川を中心とした数名の作者たちの手による執筆とされている。

9) ナポレオン3世によるメキシコ出兵（1867）と普仏戦争（1871）の敗北を指している。2つの軍事行動の失敗によってフランスは単独としての超大国の地位を諦めざるを得なくなった。これによって大英帝国の覇権に追従する勢力はドイツ帝国とアメリカ合衆国となる。
10) スペイン北東部の地方。古くから地中海商業によって発展した。現在はバルセロナ、ヘロナ、レリダ、タラゴナの4県で自治州を形成している。住民はカタルーニャ語を用い、独自の文化を有している。独立運動の機運が現在でも高い。
11) 食品の大量生産と大量消費を可能にした生産モデルを背景に、グローバルな販売網に基づく莫大な収益を上げつつあるファストフード産業の姿勢を象徴する造語である。
12) 現代資本主義を象徴する大量生産と大量消費を可能にした生産モデルの総称で、イタリアの思想家であるアントニオ・グラムシ（Gramsci, Antonio）の命名とされている。グラムシはフォードの生産モデルを参照しフォーディズム（fordism）とした。
13) 本来は美食家や食通を指すことばであったが、現在ではグルメ（gourmet）がその意味を示すようになったために、主にガストロノミーに関する熱心な推進者を指すことばとして使用されている。
14) 複雑な作業プロセスを機械による指示を受けながら人間が単純作業によってこなしていくシステムによる労働形態を指す。マクドナルドではこのシステムによってハンバーガーを始めとしたメニューを生産している。

参考文献

青山忠靖（2012）「中心的あるいは周縁的運命からの編集 ― 地域と文化 ― 」、原田保編著『地域デザイン戦略総論』芙蓉書房出版、pp.25-43

原田信男（1989）『江戸の料理史』中公新書、pp.103-143

丸山哲央、G・リッツァ編（2003）『マクドナルド化と日本』ミネルヴァ書房、pp.12-43

Brillat-Savarin, A.（1826）*Physiologie du gou*, Sautelet, Paris（関根秀雄、戸部松実訳（1967）『美味礼賛（上）』岩波書店）pp.51-88

Capatti, A. and M. Massimo.（1999）, *LA CUCINA ITARIA Storia di una Cultura*, Gius. Laterza & Figli S.p.a.（柴野均訳（2011）『食のイタリア文化史』岩波書店）pp.18-31, pp.146-159, pp.203-246, pp.297-322, pp.378-420

Damrosch, L.（2010）, *Tocqueville's Discovery of America* All rights reserved including the rights of reproduction in whole or in any form（永井大輔、高山裕二訳（2012）『トクヴィルが見たアメリカ』白水社）pp.37-50

Kagan, D. et al.,（1994）*The Making of Strategy*, Cambridge University Press（石津朋之、永末聡監訳、歴史と戦争研究会訳（2007）『戦略の形成（上）支配者、国家、戦争』中央公論新社）pp.55-115

Neidhart, C.（2007）, *Die Nudel*, Deutricke im Paul Zsolnay Verlag Wien（シドラ房子訳（2011）『ヌードルの文化史』柏書房）pp.7-23, pp.313-337

Petrini, C.. (2005), *Buono, Pulito e Giustom*, iulio Einaudi editore s.p.a., Torino（石田雅芳訳（2009）『スローフードの奇跡』三修社）pp.48-121

Pilcher, J.（2006）*Food in World History* Taylor & Francis Group（伊藤茂訳（2011）『食の500年史』NTT出版）pp.9-23, pp.117-149

Plunz, R.（1990）, *A history of Housing in New York City*, Columbia University Press（酒井詠子訳（2005）『ニューヨーク都市居住の社会史』鹿島出版会）pp.58-123

Samat, M.（2001）*Histoire de la Cuisine Bourgeoise*, Albin Michel（太田佐絵子訳（2011）『フランス料理の歴史』原書房）pp.3-22, pp.163-210

第3章

食文化価値の創造に向けたコンテクスト転換

原田保・庄司真人・青山忠靖

はじめに

さて、すでに周知の食物連鎖[1]においては、植物には養分を摂取するという行為が、動物には餌を食うという行為が見いだされる。しかし、人間というまさに食物連鎖の頂点に立つ存在のみが、狼に育てられたといわれる狼少年を除いては、決して餌を食うとはいわないし、養分を摂取するともあまりいわない。それは、食べるという行為が人間にとっては実は餌を食うという行為や養分を摂取するという行為であるだけではなく、食事というある種の意味を持つ、例えば楽しむというようなまさに文化的な行為だからである。

これはすなわち、食文化[2]は地球上で人間のみが獲得した食に関する他の動物とはまったく異なる特徴であることを意味する。それゆえ、人間においては、食餌ではなく食事を行うというような習慣を獲得した。つまり、食はまさに人間の生活における価値創造に向けたカルチベイション[3]の史的展開であり、またカルチベイションの地域化でもある、ともいえる。

実は、このような問題意識から、第1章ではコンテクストから捉えた食文化の歴史的考察を、第2章では地域コンテクスト的食文化としてのパラダイムシフトを、それぞれに議論してきた。これらの議論は必ずしも統合的な概念によって語りつくせるものではないが、それでも両者には共通して流れるある種のプラットフォーム的なコンセプトが読み取れる。

それはすなわち、歴史的にはグローバル化を進展させる傾向が強めていると

共に、それが実は同時に特徴のあるローカル化によって現出してきたことを意味する。すなわち、人間に固有の食文化は実はローカルコンテンツの持つ徹底したローカル性の追求によって、すなわちコンテクストとしての奪れた地域特性によって、ローカルコンテンツがグローバルコンテンツにまでなるというような、まさに歴史的、かつある種の地理的コンテクスト転換装置としての地域こそが、まさに食の文化への指向において、すなわち食のカルチベイションにおける主役になる。

だからこそ、食文化の議論を展開する意味があるわけである。そして、ローカルコンテクストをきわめることによってローカルコンテンツがグローバルなコンテンツに転換することになる。これはローカルな存在であることはグローバルな存在ではないとする二項対立関係に依拠した議論からの脱却でもある。このような観点から、本章においては食文化に見るコンテクスト転換と価値創造についての議論が展開される。

なお、筆者は、コンテクストはコンテンツの価値を否定はしないが、食材から食物というコンテンツへの転換を現出させた調理（行為としての料理）はコンテクストの価値を凌ぐことはない、と考える。これはすなわち、調理行為や食事空間とは食文化の付加価値を増大させることができるある種の背景としての「事（コト）」語りを意味する、と考えられる。言い換えれば、調理行為や食事空間は、これもまたコンテクストとしての地域のコンテンツの価値に影響を与える一つのコンテクストである、と考えられる。そこで本章においては、特にこの調理行為と食事空間という2つのコンテクストをめぐる議論が行われる。

以上のような考え方に立脚しながら、本章では食文化および食文化と地域との関係において議論するための分析フレームが提示される。そして、本章以降の各章においては、それぞれの主題がこの分析フレームとの関係において議論される。なお、概ね本章の構成については、以下のとおりである。それらは、まず第1節が「食文化のコンテクスト構造＝調理と食事空間の共振と共進」、続く第2節が「コンテクストのコスモポリタニズム＝アンサンブルと適合」、そして第3節が「食文化のローカル性とグローバル性＝対抗関係からの止揚」である。

第1節　食文化のコンテクスト構造＝調理と食事空間の共振と共進

（1）人間のみに見いだされる食文化

　前述のように、すべての生き物は何らかの方法で養分の摂取を行い、特に動物においては餌を食うことによって養分摂取を行っている。しかし、人間においては、決して単にコンテンツとしての食物を食うわけではなく、むしろコンテクストとしての食事を多様な形態で体験することになる。これはすなわち、食事や食物という概念は人間にのみあてはまる特殊なある種の精神的な領域に関わる概念である、といえる。それゆえ、食物を食べることをまさに食事という多義的な意味を持たせている。このような行為は、地球上においては人間だけが行う特殊な例外的行為である、ともいえる。

　つまり、食は人間にとってのみ文化になりうる。それゆえ、人間にとっては食は腹を満たすための本能のみに関係する概念ではない。このまさに他の動物では、決して行わない調理するという行為と食事という行為が人間社会に食文化を現出させる。これは言い換えれば、食文化を構成する重要な要素としては、まず以って調理と食事が挙げられることを意味する（図表3-1）。

　前者の調理という行為とは、実は人間は地球上に存在する動植物が獲得できる場合に、それらをそのまま口に入れることは原則としては行わないことを意味

図表 3-1　食文化の構成要素

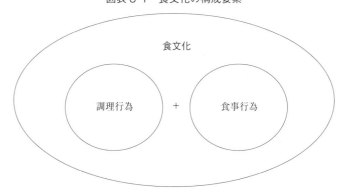

する。これはすなわち、多くの場合に、自身で調理する場合を除いて他の何者かによって担われる流通や加工、そして調理というプロセスを経由することによって、すなわち他の人間の関与を受けることによって人間は初めて食品が食物になる、ということを表している（杉田、1999）。

　それゆえ、人間が口にする食品（あるいは調理用に用意された食材）は調理という行為によって初めて食物になる。これはすなわち、調理という行為が食材にある種の価値転換を現出させるコンテクストであることを意味する。つまり、調理の仕方いかんによって食物の価値はまったく異なってしまう。そうなると、一体誰が調理するのかがある意味では料理の素材である食材以上に食材（あるいは調理後の料理）の価値を決定付ける重要なファクターになる。

　その意味では、まさに一体誰が調理したのか、すなわち調理師や料理人、あるいはシェフが誰なのかが、実は食物、すなわち料理の価値を決定付ける。しかし、このような価値創造を担う多様な調理主体の価値については、実は調理の後の食事の場所によっても、すなわち食事空間の状態によって大きく影響を受ける。

　人間が食物を食べるという行為である食事は、例えば家庭における家族の団欒機能を兼ね備えている場合が多い。それゆえ、家族団欒の場所にふさわしいような食にまつわる背景が、すなわち食を演出するコンテクストがその食事の価値を決定する。

　家庭での料理（食物）においては、著名なシェフが作ったものをテイクアウトした料理よりは、むしろ家庭の匂いがする素朴な料理の方が、すなわち例えば母親や奥さんの手料理の方が多大な価値を創造する、と考えられる。また、食事空間においても、こ洒落たレストランの人工的な空間よりも、たとえいささかみすぼらしくとも家庭の食事空間としてのダイニングキッチンルームの方が、それこそ暮らしにおける食の生活文化的な価値が高くなる場合も多くある。しかし、これに対して高級レストランでの外食の場合には、とりわけ食事を行う場所（あるいは空間）がそれなりにセンスがよいか、あるいは実際に調理する料理人が誰なのか、が食事の価値を決定する大事な要素になる。

　このように、食事においては一体誰が調理した料理を食べるのかということと一体いかなる食事空間で食事をするのか、が大事なファクターにもなる。これはすなわち、前述のように食文化における大事なファクターが調理と食事空間、

すなわち食物を作ることと食物を食べる場所になることを意味する。

このように、(狭義に捉える) 食文化を構成する大きなファクターは、まさに誰が食物を作るのか、そしてどこで食物を食べるのか、に大きく影響を受ける。それゆえ、人間における食の文化価値は食物の調理という行為と食物を食べる場所である食事空間 (例えば、家とかレストラン) によって規定される (石毛、1998)。そこで、このような考え方を簡単な算式で表すならば、概ね以下のようになる。

食の文化価値 =
(コンテンツとしての食材 + コンテクストとしての調理) × コンテクストとしての食事空間

これらから本書においては、食文化の価値はコンテンツとしての食材にコンテクストとしての調理を加えたものに、さらにコンテクストとしての食事空間を掛け合わせたものである、と定義できる。このように、食を文化から捉えられるのはまさに人間のみに許されたある種の特権になる。そして、このことこそが人間が万物の霊長といわれる由縁である。

(2) コンテクストとしての調理と食事空間

さて、ここでは食文化を構成する主要なファクターであるコンテクストとしての調理についての考察と、この調理が生活の価値に与える影響についての議論を行う。この調理は確かに食文化の価値を現出させるコンテクストであるが、その相貌は時代や地域によって多彩なものになる。そこでここでは、後章における個別の議論において何らかの共通の基盤を構築するための一つの枠組みの提示を行う。

前述のように、調理という行為は食品 (素材としての存在) を人間の食物 (たべもの) に転換するする機能を、すなわちある種の価値転換機能を保持している、と考えられる。この調理というある種のコンテクストは食品を他の生物がそうであるような最終摂取のためのコンテンツを中間的な存在としてのコンテンツに転換させる。

それは、何らか人の手を加えることによって、まさに料理といえる人間固有の食物へと、すなわち高付加価値のある食物へと価値転換を行う機能である。その意味では、調理は餌を食べる食餌から文化としての食事へという食に関するコンテクスト転換を現出させた、と考えられる（図表 3-2）。

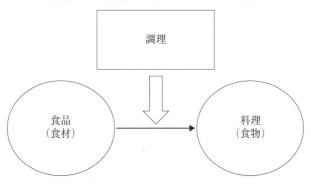

図表 3-2　調理による食のコンテクスト転換

これが、まさに食べることの本能的領域の概念から文化的領域の概念へのコンテクスト転換である、と言ってもよい人間社会に対する調理の貢献である。そこで、文化コンテクストとしての調理についての特徴の理解を深めるために、以下においてその分析視角について若干の考察を試みる。それらは、第1は外食が産業化することによって料理における男女の仕事に関する機能分担が行われたことであり（森寶、1999）、第2はファストフードが世界を席巻することによって食物としての料理と、その作り手としての料理人（調理担当者）の意味が大きく転換してしまった、ということである。

前者の男女の分業は食物を作るという行為が、産業化したことによって食物を作る行為が家事ではなくなったことを意味する。現在では、女性の社会進出も進展したこともあってか、確かに女性の料理人も増大しているし、同時に家庭において料理を行う男性も増大している。しかしそれでも、今でも家庭での料理は多くの場合には女性が担当しており、これに対して未だにレストランなどの料理人は男性が多くを担っている。このような状況は、料理を作るという行為がもっぱら家事労働であるという歴史的な認識が現在においても根強く残っていることの

証左である、と思われる。

　また、後者のファストフードの急速な台頭は、実は人間の食文化に対する根本的な変化を現出させている。それはすなわち、食物が再び家畜の餌のようなものに転換してしまったことを意味しており、言い換えれば食物を工場が作り出すある種の飼料になってしまったことを示している。その意味では、我々は例えば鶏や豚に代表される家畜に与えられるある種の人工的な餌と同様のものを食べるような状況に陥っている。これはすなわち、人間のまさに家畜化を示しているし、またそこには何ら食文化的なファクターは見いだせない状況の現出を示している。

　このように近年では、食が家事から解放されたことによって、調理における男女の社会的な分業が形成されたり、またファストフードの世界中への席巻によって食における文化が喪失している。なお、前者のコンテクスト転換についてはある種の食の文化の進化として捉えられるが、これに対して後者の場合には食の文化の後退として捉えざるをえない。その意味では、近年において急速に進展している食の外部化という現象は実は異なる2つのコンテクストが存在しており、かつそれぞれが別途に機能している、と理解すべきである。

　これはすなわち、前者は家庭では実現しなかった新たな食文化を創出したというポジティブな食の外部化をあらわしている、と理解できる。他方、後者のファストフードの誕生については、極端なグローバルな標準化による食文化の喪失というまさにネガティブな食の外部化である、と考えざるをえない。このように現在、世界中において食の外部化に関して好ましい外部化と好ましくない外部化が共存している。

（3）行為＝調理と場所＝食事空間の共振と共進による価値創造

　前述のように、食文化はコンテンツである食材とコンテクストである調理と食事空間の組み合わせから、その価値が現出されてくる。しかしここでは、コンテンツは研究対象から除くことにして、主に食文化の価値転換を現出させる2つのコンテクストとその関係についての考察を行う。

　結論を急げば、調理という行為のコンテクストと食事空間という場所のコンテクストはある種のセットとしての概念である。こう考えると、人間の生活に関わ

る食文化の顕現はこれら2つのコンテクスト自体とそれらの相互関係形態の差異によって現出される。

その意味では、両者は歴史的にも密接不可分の関係を持つことによって共振による共進を実現する、ともいえる。言い換えれば、両者は相互浸透による価値創造を展開している。前述したように、食文化とは食物を作る行為と食物を食べる行為から成り立っている。そして当然ながら、誰かによって食物が作られなければ、誰も食物を食べることはできなくなる。

実は、食事とは食に何らかの意味を付与するコト(事)作りの行為であるから、それには最低限の条件として作る場所と食べる場所が必要とされる。もちろん、家での食事と外食では若干条件は異なるが、それでも家庭のキッチンが外食では厨房に、またダイニングルームが客席(あるいはフロア)に変わるだけである、と考えられる。そこでここでは、食事がある種の作って食べるための統合的な行為であると考えながら、その両者にとって必要な場所としての食事空間という概念に注目したい(図表3-3)。

なお、ここにおいては特に家庭における食事を調理と食事空間の関係という視点から捉えて議論を試みる。そうなると、食事空間は料理を作る場所としてのキッチン(あるいは台所)と料理を食べる場所としての食事空間(茶の間も含まれる)から構成される。しかし、前者は家事という機能的な存在であり、後者は

図表3-3 厨房によるダイニングルームのコンテクスト転換

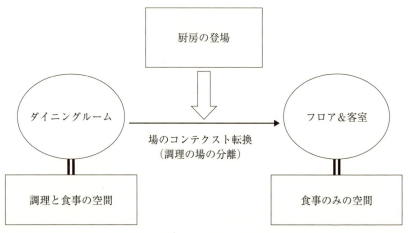

一家団欒という人間の関係性に関係する場所である（井上、1998）。その意味で、前者は「所[4]」という概念で表されるのがふさわしいし、また後者は「場[5]」という概念で表されるのがふさわしい。

さて、食べるという行為は歴史的にも地理的にも、ある種のライフスタイルに依拠する要素が多いこともあり、ここにおいては伝統的な食事スタイルである家族が家庭で可能な限り全員揃って一度に集まる形態を想定する。また、我が国においては、キッチンとダイニングがセットとして同じ空間を構成している場合が多いことも考慮するのが大事である。

そうなると、食事空間は作る所のキッチンスペースと食べる場のダイニングスペースの双方から構成される、いわゆるダイニングキッチンルームが望ましい。そして、調理はもっぱら主婦を中心的な担い手として行われる家事行為になってくる。

このように、家庭における食事は調理という家事行為と食事空間が現出する家族の間合い[6]を確認する時空間になる、といえる。そこで、ここで大事になるのは、人間は餌を食べるのではなく食事を食う事を単に食うという行為を超えて文化として捉えるのだから、食事は家庭に必要な家族との望ましい間がらとしての認識の共有と、その都度ある種の暗黙的な確認が行われるという人間関係にまで踏み込んだ機能が期待される、と考えるべきである。

こう考えると、作ることと食べることがまさにダイニングキッチンルームという統合的な空間で行われているし、また調理という家事行為が家族構成員の家庭に対する求心力を高めるための役割を担っている。その意味では、家庭における食事については、多くの場合に主婦が担当する場合が一般的な現象としてあらわれる。また、ここにおいては主婦が主役としてアクターとしての家族構成員との間でのある種のドラマツルギーがあたかも劇場的な空間が現出する。

これはすなわち、家庭における食事がある意味では行為と空間との関係による価値創造行為であり、両者のまさに共振によって家庭における食文化が形成される、とも考えられる。このような日々の繰り返しの中から、実は調理という行為と食事空間という場所において、家庭における食文化が進化している。言い換えれば、我々は、この両者には家庭における食生活に関わる文化価値を増大させるためのコンテクスト連繋を行っている。

第2節　コンテクストのコスモポリタニズム＝アンサンブルと適合

（1）食空間の公共性化とコスモポリタニズム化

　すでに前章「地域コンテンツ的食文化のパラダイムシフト」でも述べてきたように、フランス国民料理の形成に関しては、革命による一連のブルジョワジー階層の文化的覇権の確立が大きく関係している、と考えられる。また、そこにはユルゲン・ハーバーマス（Habermas, Jurgen, 1990）が説く公共性の社会構造の変容が大きく影響を与えたことが推察できる。フランス革命では宮廷貴族的社交界が崩壊し、新たに市民的公共社会という場が都市を中心として生まれた。この場とは個人による公共の論議の練習場であり、新たに政治に参加する市民ブルジョワジーの自己啓発の過程でもあった（Habermas, 1990）、と想定できる。具体的には、それはサロン[7]（salon）と呼ばれる社交場であり、それが登場し始めた17世紀には、ごく私的な市民的知識層による小家族的内部空間でもあった。

　やがて、そうした規模の小さな集いは、それまでの小家族的な親密圏の内側から、あるいは貴族と平民といった社会的身分関係からも解きほぐされ、次第に政治的な公共性を有した同好の士による倶楽部的空間へと変容していく。実際に、フランス革命期に政治的ブルジョワジーが集うサロンでは、幾度かのクーデターの陰謀が企てられ、重要な政策決定に関する細かい根回しは、常に夜ごとに催される有力者のサロンで醸成されていたという事実もある。このサロンでの個人の言説はまさに世論をも左右した。

　また、サロンは、野心的な男女にとっては世に出る機会でもあった。しかし、そうしたデビューに与るためには相当な力量と巧みな話術や、場合によっては美貌が求められた。

　さらに、有能な市民が政治やジャーナリズムの世界で成功するためには、有力者の開催するサロンに招かれるだけの自己アイデンティティを確立しなければならなかったし、成功者は逆に大金をはたいて趣味の良い趣向や料理を揃えたサロンを開き（原則的に主催者は夫人が務めた）、有望な人士を招かねばならない義務があった。このようなサロン（とくにパリのサロン）は、この時代のフランスにおける国家有為の人材を発掘していくための人的なコンピタンスコミュニティ[8]

(competence community) として機能を果たしていた。

しかしフランス料理は、そうした数多くの公共の場における参加者にとっての愉しみの過程を構成する大きな要素として多大な貢献と進化を果たしたとも、いえるのである。ブリア・サヴァラン（Briallat-Savarin, 1826）は、その著書"Physiologie du gout"『美味礼賛』のアフォリズム[9]（aphorism）と題された序文に、食に関する心得ともいうべき20条にわたる箇条書きを入れている。それらを参照する限り、彼の想定する食卓が単なる家族団欒のものではなく、サロン的空間であることが理解できる。とくにアフォリズムの第20条はそうした示唆に富んでいる。そこではいわく、「だれかを食事に招くということは、その人が自分の家にいる間じゅうその幸福を引き受けるということである」（Briallat-Savarin, 1826）、とある。また第19条では、「主婦は常にコーヒーの風味に責任を持たねばならず、主人は酒類の吟味にぬかりがあってはならない」（Briallat-Savarin, 1826）、ともしている。この『美味礼賛』でブリア・サヴァラン（1826）は、やや執拗に、酒とコーヒーにこだわりを持って多くの紙面を割いているが、それはこうした嗜好品がサロン的空間における会話の潤滑を促進する作用があるからに他ならない、と考えられる。また、公共的空間は同族的な親密圏的空間とは異なり、それらの内に入るべき人々にある種の緊張と意識的なエートス（ethos）のコンテクストを強いることになる、ともいえる。

ブリア・サヴァラン（1826）は、この点についてはサロン的空間が両性（男女）の会合を準備し美化するという、人間が本来有する6つの感覚の一つである生殖感覚[10]による影響を受けるものである、と記述している（Briallat-Savarin, 1826）。すなわち彼は、ここで具体的に新たな公共空間に添えるべき新時代のコンセプトとして、コケットリー（coquetry）とモード（mode）という2つの概念を挙げている（Briallat-Savarin, 1826）。

コケットリーとは艶かしさを意味する語であるが、ブリア・サヴァランは、コケットリーこそがフランス生粋の感覚である（Briallat-Savarin, 1826）、と強調する。現代風の感覚でコケットリーの意味を捉えるならば、それは例えばセクシー（sexy）という語彙で解釈できる、と推察できないか。確かに、セクシーさとモード（ファッション）感覚は、21世紀の現在においても色褪せることのない概念であり、多数の男女が集う空間においてはその魅力的なコンテクストに

ついて否定できるものではない。

　フランス料理が外交儀礼を始めとした、公的なセレモニーにおいてスタンダードとなった要因は、その高度に洗練された味覚も当然のことながら、こうした公共的空間での振る舞いとして考え出された様々な機知に富んだ行動様式や洗練され尽くした精神（esprit）に基づく慣習が大きい、と考えられるだろう。

　いずれにしても、フランスのガストロノミーのコンテクストは、ここが重要な点なのだが、個食やカップルあるいは単なる家族単位での、いわゆる私的な空間における食事行為を念頭には置いていないところにある。フランス料理は公共性の概念とともに進化を遂げてきた、といえる。ブリア・サヴァラン（Briallat-Savarin, 1826）が、招待客はできることならば12名程度が望ましいとしているように、食空間はあらかじめ準備されるべき公共の場であり、あくまでもそこはコミュニケーションのための空間である。フランス食文化のコンテクストデザインが優れていた点は、内部的公共空間ともいうべきものをデザインの対象空間として明確に定めたところにある。21世紀の日本においても、外交儀礼や公的セレモニーではフランス料理が定番となっているが、そうしたある意味では暗黙の内に了承される行動様式の背景には、実はこのような空間意匠の粋があったと推察できる。

　こうした食文化のコンテクストと公共性という視点から見たときに、世界三大料理の一角を占める中華料理にはそうしたコンテクストは見当たらない。同様に、イタリア料理にもそれがいえる。

　フランス料理が市民的公共空間における独特の食文化というエリート階層に占めるコスモポリタニズム[11]（cosmopolitanism）を築いたことに対して、ピルチャーは中華料理とイタリア料理の世界的な普及の要因としては、主にアメリカへの両国からの移民による移住先での料理の再現がもたらした労働者階級の手になるコスモポリタニズムの形成による（Pilcher, 2006）、と位置付けている。19世紀後半のアメリカでは工業化が急速に進み、結果として人手不足による労働賃金が高騰していた。苛酷な労働条件が待ち受けていたとはいえ、アメリカには確実な「パンと仕事」が存在した。このことが、太平天国の戦乱による被害で困窮していた広東語圏内の大衆や、商工業者と大地主といった特権階級のみを優遇するイタリア王国の偏った圧政的な政策に喘ぐ労働者や小作農をひき付けた。中国

社会もイタリア社会も閉鎖的かつ同族的な社会空間であり、彼ら移民は移住先で頑なまでに自分たちの伝統的な生活様式や料理文化を守り抜いたが、これに対してアメリカ社会は彼らのそうした食文化を拡げるための媒介役を果たした、ともいえる。

実際に、中華料理もイタリア料理にしても高級な食文化のコンテクストとしてアメリカで根付くことはなかったが、チャプスイ[12]と呼ばれる広東風の炒め料理とトマトソースベースのミートボールスパゲッティ[13]は労働者階級に好まれる料理コンテンツとしてアメリカ社会に定着した、という事実もある。

戦後の日本の食卓における急激なコスモポリタニズム化も、実のところではアメリカからの文化流入による影響が大きいと推察できるように、アメリカ社会の多様な食文化のコンテンツは世界に向けた媒介役としての役割を果たした、とも考えられる。

また、フランス料理の文化的コンテクストが、厳格に定められたルールと演劇的ともいうべき起承転結をもった構成を繰り返していたのに対して、アメリカにおける食の文化的コンテクストは数多くの日常的な場面（situation）の編集（一種のいいトコ取り）によって積み重ねられてきた差異が、そうした傾向に拍車をかけたことも否定できない。

（2）形態とコンテクストとの調和によるアンサンブルの形成

秋元（2002）は、文化的コンテクストが言語的コンテクスト（linguistic context）と非言語的コンテクスト（non- linguistic context）の2つのカテゴリーに大別できる、とした（秋元、2002）。言語的コンテクストとは、厳密にいうならば当該言語の単位の前後に位置し、その存在によって当該単位を条件づける諸単位の総体である（秋元、2002）、とされている。これには当然ながら発語される場や空間といった場面が影響を与える。

仮に、ポタージュ（potage）を食していたとしても、それが独りだけのキッチンテーブルで粉末カップスープとして飲み干されるのか、公式の宴席にて給仕がテーブルスプーンで取り分けるサフランで彩色されたカボチャのクリームを味わうかというシーンの差異によって、ポタージュに対する意味解釈は異なってくる。こうした場や空間、あるいはその語が有する文化的背景などを非言語的コンテク

ストという。つまり、ある1つの語や文の意味解釈は、発語されたり読まれたりするときの特定された言語的コンテクストや非言語的コンテクストに依存[14]する、と考察される。

　さて、デザインとコンテクストの関係性に関して、高い研究成果を上げている建築家のクリストファー・アレグザンダー[15]（Alexander, Christopher, 1964）は、形態（form）とコンテクスト（言語的及び非言語的コンテクスト）の相互作用に着目し、双方が適合（fit）する関係にあることを重視した。実は、これは建築デザインのみに限定されたものではなくフランス料理にもあてはまる、と考えられる（図表3-4）。フランス料理においては、食卓上のナイフやフォークの複雑な配置や注がれるスープの温度と分量、そして様々な用途を思案した上での大小ワイングラスのバランス、さらにはメインディッシュ等の美的配慮による盛りつけに至るまでの全体的なフォーム（形態）と、それらを論理的に説明しうる文化的なコンテクストが、まさにフィット（適合）している。磨き抜かれたフォークやグラスは舞台を引き立てるための小道具としての意味以上のものを観客に想起させ、観客はそうした一連の形態を自らの文化的資産ともいうべき知識

図表3-4　語とコンテクスト依存の図式

発語された語は、状況やシチュエーションによって、AまたはBの解釈の比重が異なってくる。

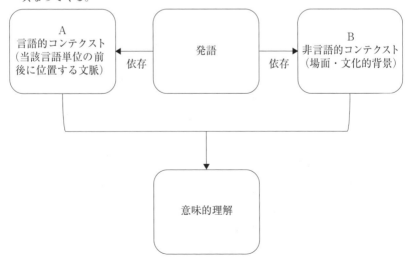

第3章　食文化価値の創造に向けたコンテクスト転換　71

と経験のコンテクストで読み取らなければならない。しかし、そのフィット感は全ての人たちが共有できるものではなく、一部のエリート階級を除いては、逆にそうしたフィットと規定される空間認識が人々にストレスを与える、とも推察できる。ガストロノミーがグルメである人間とそうでない人間との境界線を引いてしまった理由とはそこに存在する、と考えられる。

　アレグザンダーは過度なまでにフォームを重視して、強引にコンテクストを形態に適合させようとする姿勢を「自覚されたプロセス」として、その教条的なスタンスを批判した（Alexander, 1964）が、従来的なフランス料理を核としたガストロノミーにもそうした傾向は強くうかがえる。彼はさらに、それとは対照的に「未開」「民俗的」「閉鎖的」「匿名的」な文化に見られるデザイン手法を「無自覚なプロセス」と呼び、そこに良い適合の源泉があるとした（Alexander, 1964）。例えば、オーストラリアの初期入植者たち（流刑者も含まれる）は甘味を手っ取り早く摂取するために糖分を餌とする蟻をすり潰した上に水に混ぜ、それを嗜好飲料として用いた。しかし、そのようなヨーロッパ社会の標準的価値観から見れば未開と思われる食文化的行為であっても、コンテクストデザインの手法次第によっては良い適合に至らしめる可能性もある、といえる。中華料理にしてもイタリア料理にしても、それらは元来は閉鎖的な民族特性を有する食文化であったが、アメリカの大衆社会はそれらに適合の機会を与えたのである。それでは、良い適合とはどのような状態を指すのか。

　アレグザンダー（Alexander, 1964）は、そのソリューション[16]（solution）として、フォームとコンテクストからなる良好な全体集合をアンサンブル（ensemble）という概念にまとめた。このアンサンブルを形成するためには、フォームとコンテクストが相互に作用し合うことが必要であり、双方のバランスが崩れた場合にはストレスが発生する、とした。

　ベルシュー（Berchoux, Joseph.）やブリア・ザヴァランを源流とするフランス料理文化のコンテクストは、フランス国民料理というコンテンツを公共的空間と結合させることによって優れたアンサンブルを形成させることに成功した。しかし、それらはブルジョワジーにとってのフィット（適合）を醸成させたが、フォーム（形態）への過度なバランスの傾倒が他方の非ブルジョワジー的な人々に対しては、逆にストレスを生み出していた。

同じことは、スローフードの熱狂的な信奉者たちの姿勢にも当てはまる、と考えられる。スローフードのコンテクストにはパスタを始めとしたイタリア半島独自の郷土料理への愛着のコンテクストが色濃く出ており、それらがアカデミズムという形態でまとめられている。それゆえこれには、料理に対する情熱と郷愁を感じさせる側面もあるものの、その記述にはアカデミズム色の強い一種のフォルマリズム[17]（formalism）による形態への過度な傾倒が感じられる。

スローフードの提唱者であるカルロ・ペトリーニ（Petrini, Carlo. 2005）は、質の高い食品であるためになくてはならない最後の条件は「ただしい」ものでなくてはならない、としている。それは地方の習慣と生活を尊重することであり、農業生産者の努力を評価し、彼らを社会的な不公正から守ることでもある[18]こと（Petrini, 2005）、ともしている。いかに正しく収穫された素材を、いかに正しく手の込んだ郷土料理の手順にしたがっていかに調理していくかが重要なことであり、それらは正しいゆえにきれいに、しかもおいしく食べられるというのが、フォーム（形態）の一連の流れとなっている。

ペトリーニ（2005）の主張は、その高い正当性があるために否定を受け付けない教条的な姿勢を有している、ともいえるだろう。言い換えるならば、これこそが強く「自覚されたプロセス」でもあり、アレグザンダー（1964）が批判的に捉えた姿勢でもある。このような教条的な形態とイタリア半島の郷土料理からなるコンテクストの相互作用による全体集合こそが、スローフードが提供するべき適合を、共振するべき対象となる人々に向けて創出している。スローフードのコスモポリタニズム化が、この30年間であまり大きな進展をみせていないという理由とは、多くの人たちにとって、そのドグマ的なフォーム（形態）が何らかのストレスを生じさせている。それゆえ結果的に、スローフードは多くの人々（社会的環境が大きく異なる日本を含めたとくに東アジアの人々）には本質的にフィット（適合）しなかった、とも推察できる。

（3）コンテンツの共振と適合、そして結合へ

さて、アレグザンダー（1964）のコンテクスト理論によって、形態とコンテクストとの良好な相互作用によるアンサンブルの創出と、それに伴うフィット（適合）と何らかの有害要素となるストレスに関する関係性をまとめた（図表3-5）。

図表 3-5　アレグザンダーによる形態とコンテクストによる相互作用

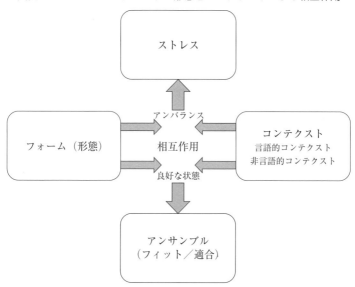

　ここで誤解してはならないのは、アンサンブルによって生じるフィットとストレスは常に同時性を持って対象にそれらを与えている、ということである。例えば、スローフードという概念は、エリート的な階層に属し、アカデミックな指向性を有する対象層の人々に対してはアンサンブルな状態を与え、彼らに適合をもたらすことになる[19]。しかし、大衆的な階層に属して商業的あるいはジャーナリスティックな指向性を好む対象層の人々に対しては、ストレスを感じさせることになる。適合は共振ともなり、一部の指向性の下に括られる対象層の人たちは共振をムーブメントとして捉えながら、それらに積極的に参加していく。このような一連のアンサンブルからムーブメントへの流れが、食文化におけるコスモポリタニズムを醸成させていく。

　ひるがえって、ファストフードを考えた場合、ファストフードが素材として取り上げてきた料理コンテンツは、アレグザンダー（1964）が指摘する「無自覚なプロセス」のコンテンツが揃っている。例えば、ファストフードの料理コンテンツの歴史的な成り立ちを見た場合には、ハンバーガーの起源であるハンブルグのタルタルステーキ[20]（tartar steak）はモンゴル系タタール人の生肉ステーキ

まで辿ることができる。また、フライドチキンはアメリカ南部のアフリカ系アメリカ人の伝統的な食文化であるソウルフード[21]（soul food）を起源とすることがわかる。タルタルステーキもソウルフードのフライドチキンも、前者は未開的であり、後者は民俗的あるいは「閉鎖的」な文化に見られる食のコンテンツであり、それぞれに良い適合の源泉がある。スローフードはファストフードの工業的生産体制を徹底的に排斥する姿勢を強調するが、ファストフードは工業的であるがゆえに、味覚を標準化あるいは平準化し、グローバルなアンサンブルを創出し世界中の人たちにフィット（適合）を与えた、ともいえる。

マクドナルドを始めとしたエンパイアーフーディズム[22]（empire foodism）とも総称されるべき帝国的な増殖を続けるファストフード産業は、無自覚なプロセスを選択したがゆえに世界中の大衆に対して良い適合の機会を与えることができた、といえる。ある意味では、これはアンサンブルの創出というコンテクストデザインにおける優れた成功事例として評価される面も否定できないと、考えられる。

スローフード活動とは、自らも新しいガストロノミーと自称している（Petrini, 2005）ように、ガストロノミーという大きなコンテクストの中にある一つの構成要素的なコンテクストに過ぎない。それでもガストロノミーのコンテクストが過去2世紀以上にわたって、食文化という大きな括りの中で多大な文化的な功績を残してきたことは事実である。しかし、アレグザンダーのコンテクストデザイン理論から見る限りにおいては、適合をより多くの各社会的階層に属する対象に向けて発信できていたかという点において、ペトリーニによるいくつかの指摘[23]も正しい、といえる。とはいえ他方では、ペトリーニのスローフードという提案自体には、ユーロコミュニズムの思想的な流れを汲むドグマ的な教条性に縛られている、という現実も存在する。

食文化のコンテクストは、非教条的であることによって適合の源泉どうしが結合し合うことが可能になる。例えば、メキシコを起源とする料理コンテンツとしてタコスがある。このタコスはアメリカのファストフード産業によって世界的な食として定着しつつあるが、このタコスが沖縄ではタコライスとして新たな結合を生んでいる。また、日本を起源とするラーメンはヌードルスープとして南アメリカを中心に新たな食として結合を果たしている。

このように、食文化を単なる料理コンテンツの集合体として捉えるのではなく、コンテクストと形態の適合する関係それ自体に価値を求めることが、アンサンブルという良好な文化的状態を形成していくという事実を見据えなければならない。

第3節　食文化のローカル性とグローバル性＝対抗関係からの止揚

（1）食文化と地域

　食文化と地域は密接に関係している。石毛は地域の中核となる都市が、食事文化センターとしての役割を担うと主張する（石毛、1999）。食料品の流通において食料品の市場が重要となり、これが中核となることで商業を基にした都市が形成されたとする。食料品やその他を求めに訪れた人に対して商品を提供する市はまさにその代表的な都市機能の一つであり、十日市、四日市のように現在でもその市場（いちば）としてのゆらいを持つ地名が残っている。歴史的に見ても食は都市を形成するにあたって重要な位置付けを有しており、都市の形成や地域の形成と食文化はきっても切れない関係にあることを示唆する。

　さらに、地域との関連は食文化の持つローカル性とリンクすることになる。特定の地域を訪れると、日常生活の中で気付かない相違を経験することになる。味の濃さや味の薄さといった味付けの違い、煮ることや焼くことといった料理方法の違い[24]、使われる食材といったような様々な相違がみられることになる。

　このような差異がまさに食文化の違いといって良いであろう。食文化を理解するということは他の地域を理解するということに他ならない。これは国のレベルでもあれば、地方のレベルでも存在する。本書において検討される地域ごとの料理はまさにそうであり、地域の特色として料理が存在することになる。江戸前料理、名古屋料理、京料理、長崎料理、沖縄料理というように日本には各地に特色の見られる料理が存在する。

　他方で、国境を越えれば日本食、中国料理、メキシコ料理、フランス料理、イタリア料理といったように、それぞれの国ごとに特色のある料理が存在するし、食材についても同様である。筆者がアメリカのメキシコ系スーパーマーケットに

行った際に、そこには複数の唐辛子が陳列されていた。メキシコ料理はいうまでもなく、スパイスが重視される料理であり、料理に応じて必要となる唐辛子の種類は豊富である。これに対して、日本のスーパーマーケットでは魚が豊富に販売されている。日本近海で獲れた魚だけでなく、遠洋から冷凍技術によって鮮度をそれほど落とすことなく運ばれてきた魚も並んでいるのに対して、アメリカのスーパーマーケットでは魚に関してはそれほど陳列されてはいない。地域による相違が大きく出てくるのも、また食文化の特徴といってよいであろう。つまり、食文化は本来的にはローカルなものといえる[25]。

(2) 食のローカル性

　食、もしくは食文化の特徴としてのローカル性は、文化的な視点からも同様に指摘できる。文化を構成する要素として、異文化適用のマーケティングにおいては「知識、信念、価値観、芸術、法律、マナー、道徳、その他、社会の構成員が習得したあらゆる技能や習慣」(Usunier and Lee 2009) が指摘されている。我々の社会生活の中で必要となる知識や技能といった多くの問題が文化を構成する要素として指摘されることになる。また、ハリス (P. Harris) とモラン (R. Moran) らは『異文化経営学』の中で文化の構成要素として10カテゴリーと8システムに分類している (Harris and Moran 1979)。具体的なカテゴリーとして、

① コミュニケーションと言葉
② 着る物と容姿
③ 食べ物と食習慣：食べるもの食べないもの、料理法、出し方、食べ方
④ 時間と時間意識
⑤ 報酬と認定
⑥ 関係：年齢、性、地位、血縁度、富、権力
⑦ 価値と規範
⑧ 自己と空間の感覚：謙遜、自己顕示、自立、協調、距離
⑨ 脳の働きと学習
⑩ 信仰・信念・態度

がある、と指摘する。

ハルスとモラン (Harris and Moran, 1979) の指摘に見られるように文化の構成要素として食が重要なカテゴリーとなる。さらに、彼らはこれらカテゴリーは相互に密接に関係するものとしている。つまり、これら文化構成要素はどれかが変化すれば、それに応じて他のものも変化するというという相互依存関係である、ともいえる。このことは居・食・住といわれる生活の要素としてそれらが関係する。

このような相互依存性は他の要素の変化が食における変化をもたらす。すでに議論されているように、ファストフードとスローフードは食のグローバル化とローカル性との中で出てくるが (原田・三浦、2007)、その背景には経済のグローバル性が関係することができる。また、経済がグローバル化することによってローカル性の高い食もグローバルへと転換している[26]。

（3） 食文化のグローバル化とローカル性から見る食の方向性

近年、我が国においては自治体を中心とした、あるいは当該地域のNPO法人を中心とした地域活性化の試みが行われている。具体的には、地域に特有の資源を活用したり、人材や各種キャンペーンを実施することによって観光客の増加、物産品の販売を目的に行われている。このような地域的な相違をビジネスの中で展開する動きは多くの分野で見られる。小売においては百貨店において見られる物産展である。東京の大手百貨店では展示場を利用し、北海道や九州、京都、東北といった地域、あるいはより詳細な道府県単位で物産を販売する。訪問者はその地域に訪れることなく、それぞれの地域の食を楽しめる。そこでは、北海道の有名お弁当や九州の有名なおみやげ、あるいはその地域の代表的なラーメン店の出店で料理を食べるというように、食を楽しむことができる。

このような現象は食におけるグローバルとローカルの融合と捉えることができる。食文化の持つローカル性についてはこれまでも説明してきたとおりであるが、食材や調理法、食べ方といった諸要素において地域的な特徴が出てくるようになる。そのため、家電製品や自動車といった工業製品と比較すると地域的な特色が出やすくなり、グローバル化がしにくい。国際経営や国際マーケティングにおいて真っ先に議論されるのは工業製品であるが、食やサービスは国際化の進展が遅い領域である。この点についてはポーターも指摘するところでもある

(Porter 1990)。

　しかし、食のローカル性は地域デザインという視点から考えるとまったく別のアプローチをもたらすことになる。これまで述べてきたように、食は地域を特色づけるものとなる。例えば、「さくらんぼ＝山形」「スパイス＝メキシコ料理」「うどん＝香川」「ピザ＝ナポリ」というように、地域と食文化が密接に関わることが多く見られる。つまり、地域に特有の資源となるのが食となるのである。

　地域の特有であるため、グローバルに展開することが難しい食は、その地域デザインとしての特徴を考えていくと、地域がグローバルに展開するための地域に特有の資源を提供するものとして位置づけられる。換言すれば、これは食の持つローカルがオープンな地域デザインを考慮する上で、あるいはグローバルに展開する上で必要不可欠になることである。

　従来グローバルに展開するにあたっては、ローカル的なものを標準化することが行われてきた。多くの製造業では地域的な特性に影響を受けないように、グローバル経済の流れの中で標準的な製品を導入してきた、といってよい。マクドナルドやコカコーラを始めとするグローバルに展開した食に関する企業においては、地域特性をほとんど考慮しなくてもすむようなビジネスが行われる、といってよい。アメリカにおいても、日本においても、イタリアにおいても、ロシアにおいてもほぼ同じマクドナルドの製品は食べることができ、またコカコーラも同様である。

　他方、地域デザインの取るアプローチはこのような標準化されたグローバル展開とは異なることになる。地域の特性としての食文化こそが他地域との交流において重要になる差別的要因であり、画一化された地域ではなく地域特性を活かしつつ、その地域だけで閉鎖された社会のなかで完結しないオープンな中での交流が図られることになる。なお、これを図表にすると次頁のようになる（図表3-6）。

　伝統的な国際経営や国際マーケティングにおいては、グローバルとローカルは対比されたものとして捉えられている。一方で、グローバルという地球全体を対象とした活動を行うものであり、他方でローカルという対立軸としての地域を限定した活動を行うものがある。これら国際経営や国際マーケティングでは世界標準化と現地適応化という視点を用いることで整理しようと試みられてきた、といえよう。

図表 3-6 食文化のグローバルとローカル

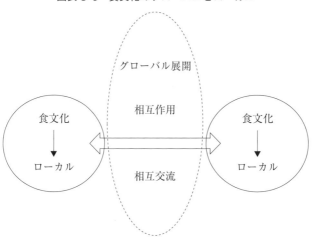

　しかし、食文化に対して地域デザインの視点では、グローバルとローカルという対立の軸を融合することが必要となる。つまり、ローカルに限定される資源がローカルな範囲で限定的に利用されるものではなく、グローバルに展開されるように地域デザインを実施しなければならない。このように、食文化は地域に密接に関連することによって特色が生み出されるという特徴があることに加えて、地域に密着しているからこそ地域の範囲を超えて価値を生み出すことができる。

　画一化したグローバル化社会がさまざまな警告を発していることは、これまでも多くにおいて指摘されている。しかし、食文化を通じた地域デザインは画一化された社会ではなく地域の特色を重視することで、多様性を求める社会における地域を生み出すことが可能となる。

おわりに

　本章においては、後述される各論の基本的な展開方法を規定するための理論的な枠組みの提示を行った。全体を通して流れている基本的な概念を端的に表すならば、食文化とは料理というコンテンツの自然発生的な偶然による文化的集合体ではなく、まさに多様ともいうべきコンテクストである。こうした様々なコンテ

クストを巡って食文化の多様な価値が初めて見いだされるという視点が提示される。そして、これらを踏まえて、以下のような3つの枠組みが設定された。

第1は、「食文化のコンテクスト構造＝調理と食事空間の共振と共進」という捉え方である。これは、食文化を構成する要素である行為としての調理すなわち所的空間の存在と、食事空間という場的空間を結ぶ人間の振る舞いのありようそのものが、食文化のコアイシューであることを意味する。また、前者は食事のための準備の行為であり、後者は食事するという行為そのものに関わる行為である。こうした一連の行為の連なりに伴う文化的な変容性やそれらの組み合わせによる編集の現出こそが、まさに食文化の多様性を創出（価値創造）していることを意味する。所から場への行為の連なりを編集するという所作と、それらが生み出す共振と共進が食文化のコンテクスト構造そのものである、といえるだろう。

第2は、この考え方を踏まえて「コンテクストのコスモポリタニズム＝アンサンブルと適合」というコンテクストデザイン手法から見た食文化に関する考察である。ここでは食文化を政治や経済を包括した社会におけるモダニズムの展開として捉える視点が示されており、そうしたモダニズムの進展が地域の食文化との適合として多様な姿を現出するという見解が披露される。具体的には、それらは適合（fit）という概念で集約され、この適合こそがファストフードを含めた今日のグローバルな食文化の動向を左右する鍵でもある、と考えられる。

第3は、このような理解を地域と関連付けるために「食文化のローカル性とグローバル性＝対抗関係からの止揚」という考え方が提示された。ここでは、グローバルな活動はローカルに深く根ざすべきであり、同時にローカルな主体はグローバルな支持を獲得すべきであることが示唆される。ここで理解できることは、食文化においてもローカル性とグローバル性はもはや対向概念ではなく、ある種の止揚されるべき相互に融合された概念である、ということである。

以上、本章では、共振・適合・融合という3つの視点が導き出されたが、これらは食文化及び食文化に関わるコンテクストを読み取る際において、重要な指針となる、と考えられる。

このような3つの視点から、食文化を多様な切り口から分析し、食文化の人間社会における多様性についての考察が本書では行われる。それは具体的には、第1が「優れた食文化にみるスタイルデザイン」、第2が「高度な料理芸術に見る

スタイルデザイン」、第 3 が「ヘルシーフーズにおけるスタイルデザイン」、第 4 が「ローカルブランドのスタイルデザイン」、第 5 が「妥当域特性にみるスタイルデザイン」という多様な視点からの食文化とそのコンテクストに関わるスタイルデザインについての考察である。

注
1) これは人間を除いて全ての生物は、地球上においては他の生物を摂取し、また他の生物に摂取されるということを表した言葉である。摂取したものは、次には他に摂取されることを連鎖という概念で表そうとした。
2) 食文化は講義に捉えるとコンテンツまで含んだ大変広範な範囲を持つ概念になる。しかし、狭義には食事に関する文化という意味でも使用されることもある。そこで、本章では、このコンテクストとしての食事に関わる領域を中心にしながらそこから調理まで拡大した辺りまでをカバーする概念として使用している。
3) まさに文化を志向する行為全般を表す概念であり、自然に手を加えることで価値が生まれるという考え方に依拠している。その意味では、進化論的な派生から解釈することが多いようである。
4) 台所に代表されるように、所はもっぱら機能的な側面を表現する場合に使われる空間概念である。
5) これを所と比較すると人間の関係が問われる空間であり、また同時に時間的な概念も含まれるダイナミックな概念である。
6) そもそも間とは人間の存在が前提になっており、一般的には人間の相互に理解されるべき距離を指し示す。しかし、間合いというように合いが入ると時間的な概念が入ることになる。何らかの相互の行為に際しての適当な距離とタイミングが求められることを意味する。
7) 文学や芸術に関心の高い人たちを中心に女性を交えた読書会や文芸的な題材を基に会話を楽しんだ集まり。17 世紀にフランスでこうしたトレンドが始まる。同時期のイギリスではコーヒーハウスが会話の場となるが、女性は参加できなかった。
8) 文学や芸術に関心の高い人たちを中心に女性を交えた読書会や文芸的な題材を基に会話を楽しんだ集まりである。17 世紀にフランスでこうしたトレンドが始まる。同時期のイギリスではコーヒーハウスが会話の場となるが、これには女性は参加できなかった。
9) 機知に富んだ独創的かつ断片的な表現の文句や文章である。
10) ブリア・サヴァランは人間の感覚を、視覚、聴覚、臭覚、味覚、触覚、そして生殖感覚の 6 つに分類した。さらに、この生殖感覚が現代社会の 3 大原動力である恋愛、コケットリー、モードという新しい概念を生み出したとしている。
11) 国家や国境、あるいは民族を超越した全人類的な共通認識に向けた意識の醸成をここでは意味している。

12) 鶏肉、豚肉にネギや椎茸や筍などを強火で炒めて鳥スープで味付けした料理である。米国の鉄道工事や炭坑現場に従事した中国系移民労働者の手によって生まれた料理といわれている。元来のものは広東料理から派生したともいわれている。
13) イタリア系移民によって創作されたミートボールとトマトソースを絡めたパスタ料理である。イタリアで19世紀の後半に生まれたトマトソーススパゲッティをベースとした料理。ミートボールは19世紀のアメリカ労働者階級が好んだ料理であり、双方が合体してでき上がったレシピでもある。アメリカでは20世紀以降、子どもが好むヌードル料理の代表格として根強い人気をもっている。第二次世界大戦後、日本に進駐したアメリカ軍によって、日本ではこのトマトソースベースのスパゲッティが広く普及した、ともいわれている。
14) 秋元（2002）は、それだけを取り出したのでは曖昧な語や文も、ある特定のコンテクストで現れる場合には、多くはただ一つの解釈しか持ち得ないということになるとしている。
15) クリストファー・アレグザンダー（1936～）／アメリカの建築家。数々の建築プロジェクトに参画し、日本でも札幌の集合住宅のデザインを手がける。カリフォルニア大学バークレー校の教授も務めている。主な著書としては『パタン・ランゲージ』（1977）等がある。
16) 問題解決をはかるための構築方法の意味として使用している。
17) 作品なり表現物が何を「いわん」としているかよりも、「いかに」つくられているかのみを追求する姿勢である。料理であれば、いかなる味覚を提供するかではなくて、いかなる素材でいかなる手を加えたかにこだわる姿勢をいう。
18) スローフード運動には1970年代から80年代にかけて西ヨーロッパを中心に政治的な盛り上がりを見せたユーロコミュニズムの影響も色濃く反映されている傾向が否めない。
19) 第2章図表2の「食文化のコンテクストのポジショニング」を参照されたい。
20) 13世紀に東ヨーロッパに侵入したモンゴル帝国のタタール人によってもたらされた馬肉を挽き肉として調理した肉料理である。19世紀にはハンブルグの労働者たちがこのタルタルステーキと呼ばれる料理を好んで食した。
21) アメリカ南部の奴隷制時代にアフリカ系アメリカ人たちの間で独自に進化した食文化を指す。ケイジャン料理（cajun）と呼ばれるジャンルもここに含まれる。
22) 第2章「地域コンテンツ的食文化のパラダイムシフト」の第2節を参照されたい。
23) 第2章「地域コンテンツ的食文化のパラダイムシフト」の第1節を参照されたい。
24) 単純な料理においても料理方法が異なるということが存在するのが食の難しいところである。例えば、日本において国民食といわれることもあるカップラーメンを取り上げる。カップラーメンは具材の入った容器にお湯を入れて数分待つだけで完成する簡単なものである。しかしながら、これを完成させるためにはお湯の存在が必要となる。近年ではお湯を使うというところが必ずしも多くない。ポットがなく、電子レンジしか無いという家庭もある。そのため、海外においては電子レンジで調理できるカップラーメン類が販売されている。単純な料理方法といってもそれには必要となる、道具によって異なる方法で提供されることも検討しなければならなくなる。

25) 小売業やサービス業の国際化もしくはグローバル化が難しいといわれることがある。特に、食品スーパーマーケットのような小売形態でグローバルに展開しているところは製造業と比較すると少ない。これは食のもつローカル性と密接に関係するものと思われる。
26) グローバリゼーションに関する議論の中で食はその象徴として位置づけられることがある。トーマス・フリードマンによる『レクサスとオリーブの木』においてはマクドナルドのもたらす影響について主張されているように（Friedman, 1999）、またョージ リッツアの『マクドナルド化した社会』においても同様にグローバル化とその象徴としてマクドナルドを議論している（Ritzer, 2004）。

参考文献

秋元馨（2002）『現代建築のコンテクスチュアリズム入門』彰国社、pp.26-127
井上忠司（1998）「食事空間と団らん」石毛直道監修、井上忠司編『食の情報化』財団法人味の素文化センター、pp.104-119
石毛直道（1998）「人類の食分化について」石毛直道監修、吉田集而編『人類の食文化』財団法人味の素文化センター、pp.11-27
石毛直道（1999）「都市化と食事文化」井上忠司監修『講座食の文化第5巻　食の情報化』、味の素食の文化センター、pp.31-47
杉田浩一（1999）「調理文化の創造と変容」石毛直道監修、杉田浩一編『調理とたべもの』財団法人味の素文化センター、pp.11-22
原田保・三浦俊彦（2007）『スロースタイル：生活デザインとポストマスマーケティング』新評論
森實孝朗（1999）「食の」文化と外食」石毛直道監修、井上忠司編『食の常用化』財団法人味の素文化センター、pp.185-203

Alexander, C.（1964）*Note on the Synthesis of Form*, Harvard（稲葉武司訳（1978）『形の合成に関するノート』鹿島出版会）pp.12-13
Alexander, Christopher.（1977）"A Pattern Language" Oxford University Press Inc.（平田翰那訳（1984）『パタン・ランゲージ』鹿児島出版会）pp.369-371
Brillat-Savarin, A.（1826）*Physiologie du gout*, Sautelet（関根秀雄・戸部松実訳（1967）『美味礼賛（上）』岩波書店）pp.23-58
Friedman, T.（1999）, *The Lexus and the olive tree*, Farrar Straus Giroux（東江一紀・服部清美訳（2000）『レクサスとオリーブの木：グローバリゼーションの正体』草思社）
Habermas, J.（1990）*Strukturwandel der Offentlichkeit*, Suhrkamp Verlag Frankfult（細谷貞雄・山田正之訳（1994）『公共性の構造転換』未来社）pp.46-63
Harris, P. R. and R. T. Moran（1979）, *Managing Cultural Differences*, Gulf Publishing（国際商科大学国際交流研究所監訳（1983）『異文化経営学』興学社）

Petrini, C.（2005）*Buono, Pulito e Giusto*, Giulio Einaudi editore（石田雅芳訳（2009）『スローフードの奇跡』三修社）pp.122-188

Pilcher, J.（2006）*Food in World History*, Taylor & Francis Group（伊藤茂訳（2011）『食の500年史』NTT出版）pp.167-186

Porter, M.（1990）*The Competitive Advantage of Nations*, Free Press（土岐 坤他訳（1992）『国の競争優位』（上・下）ダイヤモンド社）

Ritzer, G.（2004），*The McDonaldization of society*, Pine Forge Press（正岡寛司訳（2008）『マクドナルド化した社会：果てしなき合理化のゆくえ』早稲田大学出版部）

Usunier, J.-C. and J. Lee（2009）．*Marketing across cultures*, Pearson（小川孔輔・本間大一監訳（2011）『異文化適応のマーケティング』ピアソン桐原）

第2部

具体編Ⅰ　優れた食文化に見るスタイルデザイン

第4章

スローフードのスタイルデザイン

原田保・宮本文宏

はじめに

　さて、スロースタイルが指向するのは近代化からのパラダイムシフトである。それは物理的な時間を生きた時間に変えて、無機的なシステムを多様な生命が循環するエコシステムに転換することを指向している。このことは、人が消費を担う1ピースという無名の存在から、自らの暮らしをデザインする主体になることを指向することである。

　近代化以降、長い間世界は効率化と生産性向上を至上価値として産業化を押し進めてきた。その結果、金融資本を発達させた国と地域はあり余るモノに囲まれた生活を享受することになった。そうした社会をもたらした近代化の根底には自然観の変化が見いだせる。近代化と同時に、自然は人間が征服し支配し、有益に活用されるための資源となった。また、あらゆる場所は人間が所有する土地になり、投入した労力に対する生産物からの利益獲得が最大効果である、と捉えられることになった。それゆえ、農業では大規模農場による単一作物の生産と機械化が進展した。こうして、農業はアグリビジネス（agribusiness）となり食品は工業製品化し、土や光から離れて工場が生産の場になった。

　なぜならば、利益の最大化こそが"正しい"ビジネスの姿だからである。そして、自然と同様に時間もまた貴重な資源として認識されることになった。その時間を資源として有効に活用するために、食事はできるだけ手間がかからず早く食べられるものが支持される。

そこで、食物は文字通りモノ化して身体に栄養を補給するための消費物になる。その代表がマクドナルドなどのアメリカ発のファストフードチェーンである。このファストフードチェーンは分業化と標準化による合理性とテクノロジーからなる食の工業製品化と手軽さを武器にしながら、世界中に展開していった（原田・三浦、2008）。そうしたアメリカ型グローバルモデルとしてのファストフードチェーンの特徴は、生産から消費までを総合するシステムへの指向性である。

スローフード運動は、そうしたシステムとしての食に対して、文化や歴史や地域や伝統的な暮らしというコトを重視する動きから生まれた。このスローフード運動を展開してコンセプト化したものがスロースタイルである。それは脱工業化を指向して地域を重視する視点から、新たなコンセプトを創造する試みである[1]。それゆえ、スロースタイルは食を含んだ生活全般のライフスタイルを捉えながら、近代合理主義の価値観と枠組みの転換を指向する。

本章では、スロースタイルの考察を通じて、これからの食と社会の可能性が描かれる。それはすなわち、システム中心の世界観を脱し、人を中心に生活を新しくデザインすることでもある。これこそがスロースタイルのコンセプトであり、近代化がもたらした自然観や時間の捉え方の転換を促す新たな文明創造のためのアプローチである。そこで、そのビジョンと戦略の提言を行う。

第1節　スローフードから発展したスロースタイルデザイン

（1）ファストフード批判としてのスローフードのブランド戦略

スローフード運動が生まれたのは1980年代のイタリアである。その時の有名な逸話として、ローマのスペイン広場にマクドナルドが出店してきたことがこの運動の起点だといわれている。この逸話が示すように、スローフード運動はアメリカから進出したファストフードへの反発から生まれた。

このファストフードが表すのは食のシステム化である。これはマクドナルドが代表するアメリカ型グローバルモデルであり、市場経済至上主義と分業主義と英語至上主義の3本の柱からなる"経済植民地化"のビジネスモデルである。それがマクドナルド化という言葉で言い表される（Ritzer, 1993）。マクドナルドが世界中でチェーン展開した原動力は、このビジネスモデルによって食をシステムに

変えたためである。
　食のシステム化とは食品のモノ化であり、分業化による合理化とテクノロジーを代表とする食の工業化である。ここでは、マニュアルにより調達から製造、そしてサービスまでの全ての工程で標準化がはかられる。世界のどの地域であっても、標準的なサービスや品質の維持を保つために歴史性や地域の文化といったそれぞれに個別の独自なコンテクストは消しさられる。このように、システム化は地域による差異を無化し、同一に標準化して全体を機能させることを目的にする（図表4-1）。

図表4-1　アメリカ型グローバルモデル

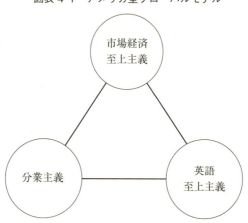

　その代名詞となったハンバーガーショップとしてのマクドナルドの起源は、1940年にカリフォルニアでマクドナルド兄弟が始めたレストランである。そのレストランには他の店と際立った違いがあった。その違いとは看板メニューのハンバーガーではなく彼ら兄弟がレストランに取り入れた運営方式である。この方式こそが工場生産方式とセルフサービスであった。
　このような方式に着目してシステムとしての可能性を見いだしフランチャイズ方式として広めたのが、レイ・クロック（Ray Kroc）なのである。厨房機器のセールスマンであった彼は、マクドナルド兄弟が採用した方式がビジネスになると睨み権利を兄弟から買い取った。そこからマクドナルドの食のシステム化の歴史は始まった。

つまり、マクドナルドでは当初からシステムこそが最大の価値であった。このように、ファストフードとは効率を追求するための合理的で新しいシステムとして生まれ発展した。そのコンセプトは分野こそ異なるものの、同じくアメリカで新興の大衆層を対象に、画一化と大量生産のための近代製造システムを創り上げたフォード自動車と共通している。

このような食のシステムが、永遠の都と呼ばれたローマの高級店が軒を並べるスペイン広場に進出してきたことは二重の意味で衝撃を与えた。一つは、歴史性と物語性という意味を体現する聖域に即物的なシステムが進出したことである。もう一つは、それがアメリカの大衆文化に対するヨーロッパの伝統文化の敗退の象徴として捉えられることである。

こうした衝撃の根底には、アメリカによる食のエンパイアーフーディズム（Empire Foodism）、または食の植民地主義（Food Colonialism）と呼ばれる覇権に対する反発と食のシステム化に対する抵抗感がある。

このような反発がまさにスローフードを生み出した。突然ながら、システムとして食を捉えるファストフードと伝統や地域などの要素をもとに食事をストーリー化するスローフードでは、食に対する捉え方が根本的に異なっている。後者のスローフードは美味しさ、正しさ、美しさをコンセプトにし、反対に前者のファストフードは速さ、便利さ、均一化だとして後者に対置した（Petrini, 2007）。こうした対立構造を作り出すことがスローフード側のブランド戦略であった[2]（図表4-2）。

図表4-2　ファストフード／スローフードの3原則

ファストフード	スローフード
1. 速い 2. 便利 3. 均一	1. 美味しさ 2. 正しさ 3. 美しさ

（2）スローフードにおける食の関係性のコンテクスト転換

　スローフード協会がイタリアで誕生したのが1989年である。日本でも2000年頃から広がり始め、スローフードや生活全般へ展開したスローライフや、環境と健康に対する意識の高い人のライフスタイルとしてのロハス（lifestyles of health and sustainability）という言葉が一時ブームになった。その背景には、欧米先進国を中心にした食の安全と安心への関心の高まりがあった。そのきっかけが、20世紀の終わりにイギリスから世界中に流れたある映像であった。

　その映像に映っていたのは実は1頭の子牛である。その牛は立とうとしても立てず四肢をふるわせ、全身に痙攣を起こし明らかに異常をきたしていた。その子牛が発症していたのがBSE（Bovine Spongiform Encephalopathy 牛海綿状脳症）、いわゆる狂牛病である。ここでの問題は、原因不明とされてきた人の難病（クロイツフェルト・ヤコブ病）が、BSEに感染した牛の肉を食べることで発症することであった。さらに大きな問題は、こうした牛の肉がスーパーで過去何年にもわたって普通に売られ、それを多くの人が食べてきたという事実であった。そして、このことによって世界中がパニックに陥ってしまった[3]。しかも、BSEの原因が牛を肥育するための飼料に含まれていた牛の肉骨粉であると明らかになると、牛に仲間の肉を共食いさせていたとして飼育業者に対し非難が集まった（Humphrys, 2002）。

　このように、BSEによって食への信頼感が大きく揺らぎ、効率と生産性の追求による過度な利益獲得重視の姿勢が批判された。それまで20世紀の科学技術の進歩として捉えられてきた遺伝子組み替え食物や保存料などの食品添加物は、今までと反対に食の安全と安心を脅かす存在と見なされることになった。

　こうした特徴を体現するモデルが、マクドナルドを代表とするファストフードチェーンである。そこでは世界中から低コストで材料を調達してオートメーション化した大規模工場で集中的に生産する。この高度に合理化したプロセスは産地も材料もまったく消費者から見えず、生産もサービスも全てが無人格でありシステムの一部として機能する。そこでは、消費者は購買という役割を与えられたシステムを構成する一要素にすぎない。こうした食のシステム化に対して食への生活者の主権を取り戻す動きとしてスローフード運動に注目が集まった。

（3） スローフードからスロースタイルへのコンテクスト転換

　さて、他方で、スローフード運動が普及した地域は限られている。その成立時から、スローフードはファストフードの対抗軸であることを戦略としたため、運動自体がアメリカ的進歩主義とヨーロッパの伝統主義との覇権争いとして捉えられた。また、その発祥の経緯として、実はこのスローフード運動が、長く食文化の中心に君臨してきたフランスの美食文化に対するイタリアによる食の主導権奪取のための運動という面を持っていた[4]。

　この点が、スローフード運動を過去に回帰する復古色の強く打ち出され、それゆえ前近代を指向する運動として広がりを持てない原因になっている（中西、2007）。そのため、スローフード運動が広がる素地としてはその国や地域が近代化を経てきたことが必要になる。スローフードでは地域の優れた生産者から食材を入手することを重要視するが、そのためには近代化の成果である情報化と輸送技術の発達が不可欠になる（中西、2007）。

　このように、スローフード運動を展開していくためにはスローフード自体のコンテクスト転換が必要になる。そこで重要となるのは、脱工業化を指向し地域を重視して、生活する人が豊かな暮らしを取り戻そうとするスタイルである。それと同時に、地域をグローバルなブランドとして展開するために、地域の歴史や環境、文化の中で食を捉えてコンテクストを中心とした地域ブランディングが有効性を持ってくる。

　スローフードのこうした視点を活かしつつ、スローフード運動をコンテクスト転換するためには、懐古的な伝統主義や主導権争いに陥らず、従来の近代合理主義的価値観そのものを根本的に転換するライフスタイルを提示する必要がある。それはすなわち、時間とは何か、暮らしとは何かを問い直し、人が生きる営みとしての生活を新たなコンテクストから見直すことである。

　このように、スローフードをコンテクスト転換し、新たなコンセプトを創造し、これを展開する視点こそがスロースタイルの特徴なのである。

第2節　脱近代としてのスロースタイルデザイン

（１）時間意識におけるスロースタイルのコンセプトデザイン

　現代という時代の特徴の一つが変化の速さである。現代はスピード化の時代である、といえる。モノやサービスの流行のサイクルは速く、あっという間に消費されて陳腐化してしまう。また、競争優位を獲得するための差別化戦略そのものがコモディティ化していく。ビジネスでは意思決定、商品開発、マーケティング、販売までもが、ビジネス全体とプロセスのスピード感が強調される。ビジネスでは計画から実施に至る流れをPDCAサイクル[5]として描き、スケジュールを分単位で線を引く。常に先を見通した時間の短縮が求められる。

　それでは、時間とは何なのか。我々は時計の目盛りや、スケジュール管理ソフトウェア上の日程や、カレンダーの日付を時間だと捉えている。しかし、ベルグソン（Bergson, 1889）によれば、これらの測定できる時間は実は本当の時間ではなく、時間を単に空間に投影したものである。真なる時間とは持続する経験の流れであり、物理的に計測できない運動そのものを根源的な時間であるとする。

　このように、ベルグソンは、時間を"空間化された時間"と"純粋持続としての本来の時間"の2種類に分けて捉える。前者の空間化された時間とは物理的に表現できる時間であり、計測可能ないわば"モノ"としての時間である。後者の時間は時計などで測ることのできない我々一人ひとりの経験にもとづく"コト"としての内面的な時間の流れである。我々が日々直面するのは実世界の便宜上つくられた時間であり、本来の時間とは、現在そして未来が不可分に結び付いた純粋持続としての内的体験の時間を示す。それこそが真の生きた時間だとベルグソンは捉える（Bergson, 1889）。

　こうした観点から見ると、現代が過去と比べて変化のスピードが速く感じられるのは、我々の日常生活が秒や分、時間という物理的時間に強く支配されているからである。モノとしての時間は持続性や運動のダイナミック性を失っている。それは生自体がモノ化しているからである。それに対して、スロースタイルにおけるスローとは意識と経験の純粋な流れを示す概念である。物理的に投影された時間ではなく、内面的で根源的な経験としての生きた時間を取り戻すことが必要であ

り、この生きた時間という概念がスローという言葉に込められたコンセプトである。

このように、スロースタイルのスローとは緩さや遅さという単なる物理的時間ではなく精神的時間を示す。これは内に秘めた生のエネルギーであり、また生命と意識の飛躍をもたらすものである[6](Bergson, 1889)。スロースタイルが指向するのは、このように物理的時間から人の生そのものを解放することである。

(2) 空間と場所におけるスロースタイルのコンセプトデザイン

ここでは、上述の時間に続いてスロースタイルにおける空間の捉え方を考察する。なぜならば、近代化の根底には時間と空間の観念の再編があるからである。

さて、近代化の幕開けをどこに置くかには諸説あるが、その一つがヨーロッパを発祥とする自然観の変化を起因とする見方である(Rifkin, 2004)。かつて、自然は人智を超えた畏怖すべき存在であり、自然に対して人は禍々しさや怖れの感情を抱いていた。しかし、近代化によって自然の聖性は消され、科学の力で人間が征服して、自然は服従させられる存在になった。

こうした自然観の転換のきっかけの一つが、ヨーロッパのルネサンス期における遠近法の発見である(Rifkin, 2004)。絵画の平面の上で距離点を設定し奥行きを透視図で示す遠近法の発見は、それまでの空間認識を根底から変えてしまった。それまでは天上の神を見上げるという視点が地上の水平方向に広がり、遠景から風景を捉える観察者の視点に変わった。それは、それまで神の領分であった天上の世界にあった自然が、人が支配し作り変えることができる地上の空間へと変わったことを意味している。

この視点をえて、ニュートン(Newton)たち近代科学者は、自然界のありとあらゆる現象には原因があり、合理的に説明できることを証明しようとした。自然の神秘性は失われていき、自然は計算可能な物理的空間として把握されることになった。

こうした近代科学による自然と世界の再編成の中で、効率化の概念が生まれる。それは、熱力学の分野におけるエネルギーの投入量と出力量、そしてエントロピーの計測によって見いだされた。その結果、最小限の労力を投入し最短時間で生み出される最大限の生産量の獲得が効率化として社会全体の至上価値になっていく(Rifkin, 2004)。このような近代化における効率と生産性の追求が、食分

野ではファストフードチェーンのシステムに結実した。つまり、マクドナルドのシステムは効率化と生産性向上を追求する点で、近代化そのものを体現している。

他方スロースタイルでは、そのような近代的な世界観に対して、近代化以前の世界観に戻るのではなく、新たな自然と空間の見方から世界を捉え直すことを提言する。それは、自然を近代化以前のように畏怖する神の領域のものと捉えるのではなく、また近代化以降のように人間が支配すべき資源と捉えるのでもない。それは、これらのいずれにおいても、人と自然はそれぞれ対峙する存在であるという見方が根底にあるからである。実はこの見方には、自然と生活とを区別して捉える、いわばユダヤ＝キリスト教的な宗教観が強く影響している（小室、2000）。

しかし、このような絶対的他者としての自然観とは別に、恩恵として自然を捉える見方がある。この自然の様々な場所に神が存在して生活とともに在るという見方は、ユダヤ＝キリスト教を根底とする西洋的な自然観とは異なっている（中谷、2012）。そこでは、空間は神の不可侵な領域ではなく、物理的な空間でもなく、人と自然が一体化する豊かな場所として捉えられる。そして、その場所では様々な生命が絡み合いお互いの生命を支え合っている。スロースタイルが指向するのは、こうした生命体が循環する場所であり、自然と人が共生し融合し合う大きな関係性のネットワークである。

（3） ローカルとグローバルの融合化としてのスロースタイルのコンセプト

さて、ここまでは時間意識と空間意識のファストスタイルとの違いを通じてスロースタイルのコンセプトを見てきた。こうしたコンセプトから導かれるスロースタイルの意義とは何なのか。

このスロースタイルが指向するのは生きた時間を過ごすことであり、自然と共生し、多様な繋がりとともに生きることである。それは食においては、地域における食材や伝統的な食事というコトで地域や生産者と顧客を結び付けていこうとする。マクドナルド化が機械化とオートメーメーション化を押し進めながら、それぞれの食が持っている独自のコンテクストを消してシステム化していったのに対して、スロースタイルでは開かれたネットワークを創造し、食の豊かさや人と自然との繋がりというコンテクストを描き出している。これこそがスロースタイ

ルのスタイル革新なのである。

　しかし、それは反ファスト、スロー礼賛をグローバルとローカルの二項対立図式に仕立てて食や生活の有り様をローカルに戻すことを目指すのではない。すなわち、グローバルに考えてローカルに行動すること（Think Globally. Act Locally）や、ローカルに考えグローバルに行動すること（Think Locally. Act Globally）の両方が求められる。ここで必要なことは二項対立図式を超えたコンセプトである。

　環境がますます複雑化して求められるものが多様化していく中では、グローバルかローカルかを区分して捉えることに有効性はない。かつて、IT技術の進歩と市場経済の発達によって世界はフラット化していくという見方が一定の支持を集めた（Friedman, 2008）。しかし、その後の世界情勢は複雑化しており、もはやグローバルかローカルかの2項のみでは捉えられない。実際に、世界は多元化し多層化している[7]。現在では、これからの見方として必要なことは、物理的な時間と無機的な空間ではなく、生きた時間と様々なものがつながる場を通して、個々の生活をデザインしていくことである。

第3節　変化の起点としてのスロースタイルデザイン

（1）交流による創造としてのスロースタイルデザイン

　食文化とは地域と地域の交流によって生まれる。これは例えば、韓国のキムチ（김치）だが、周知のように白菜などの野菜と唐辛子、魚介の塩辛、ニンニクなどを使用した漬け物であり、朝鮮半島の伝統的な食として捉えられている。しかし、その由来を辿れば、元々は現在の中国東北部で作られていた冬期用の漬け物が原型であり、それが現在のように赤くなったのは日本から赤唐辛子が伝わった後である。この唐辛子は、一説によれば豊臣秀吉による朝鮮出兵以降に持ち込まれたとされる。現在の白菜も中国での品種改良の結果であり、それらを総合化して現在のキムチになったのは18世紀以降であると考えられる（小泉、2008）。赤唐辛子も元を辿ればアジアには自生せず[8]、ポルトガル商人が伝えたものであり、その発祥の地はアメリカ大陸である。元をただせば、コロンブスの新大陸の発見が起源になる。

このように、伝統的といわれる地域の食が様々な地域との交流によって生まれてきたことをあげれば枚挙にいとまがない。スローフード発祥の地であるイタリアにおいてマンマ（母親）の味とされるトマトソースの原料であるトマトも、元は唐辛子と同様にヨーロッパには存在しなかった。これは中南米からヨーロッパに持ちこまれたものであり、鑑賞用から品質改良を経て人の口にはいるようになった。

このように、様々な交流によって今までと違う新たな食が生まれ、その地域の特徴に合ったものが後世に伝えられていく。そして、それらを我々は後に食文化と呼ぶわけである。

スロースタイルが目指すのはこうした交流であり、決してグローバルかローカルかを区別することではない。現実には、スロースタイルにはグローバルかローカルかの違いはほとんど意味を持っていない。あえていえば、外に向けて開かれたローカルであることがスロースタイルである。このスロースタイルの本質とは、多様さを受け入れ相互の結び付きを見いだしていくことである。

（2） 地域のネットワークとしてのスロースタイルデザイン

さて、スロースタイルへの誤解の一つはそれが地産地消を推進する運動と捉えられることである。しかし、これまで見てきたようにスロースタイルはグローバルかローカルかの区分を超えた多様な場としてのネットワークを描いている。地産地消は、むしろ地域のローカル性に閉じた消費のスタイルであり、単に地域の閉鎖的な生産と消費の循環を生み出すにすぎない。地産地消が消費者にとって魅力的に映るのは、生産者の顔が見えるという信頼からの安心感による。

それは、都市化の進展とともに食品の生産の現場と作り手の顔が食品を買う側から見えなくなり、お互いの関係が、モノと貨幣の交換でしかなくなったことに起因する。生産者にとって相手は商品を売る存在であり、消費者という顔のない無数の誰かになる。そこでは、生産する供給側と消費する需要側が分断されてしまい相手に関心を払わない。それは、お互いがいつでも代替可能な存在であり、また両者を結び付けるものが商品と価格という購買取引だからである。こうした生産と消費の分離は流通技術の発達によってますます進展してもはや顔が見えないのは当たり前になり、どの国からその食料がやってきたかすらわからなくなっている。こうした状況に対して、地産地消は安全で安心な食べ物という信頼に応

図表 4-3 スロースタイルデザイン

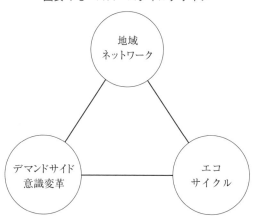

える効果的な方法とされる（図表4-3）。

　しかし本来、地域のローカル性に拘ることと、食の信頼感は同一に語れない。生産者の顔が見えるということが信頼に結び付くのであれば、それは距離の問題ではなく、これはむしろ情報伝達の問題である。つまり、生産者と顧客の関係性をどのようにデザインするかが重要になっている。

　また、地産地消の問題は地域内での食の循環を追求することが新たな創造を生み出さず、それゆえ地域の活性化に結び付かない点にある。外部と隔絶し閉鎖するのであれば、地域をブランド化する意味は見いだせない。地産地消が描く究極の姿は、その土地で生まれた人はそこでの食べ物を食べて、そこで暮らすという在り様である。しかし本来、地域の食文化を守るという意味は他から隔絶することではない。食や文化は他の地域との交流によって生まれてくる。食の交流がなければ、朝鮮半島のキムチやイタリアのトマトソースは現在存在していなかった。

　つまり、このように一地域が独立独歩で自律化していくことがスロースタイルの理想ではない。そのような独立や自律は、近代的な概念の一つであって[9]（Rifkin, 2004）、スロースタイルにおいては地域と地域、そして人と人が結び付くことをコンセプトとする。

(3) デマンドサイドの意識変革としてのスロースタイルデザイン

　食の信頼性の問題の本質は、生産者と消費者の関係性をどのようにデザインするかにある。食品偽装の問題がなくならないのは、生産と消費が完全に分離した関係であることに根本的原因がある。このような分業化は近代社会の特徴である。産業化した社会では、企業と人は生産においては製品の原価を低減させ少しでも利益を確保しようとする。利益を最大化して競争相手に勝つことが価値とされる以上、食品にかかわる偽装問題は形を変えて発生し続ける[10]。そして、悪貨が良貨を駆逐するというとおり、またレモンの法則[11]のように、価格は低く信頼性も低い、すなわち安心とはいえない食品がスーパーマーケットに並ぶことになる。

　このように、現在の食の在り様は、消費者には与えられた情報の真偽が判断できないというストレスを与え、また生産者には偽装の誘惑を与える。それは、生産と消費が分かれお互いの顔が見えず、信頼関係が築けなくなっているためである。

　スロースタイルが指向するのは、そのように生産者と消費者間が分離した状況から、再びお互いの関係性を創造することである。そのためには、消費者は消費という受け身の存在から脱して共生産者（Petrini, 2007）として積極的に食に関わりを持つ必要がある。それは消費を単なる購買活動から生産者への共感を示す行為へ変えることであり、自らが生活をデザインする意思を持つことである。他方で、生産者は、商品を作って売る存在から、食という恵みを大地からえる創造者へ立ち位置を変える必要がある。また、自然の循環の中から糧をえながら人々

図表 4-4　サプライサイドとデマンドサイドの融合

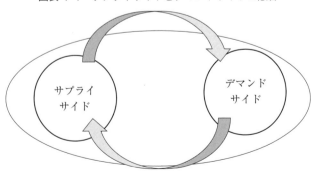

の生命を支える主体であることの誇りを取り戻す必要がある。

このように、消費者も生産者も共に今までと違う存在に変わることが食の信頼性を取り戻すことに結び付く。特に、今まで一方的な受け身の存在であった消費者という存在から新たに「共生産者」(Petrini, 2007) として、いわばデマンドサイドが積極的にサプライサイドに働きかける存在へ、コンテクスト転換することが必要になる（図表4-4）。

スロースタイルにおいては、このようなデマンドサイドを起点とした新たな食の関係性をデザインすることがコンセプトであり、それが従来の消費者という存在をコンテクスト転換することである。こうした役割と関係の転換を通じて、デマンドサイドとサプライサイドが協働して共に食と生活を支える姿を指向する存在になることを目指す。

おわりに

さて、マクドナルドを代表とするシステムとしての食に対して、スロースタイルとは生命の活動としての生活を取り戻す運動である。それは、生活者の視点を中心にしたポスト（脱）マーケティング戦略であり、関係性やコミュニティをデザインする、共鳴、共感、共振のモデルである（図表4-5）。

近代化は、我々の生活に物質的な豊かさをもたらした。それがマクドナルドを代表とするファストフードという食のシステムに結実した。システム化は同時に

図表4-5　スロースタイルデザイン

スロースタイル
1. 共鳴 2. 共感 3. 共振

食事からコトを奪いモノ化してしまった。現在問われているのは、モノの豊かさの代償として、コンテクストの豊かさを失わせて生きることの豊穣さが見えがたくなっている点にある。

　このような社会から抜け出すための一つのデザインモデルがスロースタイルである。そこでの中心は人の暮らしであり、その暮らしが様々な結び付きによって存在することをあらためて捉え直すことである。つまり、スロースタイルとは人間を中心にした、生活における多様な関係性のデザインを指向する運動なのである。その関係性とは人と人が暮らす地域は勿論のこと、それらが背景とする自然や社会、我々が生きる世界そのものとの関係である。こうした環境とともに生活が存在して我々自身の生命が様々な繋がりを持つという意識が、モノからコトへと価値を転換させて、これからの生きた未来の姿を描くことになる。その中で、コトとして食事を捉え直す必要が生じている。

　本来、人の食の目的は単なる栄養補給ではない。そもそも食事とはコトでありコンテクストと共にある。それは人と人が結び付く場である。こうした食事を真に喜びとする社会こそが生きた社会であるといえる。我々は、生命を支える目的と同時に生命の喜びとして食事を楽しむ。スロースタイルとは、機械的な食のシステムに対する生命のコスモロジーを指向する運動であり、生命を解放して生きた時間をすごすための戦略的なコンテクストである。

注
1) 詳しくは、スローフードインターナショナル編集による「スローフード大全」を参照されたい（スローフードインターナショナル、2009）。
2) この間の事情をやや矮小化して捉えるならば、武力でも経済力でも圧倒的な力を誇る新参者に対して、かつては顔役だった古株の連中に苦々しく思いながらもその感情を押し殺し平静を装ってきた。ところが、その拠り所としていた過去の栄光に対して、新参者は敬意を示すどころか、意味がないといわんばかりに壊すような行動にでて、縄張りに踏み込んできた。そこで、もはや我慢の限界も切れたとばかりに、怒りに火をつけた古株たちが、かつての伝統を武器に立ち上がった。その武器がスローフードというブランドへと結実した。戯画化するならば、このように描くことができる。
3) 食べた人全員が感染し発症するわけでないにしろ、すでに何人もの犠牲者が出ており、検査したところ、のべ178,000頭もの牛がBSEに感染していることがわかったときに、人々は何を信じてよいのか。これによって、食に対する信頼が大きく揺らいでしまった（Humphrys,

2002)。結果的に、470万頭の牛が殺処分になり、うず高く積まれた牛の死骸の写真が新聞を飾り、イギリス産の牛肉は世界中で販売禁止になった。

4) ローマのスペイン広場へのマクドナルド出店の逸話についてはすでにみてきたとおりである。さらに、スローフード運動の発祥の地がピエモンテのブラという町であり、そこでのイタリアの銘酒バローロを楽しむ美食の会がスローフード協会の前身になっていることが、これらの事情を示している。

5) Plan-Do-Check-Action のサイクルのことである。計画し、実行し、振り返り、再度計画するという循環を示す。

6) 具体的には、生活における時間を各自がどのようにデザインするかが問われ、そこでは精神的な意味としての時間を価値とする。例えば、食事づくりに何時間もかけて取り組むということは合理的な時間概念からすれば無駄なこととして捉えられるが、それが自らの価値観において意味があれば、それは何時間かけても意義のある時間になりえる。問題は没頭する時間を持つことである。このことを軸に生活をデザインすることがスロースタイルにおける生活の在り方である。

7) 周知のように、インターネットによる民衆の革命としてもてはやされた、いわゆるアラブの春のその後がどうなったか。また対立を続ける西側諸国とイスラム諸国の問題や、そのイスラム諸国においてもそのように一様で捉えられない、宗派の問題や貧富の格差の問題等、様々な問題が存在している。マクドナルドと並ぶグローバル化の象徴であるコカコーラがどのように戦略を変えてきたかを辿るだけでも単純にグローバルと一言で捉えることができないことが明らかにわかる。

8) 元々は中南米を原産地とする。コロンブスによる新大陸発見とともに欧州にもたらされ、それが南蛮船などの交易によってアジアに伝わったとされる。

9) 個人という概念、自由という概念が西欧社会でどのように生まれ、それが新興国としてのアメリカにわたり、どのように発展したかは、それを扱うだけでも膨大な著述になる。ここでは、以下の点に着目する。これについては、啓蒙主義哲学者たちが自然と人間を引き離し、自然を人間のために奉仕するものと描いたこと、またルターやカルバンらによる宗教改革が私有財産を認め、市場経済の発達とともに取引に自由という概念を強固なものとしてプロティスタンティズムが各自の行動の規律性というような教会の伝統による規制を日々の生活の内部統制への転換などが大きな要因となっている (Weber, 1905)。

10) ローマ時代から葡萄酒に添加物を使うことは広く知られた技術であった。問題は、それ以外にも分量をごまかすために、アロエやその他の薬を入れ人工的に熟成させていた、ということである。

11) ミクロ経済学で提唱された理論。情報の非対称性が市場に影響を及ぼすという理論で、中古車市場で外見からわからない欠陥品と優良車が混在していると、買い手が欠陥車を高い金額で買うことを恐れて買わなくなり市場には優良車が出なくなる。つまり、売り手と買い手の情報格差により質の悪い商品しか市場に出なくなるという理論である。

参考文献

小室直樹（2000）『日本人のための宗教原論』徳間書房
小泉武夫（2008）『キムチの誘惑〜神秘の発酵食をめぐる韓国快食紀行』情報センター出版局
中西晶（2007）「物語を構築する力」原田保・三浦俊彦編『スロースタイル』新評論
中谷巌（2012）『資本主義以後の世界』徳間書房
原田保・三浦俊彦　編著（2007）『スロースタイル』新評論
原田保・三浦俊彦（2008）『マーケティング戦略論』芙蓉書房出版
原田保・三浦俊彦　編著（2010）『ブランドデザイン戦略』芙蓉書房出版
スローフードインターナショナル監修　スローフード協会・五十嵐亮二訳（2009）『スローフード大全』東京 スローフードコミュニケーションズ
Bergson, Henri-Louis（1889）*Essai sur les données immédiates de la conscience*（平井啓之訳（2009）『時間と自由』白水社）
Friedman, T.（2005）*The World Is Flat; A Brief History of the Twenty-first Century*, Farrar, Straus & Giroux（伏見威蕃訳（2006）『フラット化する世界』日本経済新聞社）
Humphrys, J.（2002）*The great food gamble*, Hodder（永井喜久子・西尾ゆう子訳（2002）『狂食の時代』講談社）
Petrini, C.（2007）*Buono, pulito e giusto*（石田雅芳訳（2009）『スローフードの奇跡〜おいしい、きれい、ただしい』三修社）
Rifkin, J.（2004），*The European dream*, Pine Forge Press（柴田裕之訳（2006）『ヨーロピアンドリーム』日本放送出版協会）
Ritzer, G.（1993），*The McDonaldization of Society*, Pine Forge Press（正岡寛司訳（1999）『マクドナルド化する社会』早稲田大学出版部）
Weber, M.（1905）*Die protestantische Ethik und der 'Geist" des Kapitalismus*（大塚久雄訳（1989）『プロテスタンティズムの倫理と資本主義の精神』岩波文庫）

第5章

ファストフードのスタイルデザイン

庄司真人

はじめに ―ファストスタイル―

　（客）「おい、そば屋さん、なにができるんだい。花巻にしっぽくかぁ？　じゃあしっぽくひとつ拵えてくんね。寒いなぁ」
　（そば屋）「今晩は大変に寒うございます」
　（客）「どうでえ商売は。いけねえか。仕方がねいや、世が悪いだぁなぁ、そのうちにまたいい時とがある、商えといってね、飽きずにやらなくちゃいけねえぜ」
　（そば屋）「ありがとう存じます。親方上手いことおしゃいますねぇ」
　中略…
　（そば屋）「ありがとう存じます、へい親方お待ちどうさまで」
　（客）「おう、もうできたかい、ばかに早えじゃねいか。こうじゃなくちゃいけねえや。江戸っ子は気が短けえや、誂える催促をするんじゃぁ旨いものがまずくなる。しまいにゃくいたくなくなっちゃう、まったくだよ」
　（柳家小さん、2007、pp.162-163）

　これは、古典落語の題目の一つである「時蕎麦」の一部である。「時蕎麦」は、江戸時代のそば屋で、やたらにそば屋を褒めることで釣り銭をごまかした客を見た別の客がそれを真似しようとして余計に支払ってしまうという有名な噺である。日本におけるファストフードの一つであるそばをもとにして、江戸の時代背景（時刻）による笑い話となっているものであるが、江戸時代の文化的背景の中に蕎麦というファストフードが特徴付けられている。素早く提供される、手軽に食べられるといった特徴が、この古典落語の中でそばの文化として見受けられる

(中江、2007)。

　ファストフードは各国で見られるものであるが、現代においては外食産業における大規模な企業によるサービスあるいはビジネスシステムのオファリングの一つとして位置づけることが多い。その代表例がマクドナルドであろう。マクドナルドを代表とするハンバーガーチェーン店は、経営的な視点から多くの業種の行動に影響を与えている。品質の安定、従業員への教育、大規模なサービス提供システムは、サービス業だけでなく、他の製造業や小売業においても採用されているものがある。

　他方で、ファストフードについては、ヨーロッパを中心に批判の対象となっているものでもある (Schlosser, 2001; Spurlock, 2005)。ファストフードを提供する企業がオファリングの画一化を図ろうとして、サービスの均一化を行うことによって、地域的な相違を反映しない経営システムを導入していることに関して、地域の特性を活かした食文化を反映させようとするスローフード運動が見られる。そこで、アメリカ合衆国もしくはアメリカ合衆国を母国とするグローバル企業が世界的に展開する中で、地域そのものを重視する運動と関連することによってファストフードに対する見直しや批判も指摘されている。

　本章では、上記のような背景のもとで、スタイルとして歴史として、それから文化論としてのファストフードに注目し、これについて議論をすすめるものである。ファストフードを一つのコンテクストとして捉えることによって、コンテンツとしての食材に注目するのではなく、提供方法等を考慮したコンテクストによる食文化への地域デザイン学的アプローチについて考察するものである。

第1節　ファストフードとファストフードのスタイル

(1) ファストフードの定義

　ファストフードとは、短時間で調理して食べられる食事を指す。ファストというのが早いという英語であることから、注文を受けてから提供されるまでの時間が短いことを意味している[1]。時間の短さは手軽に食べることができることを意味している。つまり、ちょっとお腹が空いたとき、時間が短い中で食事を取らなければならないようなときにファストフードは人気を集めることになる。

第5章　ファストフードのスタイルデザイン　105

　本章の最初に記載した「時蕎麦」においても店主を褒めて勘定をごまかす客は、博打を打つ前にそばを食べに来たという設定になっていることが多い。このようなまさに短時間で腹を満たすということの中に、ファストフードが提供しているものを見てとれるのである。
　今では、ファストフードは世界中で見られるものである。ファストフードを厳密に定義するのは難しいが、手軽に食べられるという点では日本においても見られるそばもそうであろう。駅の構内で見られる立ち食いそばなどは、安くて手軽に食べられるものという点ではファストフードになるであろう。そばやうどん、天ぷら、回転寿司など、日本においてもファストフードと呼べるものが数多くある。
　世界的に見ても、数多くの食品がファストフードとなっている。一般的にはハンバーガーやホットドッグ、サンドイッチなどがあげられる。特にハンバーガーはファストフードの代表例としてその議論の中心となっていることはいうまでもないことである。数多くのファストフードの関する研究や文献はその議論の対象としてファストフードを取り上げているものである。
　しかし、文化論においてファストフードを議論するときには限定的に用いられている。それはハンガーバーを始めとする高カロリーな食事で、グローバル化を指向するアメリカ資本であるハンバーガーチェーン店を中心として世界展開しており、サービス・システムの均一化を行うことによって工場で生産するかのように安価に大量生産を可能とし、手軽に食べられるものとして位置付けられることが多い。つまり、ファストフードも2通りの意味合いで議論される必要があるのである。
　1つは、単純に早いという意味でのファストである。広義のファストフードともいうことができる。手軽に食べられるということが中心であり、提供方法による工夫によって早く食品を出すものが該当する。もう1つはグローバル化という前提の中で、批判的に議論されているファストフードである。これは、地域の食文化をグローバル化という単一の尺度の中で地域間の差異を無視した展開を追求するものである。原田らが主張しているように、これからの社会においてはスロースタイルが追求されるべきであり、これを地域デザインの視点で考えるのであれば、地域の特徴を視野に入れつつ、食の提供方法によってコンテクストを変

えることで価値を創造することが必要になる（原田・三浦、2007）。

（2）スタイルとしてのファストフード

　食事を早く提供するということは、現代社会の構造を反映していると考えられる。例えば、エアポートにあるレストランの多くはファストフードである。出発前の短い時間で食事をすまそうとする人々のニーズを満たしていることになる。駅にある立ち食いそばもそうであろう。出発までの時間、待ち合わせの時間、乗り換えの時間において食事を取ろうとすると優先されるのは、時間ということになる。食事に時間がかかりすぎて、出発時間に間に合わないことよりも、時間に間に合うように行動することになる。このような場面において、食事は手早く済ませたいということから提供方法も簡単なもの、提供時間も短いものになる。

　食に関する提供時間、食事時間によってファストなのかスローなのかが分かれることになるが、これは人々のライフスタイルにも大きな影響を与えることになる。本書の編者である原田は、スローフードなどに代表されるライフスタイルのことをスロースタイルとし、他方でファストフードに代表されるライフスタイルのことをファストスタイルとして、グローバリゼーションのもとでのライフスタイルの展開について議論をしている（原田・三浦、2007）。スロースタイルは、ヨーロッパで発生したフローフード運動をもとにしている。その背景にあるのは地域性を重視する動きである（中西、2007）。

　必ずしも対比されるものではないが、ファストフードもしくはファストスタイルは画一的なグロバリデーションの中で発生するものである。ビッグマック指数と呼ばれるものがあるように、物価を比較するための基準として世界的に統一されたものとしてハンバーガーが利用されている。

　ビッグマック指数とは、英国の経済誌である「エコノミスト」が毎年発表しているものであり、ビッグマックが各国で販売されている価格を米国価格で割ることによって求めるものである。これを計算することで通貨が割高なのか割安なのかに関して参考とするものである。ビッグマック指数は一物一価の法則にしたがい、どこの国でもビッグマックが同じ価格で販売されると考えることによって通貨について考えるものである。これは換言すれば、ビッグマックが世界中で販売されているということを意味している。米国だけでなく、ヨーロッパやアジアに

おいても幅広く販売されている商品ということになる。これは、まさにグローバル化の象徴ということもできる[2]。

こうして、ハンバーガーを始めとする欧米のファストフードはまさにライフスタイルとしての影響をもたらしている、といってよいであろう。欧米型のファストフードが日本に導入されるようになって、結果に見られる古来の食文化が大きく変わっていくことになる。こうして、手軽に食べられるようになればなるほどや時間のかかるものや手間のかかるものが敬遠されることになる。

第2節　ファストスタイルに関する歴史的・地理的考察

(1) ファストスタイルのグローバル性

ファストフードの代表格としてあげられるハンバーガーは、アメリカ文化が生み出したものとして知られているが、その歴史をひもとくと、ローカルとグローバルの複合によって生み出されたものと考えられる。

ハンバーガーはパティと呼ばれる焼いたハンバーガーを専用のバンズに挟むサンドイッチの一種のことである。ハンバーガーの起源は、モンゴロイド系の騎馬民族であるタルタル人が食べていた料理がオリジナルという説がある[3]。タルタル人は遠征の際に、挽肉料理を使っていた。馬を食料としていた彼らは、その肉を食べやすくするために工夫した。生肉を細かく切り、タマネギや入れて、こしょうなどの香辛料で味付けをして食べていたとされている。この料理がドイツに伝わり、牛肉・豚肉の合挽き肉に香辛料やタマネギ、そしてつなぎのパン粉が加わり、ハンバーグとなる。

18世紀以降、ドイツ人が米国に移住するようになった。言うまでもなく、アメリカ合衆国は移民国家とも言われており、多くの国々から移民がアメリカに来て住んでいる。17世紀から18世紀のアメリカが立国した時期は、イギリスやオランダからの移民が中心であった。これが18世紀になるとドイツやスカンジナビア諸国といった西・北ヨーロッパからの移民が移り住んでくるようになる。これが19世紀になるとヨーロッパ各地からアメリカ合衆国へ移り住んでくるようになるのである。この要因として、ヨーロッパでの人口が爆発的増加したことと、農業が近代化したこと、そして政治的・宗教的要因がある。

移民が仕事を見つけやすかったのが、食品関係となる。外食や食品製造・加工業といった業種は、労働集約的な特徴がある。そのため日本においてもこのような業種における外国人労働者が多い。さらに、食は民族や文化の影響がある。例えば、アメリカ合衆国に行けば、日系人が多い地域（たとえばロサンゼルス）において日系人向けのスーパーマーケットが存在し、日系人や日本人駐在の人々が好む食材が陳列されている。また、スーパーマーケットの中にはラーメンチェーン店もある。18世紀においても同様で、ドイツ系のレストランが開設されドイツ風料理が提供されるようになった[4]。

（2） ファストスタイルと工業化

ハンバーガーとして提供されるようになるのは、工業化の影響がある（Smith, 2010）。工業で労働する人々に提供するために、屋台で簡単なサンドイッチが提供されるようになる。その中にはホットドッグもあり、ハンバーガーはグリルをもつ屋台において調理された後にパンに挟まれて提供されることになる。スミスは夜の工場における食事を提供する時にハンバーガーがもてはやされたとしている（Smith, 2010）。このように見ていくと、ドイツ系の料理方法としての挽肉から作られたパティをパンに挟んで提供するということがアメリカで行われたのは、民族をルーツとする食文化であるということと工業化としての対応があったからである。

アメリカのハンバーガーは第一次世界大戦の時にヨーロッパに展開していく。この時期は様々な商品がグローバル化しているように、ハンバーガーも海外に部隊とともに進出することになる。

ハンバーガーが世界的に展開していくのは、チェーン展開を積極的に行ったマクドナルド社によるものといっても過言ではない。1940年にモーリスとリチャードのマクドナルド兄弟によって開設されたマクドナルドは、レイ・クロックによって全米にフランチャイズ展開されるようになる。

マクドナルドをはじめとするハンバーガーチェーン店が世界的に展開するのは、1970年代以降である。日本においては1971年に銀座三越に1号店が開店し、今日に至っている。フランスでも1972年に1号店が開店している。1990年にはモスクワに店舗を開いた。このように関係の深いアジアやヨーロッパだけでな

く、かつて冷戦関係にあったロシア（旧ソビエト連邦）にまで店舗網を広げることになる。そしてそれは各国へと広がっていき、世界中にマクドナルドが展開することになる。

第3節　ファストスタイルと食文化

（1）ファストスタイルへのアプローチ

　ファストスタイルは、これまで述べてきたように、短時間で、低価格で食事を提供するものである。狭義にはアメリカ系のハンバーガーに代表される低時間、低価格で高カロリーで提供されるものを示すことが多く、ジャンクフードと称されることもあるが、広義のファストフードは、これよりも幅広い範囲を含んでいる[5]。

　狭義のファストフードを食文化として検討する場合は、批判的に捉えられることが多い。『ファストフードが世界を食い尽くす』ではハンバーガーチェーン店を想定とした、製品の均一化、画一化、労働の問題が取り上げられている（Schlosser, 2001）。モーガン・スパーロックによる「スーパーサイズミー」もマクドナルドにみられる食に関する栄養の問題を取り上げた問題作である（Spurlock, 2005）。この映画では監督でもあり、主演でもあるモーガン・スパーロックが30日間、マクドナルドを食べ続けることで身体にどのような影響があるのかに関するドキュメンタリー映画であった。これらのハンバーガーに対する批判は、これら食事がジャンクフード、すなわち、ゴミのような食事であるとして栄養的要素がほとんど無いということ、そしてこれらによる健康への悪影響について言及するのである。その代表的なものとしてスローフード運動がある。前述の通りスローフードとは、1980年代のイタリアにおいて発生したファストフードに対する批判的な運動である。ファストフードがグローバルな食品の調達と画一的な食文化の提供であるのに対して、スローフードは、その地域の食文化や食材を重視する（大谷、2004; 中西、2007）。

　このようなスローフード、そしてそれを元にしたスロースタイルについては次章で検討する。ファストフードには多くの批判があるが、ここではファストフードを元にしたファストスタイルについて考察をすることにする。ファストスタイ

ルは、食文化において、食の画一化を推進してきたものであると考えられる。世界的に存在するマクドナルドはその味が均一化されているかどうか、チェーン店としてすべてが統一化されているかどうか別にして、コンテクストの転換を図ってきた、といってもよい。

　すなわち、何を提供するのかというコンテンツを重視するのではなく、どのように提供するのかというコンテクストを強調するものである。例えば、牛丼チェーン店の吉野屋はそのキャッチフレーズとして「うまい、早い、安い」としているが、これも牛丼を早く、安く提供するというコンテクストを提示したものであると言ってよいであろう。回転寿司も同様である。寿司は注文を受けてから職人が作るものであった。カウンターで注文を受けて、あるいはお任せで作られる寿司が大きく変わったのは、1960年代に登場した回転寿司の影響であると考えられる。回転寿司では予め作られ、皿にのせられた寿司が回転テーブルに乗ってカウンターを回るという提供の方法を変えることによって寿司そのものの文化を大きく変えてきている[6]。

　ファストスタイルの代表的な食文化であるハンバーガーは、前節で触れたように地域的な特性から出発し、グローバルに展開している。このようにコンテンツよりもグローバルに提供するというコンテクスト特性を重視したのがファストフードであるといえよう。

（2）ファストスタイルの可能性と限界

　ここで画一的なサービス提供としてファストフードの可能性と限界について述べていく。まず、画一性は近代的な大量生産の論理をサービスの世界にもたらしたものであるといえる。つまり、サービスは4つの特性が製品と異なるとされている。それがいわゆるIHIPであり、無形性、変動性、不可分性、消滅性という特性を示すことになる（Lovelock, 1996）。サービスに関する議論はこれら4つの特性を元に行われることが多いが、これが無形財としてのサービスの（有形財としての）製品に対する劣位としても指摘されることになる（Vargo and Lusch, 2004a）。したがって、このような画一化されたサービスの論理は、サービスを画一化しようとすることによって生産性を高めようとすることに関わってくる。

工業製品によって短時間で画一的に生産されるプロセスが産業革命において取り入れられ、生産性が格段に向上したように、フォードシステムに代表されるような画一化された生産システムと同様の生産システムがサービスにおいても取り入れられるようになる。ハンバーガーチェーン店におけるマニュアルは顧客対応の画一性を高めることになる。

　ファストフードは一つの経営システムとしてあるいは、サービス提供の品質向上として一定の役割を有してきたともいえる。つまり、何時でも何処でも、誰に対しても、同じモノを提供するためのシステムとしてファストスタイルは提示されているものである。

　そして、伝統的な「画一型ファストスタイル」ではなく「コンテクスト型ファストスタイル」にたつことが必要となる。特に食文化は、地域特性に影響を受けやすい。換言すれば、地域性というコンテクストを有するファストフードを確立することが必要となるのである。

　筆者はその一つの例として、「わんこそば」をあげることができると考える。蕎麦というファストスタイルの食べ物を一口大の大きさで提供する岩手県に伝わる蕎麦である。例年、TVなどでそのスタイルが観光のための資源として紹介されているが、まさに地域性とコンテクストを転換することによってこれを可能にしたものとして捉えることができよう。

　もう一つは、佐世保バーガーがあげられる。ファストスタイルとしてのハンバーガーとしては広義に位置づけられるが、「佐世保」という地域とファストフードとしてのハンバーガーが組み合わされている。狭義のハンバーガーと比べると提供時間が遅くなるということになるが、地域性を高めることでこれを克服しようとしている。

おわりに

　ファストフードに基づいた画一化されたサービスを提示するというファストスタイルは、産業革命と（アメリカ合衆国という）一国内におけるグローバル化の影響を受けている。本章では、ファストフードを広義と狭義として分けて捉えているが、狭義のファストフードであるハンバーガーというドイツ系の移民に

よって作り出された食文化が、産業革命という工業化の中で、工場における作業員が手早く食することができる食べ物としてハンバーガーが生み出されたことは、産業革命とグローバル化によって作り出された、といえるのである。

まさに工場で作り出されるようにハンバーガーが生産され、誰に対しても同じように提供されるというのは、サービスの工業化といってもよいであろう。しかし、モノに価値が生み出されるという考え方は近年のサービス・マネジメントにおいては批判的に捉えられている。近年のサービスの視点では、特にサービスドミナントロジックにおいては、提供される有形の商品であっても無形のサービスであっても交換段階での価値だけでなく、企業と顧客との間のリレーションシップにおける相互作用の中で価値が共創されると指摘している（Vargo and Lusch, 2004b; 井上・村松、2010; 庄司、2011）。このように画一化される、誰に対しても同じ品質を提供するという前提限界を迎えつつある。

地域デザインを考えるにおいて食文化のデザインを考えることはその地域の特色を考える上でも重要である。しかし、そこにはファストスタイルが提示する画一化された、誰に対しても、同じモノを提供するというスタイルをとる必要は無くなる。近年の画一化されたリゾート開発はその失敗的な例である。食文化において地域振興を考えるにおいては、このようなサービス開発の画一性から脱却することが必要となる。

そのため、伝統的な「画一型ファストスタイル」ではなく「コンテクスト型ファストスタイル」へと移行することが必要となる。地域性を重視した新たなファストスタイルを地域の食文化に確立することができることが、これから必要となるであろう。

注
1) ファストフードなのか、ファーストフードなのかについて、表記に関する議論があるが（大谷（2004）参照）、ここでは一般的なファストフードとして表現することとする。
2) 『レクサスとオリーブの木』においてもマクドナルドはグローバル化の象徴とされている。Friedman（1999）参照されたい。
3) ハンバーガーの歴史については、日本ハンバーグ・ハンバーガー協会のHPを参考としている。http://nhha.lin.gr.jp/hh/history/hamburger.html アクセス日 2013年12月27日

ただし、スミス（Smith（2010））はハンバーガーの起源をタルタル族とすることに関して異議を唱えている。
4) アメリカ合衆国は民族的な背景の中でコミュニティを形成することになり、これが集積して一つの都市のような機能を持つことになる。そして、サラダボールと呼ばれるアメリカの特性を示していることになる。
5) フードサービス協会による外食産業市場動向調査においては、ファストフードは洋風、和風、麺類、持ち帰り米飯・回転寿司、その他に区分している。
6) 回転寿司チェーンは、我が国において1,000店舗以上を展開している。国外においても展開しており、イギリスやアメリが合衆国において回転寿司の店舗が開設されている。

参考文献

Friedman, Thomas L.（1999）, The Lexus and the olive tree: Farrar Straus Giroux（東江一紀・服部清美訳（2000）『レクサスとオリーブの木：グローバリゼーションの正体』草思社）

Lovelock, C.（1996）, *Services marketing*（3rd ed.）: Prentice Hall

Schlosser, Eric（2001）, *Fast food nation: the dark side of the all-American meal*: Houghton Mifflin（楡井浩一訳（2001.8）『ファストフードが世界を食いつくす』草思社）

Smith, Andrew F.（2010）, *Hamburger: A Global History*: Philip Carr-Gomm（小巻靖子訳（2011）『ハンバーガーの歴史』ブルースインターナショナル）

Spurlock, Morgan（2005）, *Don't eat this book*: Penguin（伊藤真訳（2005.7）『食べるな危険!!：ファストフードがあなたをスーパーサイズ化する』角川書店）

Vargo, Stephen L. and Robert F. Lusch（2004a）, "The Four Service Marketing Myths: Remnants of a Goods-Based, Manufacturing Model," *Journal of Service Research*, 6（4）, pp.324-335

Vargo, Stephen L. and Robert F. Lusch（2004b）, "Evolving to a New Dominant Logic for Marketing," *Journal of Marketing*, 68(1), pp.1-17

井上崇通・村松潤一（2010）『サービスドミナントロジック：マーケティング研究への新たな視座』同文舘出版

大谷ゆみこ（2004）『スローライフ、スローフード：「食」から考える明日のライフスタイル』メタ・ブレーン

庄司真人（2011）「価値共創における顧客の役割と経営診断」『日本経営診断学会論集』第11号、pp.63-68

中江克己（2007）『お江戸の意外な商売事情：リサイクル業からファストフードまで』PHP研究所

中西晶（2007）「物語を構築する力：共に世界を創造するスローフード」原田保・三浦俊彦編『スロースタイル』新評論

原田保・三浦俊彦（2007）『スロースタイル：生活デザインとポストマスマーケティング』新評論

柳家小さん（2007）「時そば」『声に出して読んで聞かせる古典落語：音読脳活本』オークラ出版

第6章

トーキョーカフェのスタイルデザイン

青山忠靖

はじめに

　カフェ（café）を巡る文脈的な考察は、実のところ膨大なものとなる。カフェの語源はトルコ語のkahveであり、本来的にはコーヒーを意味している。カフェがコーヒーを喫する専門の店として歴史上はじめて登場するのは16世紀のコンスタンチノープル[1]であり、それがヨーロッパに広まるのは17世紀以降とされている。社会学的な視点からみたカフェは、モダニティの形成に大きな文化的な役割を果たしているが、現代人の感覚としてはそうした一連の文脈がそれほど実感の伴うものではないだろう、とも考えられる。

　むしろ、カフェとは人と人とがコーヒーと呼ばれる魅力の尽きない嗜好品を介して場面を共有する場であり、それは空間における物語として人々に認識されるものでもある、という考察も成り立つであろう。

　言葉の工学者の異名を持つフランスの作家ペレック（Perec, G.）は、生きることを、空間から空間へ、なるべく身体をぶつけないように移動すること（Perec, 1974）、として、さまざまな空間の分析を試みたが、カフェについては、人が何かをするようなふりをする空間、たとえば考え込んでいるようなふりとか、と、やや意地悪く表現している。

　カフェに関する都市社会学的論考や、その歴史的な背景の文脈はすでに語り尽くされた感も否めない。本章では都市的な視点からみたカフェの機能的考察を、パタン・ランゲージとよばれる一種のコンテクストデザインの手法を通じて論

ずるとともに、都市生活者のコーヒーに関する深いニーズに応えるべく創出された、トーキョーカフェスタイルとも呼ぶべきトレンドとその今後の方向性について、考察を深めていくものとする。

第1節　都市機能としてのカフェデザイン

(1) カフェの空間的都市機能としての存在理由

　都市設計の文脈と建築との関係性について優れた成果を上げている建築家のクリストファー・アレグザンダー[2]（Alexander, C.）は、都市空間における路上カフェ（street café）の特有な存在理由の一つとして、人びとが衆目のなかで合法的に腰をおろし、移りゆく世界をのんびり眺められる場所としての機能を最初に挙げている。

　アレグザンダーは、本来的に人間とはそのような環境に留まる権利を有する一方で、都市的な空間の情景に溶け込むことを望むもの（Alexander, 1977）である、ともしている。それゆえに、カフェはそうした人びとの欲求や権利を満たし、静かに座って寛ぐという行為とともに、各自のコミュニケーションの場として活用させていくことを可能とする貴重な施設として位置づけることができる、とも考えられる。そしてこのような体験を人びとに与えることこそが、都市におけるカフェの最大の存在理由でもあり、都市固有の文化的吸引力を人びとに喚起させる力の源泉ともなるのである。つまるところ、カフェの成立に不可欠な人間集中は都市にしかない（Alexander, 1977）のである。

　また、街路に面したカフェのオープンテラスに椅子に腰をかけるという行為は、都市特有の空間的な情景の一部に自分自身が溶け込むという、都市生活者の潜在的な欲求[3]を満たす機能を果たしていることにも、つながっているのである。

（2）路上カフェ（street café）にみるコンテクスト分析

以下の図表はアレグザンダーによる路上カフェ（street café）の概念図である（図表6-1）。

図表6-1　アレグザンダーによる路上カフェ（street café）の概念図

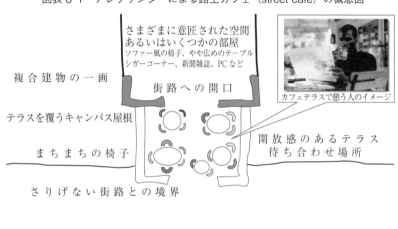

出所：Alexander, c. "*A PATTERN LANGUAGE*"（1977）邦訳『パタン・ランゲージ』鹿島出版会（1984）、p.229をもとに筆者が作図。

この図表でも示されたとおり、カフェの屋内部分から街路に向けたテラスの開口は、かなり大きくすることがカフェの基本デザインには求められることになる。開口されたテラスは、そこに集う人々を都市的空間の印象的な場面の情景として溶け込ませるとともに、待ち合わせ場所としての視覚的な機能もこなすことになるからだ。

テラスに配置された椅子とテーブルは、得てして同じデザインのものに集約されることが多いが、アレグザンダーはあえて種類の異なるさまざまなもの、たとえばまちまちの椅子（Alexander, 1977）やテーブルで揃えられることが好ましい、ともしている。そこにはソファータイプの腰掛けもあれば、スチール型の椅子やデッキチェアが一見不揃いを装いながら統一感を保っている。

アレグザンダーはまちまちの椅子とテーブルにこだわることによって、都市生

活者にフィット（fit）[4]感を与えるものと考察したのである。

　テラスの奥には、いくつかの部屋あるいは別の空間があるが、ここにはやや広めのテーブル席や居心地の良いソファー、または愛煙家のためのシガーバー的な個室タイプの部屋などがオーナーの意匠によって設計されることになる。もちろんそこでは、店舗が置かれた地の利に適合した文化的なコンテクストを踏まえなければならない。どこそこの地域で流行りのスタイルをまったく文化的背景の異なる別の地域で再現することは、その土地固有のコンテクストを無視した姿勢でもあり、それは当然のように非結合的な状況（stress）を生み出すことになるからだ。

（3）カフェがその機能を発揮させるべきコンテクストの条件として

　こうした基本的なコンテクストデザインを基に、アレグザンダーは繁盛する路上カフェ（street café）の条件として以下の文脈を示している（Alexander, 1977）。

1：地元の常連客がいる。つまりカフェの店名や場所や従業員が近隣に深く根をおろしている。地元固有のコンテクストを共有するスタッフと常連客がコアとして形成されている。
2：街路に開放されたテラスに加えて、別の空間が用意されている。そこには暖炉、柔らかい椅子、新聞雑誌などがあり、そのためさまざまな人びとが入ってきて思い思いの流儀でそれらを利用しながら時間を過ごすことができる。
3：多少のアルコール飲料があっても、単に孤独な人間の停泊地でしかない場合が多いバーとは異なる。夜はせいぜい寝酒を飲みにいきたくなる場所であり、朝は一日の出発点として出かけたくなる場所でもある。

　これらの3点は、伝統的なカフェ出店に向けた基本的な条件ともなっており、現在においてもこうした文脈が大手のカフェチェーンから個人経営のものに至るまで、原則として活かされている、と考えてよいだろう。
　最初の項目である地元の常連客とは、何も店舗周囲の住民だけを指したもので

はない。オフィス街であれば周辺の事務所や企業に勤務するビジネスマンや職員も含まれる。都市におけるカフェの常連客とはこのように地域的な距離感や、時間的な隔たりが必ずしも弊害となるとは限らないのである。ただ一つ言えることは、店舗スタッフとさまざまな客層で構成される常連客との間に共有するべき地元固有のコンテクストがいかに形成されるか如何に、カフェの店舗事業としての命運がかかっているということにある、と考察される。

　2つ目の項目は重要である。なぜならば、最初の項目にもあった地元固有のコンテクストがここで意匠として具体的に活かされることになるからだ。たとえば本屋街である神保町の店舗では、読書という顧客の流儀が叶えられるようにソファータイプの椅子の比重が増すが、ビジネスマンの利用が想定される虎ノ門の店舗では、1人で使用できるカウンター席が多くとられ、PCやスマートフォンの電源補充のためのコンセントにさりげない意匠が凝らされている、といった具合である。

　3つ目の項目は酒場との差異の明確化である。酒場の都市的機能とは、都市生活者のナイトライフに対する複雑で重層的な欲求に対して機能を果たしていくものであり、日常的な価値を提供するカフェの役割とはそこがまったく異なるからだ。双方の機能を同時に果たそうとする試みは、あるいはマーケティング的にみれば差別化につながるものかもしれないが、カフェとしての文脈は確実に損なわれていくものと、ここでは考察する。

　それゆえに、資源が限られたものであるカフェでは、せいぜい寝酒程度のアルコールを客に供する（Alexander, 1977）ことが無難なのである、とも考えられる。

第2節　都市空間におけるカフェのパタン・ランゲージ

（1）パタン・ランゲージとは何か

　東京におけるカフェとは、具体的にはどのようなスタイルを備えているのだろうか。そこでは、いかなるデザインによってどういった新しい価値創造が生まれているのか。こうした問いに対して、本節では前述のアレグザンダーによるパタン・ランゲージの手法を使いながら解き明かしていきたい、と考える。

　パタン（pattern）とは、図案、図形、様式、型を意味している。つまりパ

タン・ランゲージ（pattern language）とは、人が心地良いと感じる共通的なパタン（図案）を単語化し、そうした単語を組み合わせていくことで、あたかも単語の組み合わせが詩的な世界を創出させていくように、パタンによる言語（language）的世界を構成していくことを意味している。図表6-1も「路上カフェ」と呼ばれるパタンである。このパタン自体は図案であり、ことばを有してはいないが、アレグザンダーはここに「まちまちの椅子」などの補足的な言語を配している。つまるところ、図案だけの非言語的コンテクストではパタンそのものの意味がわかりづらいのである。逆説にいうならば、言語的パタンこそがパタン・ランゲージを構成している、とも考えられるのである。

やや飛躍的ではあるが、この章ではパタン・ランゲージを言語的パタンによるデザイン手法として定義する。あらゆるデザイナー（設計者）は、図面にイメージを落とすときに意識的か無意識的かを問わず、たとえば頭の中で「陽あたりの良い窓辺」といった言語によるパタンが無意識の内に浮かんでいる。アレグザンダーはこのような言語や非言語的なイメージによって想起される様々なパタンを、パタン・ランゲージとして統合的に編集したのである。

図表6-1にもあるように、アレグザンダーは「街路への開口」「まちまちの椅子」「いくつかの部屋」「にぎやかな歩行路」「キャンパス屋根」といった言語的あるいは非言語的なコンテクストを用いているが、こうしたいくつかのコンテクストがパタンを構成している。そしてこれらのコンテクストで表されたパタン（様式）が、図表6-1で例とした路上カフェをはじめ、街路区域や公園や住宅をデザインしていくのである。アレグザンダーは、235のパタンを創出したが、これらのパタンは、一定地域の一貫性のある全体像を創造し、しかもそれを無限の細部をもつ無数の形体で生成する能力を備えている（Alexander, 1977）、としている。

そこで本節では、近年出店が著しい東京都心部のカフェの形体とその生成を、ランゲージからパタン化を試みることによって、その標準的なスタイルについて考察を深めていきたい。

（2）トーキョーカフェスタイルのコンテクストデザイン

スターバックスコーヒーの普及によって、若い世代に占めるコーヒー人口は恐らく増加したものと思われるが、一方で画一化されたチェーン展開の店舗では飽

き足らないという層も育ってきている、という傾向も否めないようである。

そうした動向に影響されたのか、流行発信的な地域においては、コーヒーというカフェの基本要素ともいうべき嗜好飲料に力点を置いた店舗が増えてきているようだ。

十数年前までは、多種多様なコーヒー豆を取り揃えていた店を総称してスペシャリティコーヒー店と呼んでいたが、現在ではスペシャリティがもはやコモディティ（commodity）化している。新しい店舗では、従来スペシャリティと呼ばれていたものがすでに陳腐化し、従前では単にブラジルやコロンビアというブランドだけで差別化されたものが、たとえばボンジャルディン農園産といった具合に、コーヒー生豆ブランドがさらに細分化され、こうした高度に選別化されたスペシャリティ同士を混ぜ合わせて、絶妙なブレンディングがバリスタ[5]（barista）によって競われているのである。いわば、スペシャリティコーヒーのコンテクスト転換が、バリスタと呼ばれる新たな専門職の登場によって今まさに始まっているのである。

当然、そうなるとコーヒー豆の焙煎（roasting）もいきおい自家製のものとなる傾向も強まる。最近の店舗では店内でロースティング[6]を行うことが主流で

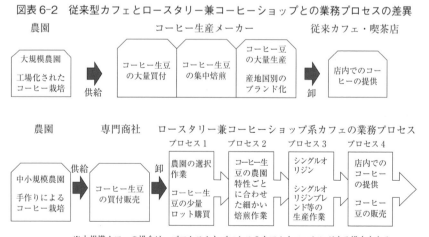

図表6-2　従来型カフェとロースタリー兼コーヒーショップとの業務プロセスの差異

※小規模カフェの場合は、プロセス1とプロセス2をアウトソーシングする場合もある。

ロースタリー兼コーヒーショップ系カフェの業務プロセスはこのように複雑化しているのが特徴的といえるであろう。

もある。つまり、いかにフレッシュなコーヒー豆を挽いていれたコーヒーを提供するかを競い合っている（碓井、2013）のが、現状でもあるのである。こうしたタイプの営業形態を、ロースタリー兼コーヒーショップ系カフェとも呼ぶ。

前頁の図表は、ロースタリー兼コーヒーショップ系カフェの事業モデルと、従来型カフェ及び喫茶店の事業モデルを比較したものである。ここでもわかるように、新しいモデルのカフェはオペレーションが高度で複雑なものとなっている。

他方で、コーヒーも限りなく複雑化している。例えば、特定の農園産コーヒー生豆だけを、その生豆の特性に合ったやり方で焙煎するシングルオリジンとよばれるタイプもあり、コーヒーのテイスティングは、かつてないほどに深化拡大を遂げている（図表6-2）。

このように、トーキョーカフェスタイルのカフェ店舗とは、基本的にはロースタリー兼コーヒーショップ系カフェの営業形態をとっていると、この章では定義していきたい。

こうした背景的な文脈を頭に残しながら、以下の図表を参照してみよう（図表6-3）。

図表6-3　東京における標準的なカフェの概念図

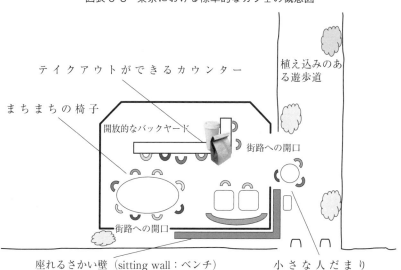

この図は、いくつかのカフェ店舗をサンプリングした上で、パタン（様式）上での任意の変数的な要素を抽出したものを概念図化したものである。各店舗の設計者によって意識されたものかどうかは不明であるが、アレグザンダーのコンテクストがかなり忠実に具現化されていることがここからわかる。とはいえ、店舗の設計レイアウト的には異なった部分が多いため、この図では渋谷区にあるFUGLEN TOKYO[7]（フグレン・トウキョウ）というカフェを参考とした部分が多い。

図表6-1では、開口部分がにぎやかな歩行路に面していたが、今回取り上げた小規模な店舗では、目抜き通りに並行された遊歩道や、大通りから1本奥に入った裏通りに沿ったロケーションが多く見られる。ここにもあるように、小規模な店舗では街路を見下ろすような大きなテラス席を設けることが難しい。そこで、植え込みのある遊歩道をそのまま「小さな人だまり」の場として流用したり、ミニテラス席を配置するなどの工夫が凝らされているのが特徴である。

図表6-2では、建物に沿って「座れるさかい（境）壁」（sitting wall）と呼ばれる、街路との境界が設営されている。これは、有り体にいえば木製のベンチである。このベンチは、街路と建物（カフェ）が別の場所であるという空間の分割を意識させることと同時に、なおかつ両者を融合するような境目（Alexander, 1977）の役割も果たしているのである。

アレグザンダーはこうした意匠を、「さりげない境界」（Alexander, 1977）としてパタン・ランゲージの一つに挙げている。

（3）新たなパタン・ランゲージとバリスタの台頭

「テイクアウトができるカウンター」と「開放的なバックヤード」は、今回のサンプリングによって抽出された新たなパタン・ランゲージである。一昔前の喫茶店と呼ばれる店舗形態では、客席と厨房とが分離されたレイアウトがほとんどであった。

最近の店舗では、テイクアウトのスタイルが増えてきたためか、カウンターは客席とスタッフの作業スペースを兼ねた重要なデザイン上の要素となっている。また、カウンターはバリスタにとって、ディスプレイや妙技をプレゼンテーションする場でもある。カップに注がれたコーヒーの表面にクリームでさまざまな模

様を描くラテアートなど、そこではバリスタによるパフォーマンスがいかに効果的に客の目に留まるかが競われることになる。また、テイクアウトができるカウンターは、街路への開口を介して、小さな人だまりをつくることにもつながる。テイクアウト用のペーパーカップを手にした客は、遊歩道のテラス席やベンチに腰掛けながら、移りゆく周囲の小世界をのんびり眺めるという贅沢な時間に浸ることができるからだ。テイクアウト用のペーパーカップの普及は、このようにアレグザンダーが挙げたカフェ本来の都市的機能を、裏通りに存在する小規模な店舗でも果たすことを可能にした、ともいえるのである。

「開放的なバックヤード」と呼ばれるパタンは、従来分離され他人の目から隠匿されていた厨房スペースを、客の視線にオープンに晒させるというコンテクストの転換によって、オペレーションに占めるムリ・ムダ・ムラを省くことに寄与しているといえるだろう。

つまり、バックヤードの視覚化を図ることで整理・整頓・清掃・清潔・躾（オペレーションの効率化という意味での躾）が促進される。

視覚化とは、見える化ともいわれる。見える化は、オペレーション内で発生するあらゆる非効率性と、人的関係や組織問題も含めた機能性に対する障害要件を、部分的あるいは統合的に抽出していく働きがあると考えられる。

アートディレクターの佐藤可士和（2007）は、空間の整理術というデザインの基礎技術で身につけるべきプライオリティの設定として、アイテムを並べてみる、プライオリティをつける、いらないものを捨てる、の3点を挙げている（佐藤、2007）。

次頁の図表は、カフェにおける空間の整理術の事例である。現在のカフェではこの図でもわかるように、エモーショナル（感情に訴えかけるような）なアイテムを退けて、あくまでもオペレーション機能に沿った優先付けを行っていく傾向が強くなってきている（図表6-4）。

「開放的なバックヤード」ではまさにそうしたデザイニングが実践されている、といっても過言ではないだろう。今回サンプリングした先端的なカフェでは、ドリッパーやコーヒーマシンあるいはグラインダーといったアイテムが、精緻な店舗オペレーションのプロセスに従ったプライオリティによって使いやすい場所に配置されているのが確認された。

124　第2部　具体編Ⅰ　優れた食文化に見るスタイルデザイン

図表6-4　空間の整理術のフロー（カフェでの事例）

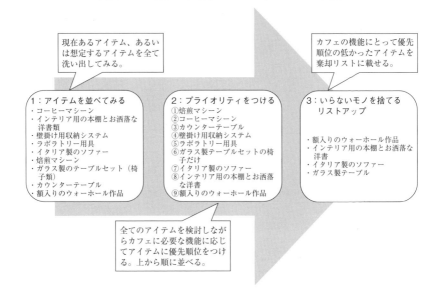

　また、コーヒー豆やペーパーフィルターなどの在庫は、用途別ごとに背後の壁に組み込まれた棚に美しく整頓されているのがみられた。
　また、この図表には載っていないが、最近のカフェでは、ラボラトリー（laboratory）と呼ばれるスペースを設けるケースも出てきている。ラボラトリーでは新メニューの開発やバリスタの養成などが行われている。いわば、一般企業でいうならば、開発部門や教育部門の機能を担うスペースだと考えればよいだろう。
　では、新たなカフェで創出される価値創造とはどのようなものなのであろうか？
　これへの解としては、バリスタの存在が大きいものと考えられる。画一化されたテイストを保つカフェチェーン店のブレンドコーヒーは、おそらくどの店舗でも味わいは変わらないであろうが、新たなニューウェーブ店とでも呼ぶべきカフェでは、とびきりで絶妙なコーヒーはバリスタの一発勝負でその都度にしか味わうことができない。新鮮なコーヒー豆を常に求めるのであれば、生産地を一定の農園だけに固定することができず、ブレンディングは数ヶ月単位で素材が変わ

らざるを得ないからだ。

　ある意味で、バリスタは一杯のコーヒーを渾身の思いでデザイン（コーヒーを淹れるための一連のプロセス設計）しているのである。ゲストは純粋にコーヒーを楽しむために来店し、身の丈に合った思い思いの時間を過ごしているが、同じような視点で考えるならば、時間をデザイン（ペレックが言う、何かをしているようなふり、も含まれる）していると捉えることができるかもしれない。この、思い思いというそれぞれの多様な感覚こそが、まさにバリスタとゲストとの関係性において大きな共有の絆とも考えられるのである。

第3節　カフェの変遷とポストカフェスタイル

（1）カフェの創成とその変遷

　世界史的な視点からカフェを論じるとき、発祥と普及に関する記述が避けては通れないが、ここでは英国の歴史学者であるワイルド（Wild, A.）に拠って要点をまとめるものとする。コーヒーの発祥地は中近東と考えられているが、参照するべき記録は曖昧である（Wild, 2004）とされている。16世紀にはシリアの商人たちによって、オスマン帝国の首都であるコンスタンチノープルでカフェは爆発的に増殖された。飲酒を禁じられているイスラム社会では、カフェは酒場の代役を務めていたのである。英国でのカフェの開店は早く、1651年にはユダヤ商人であるヤコブの手によってオックスフォードで英国初のコーヒーハウスが開かれている。翌年にはアルメニアの交易商人であるロゼがロンドンでコーヒーハウスをオープンし、これが契機となってロンドンではコーヒーハウスが普及する。1739年に、ロンドンでは史上初の住所録が作成されたが、これには551軒のコーヒーハウスが確認されている（Wild, 2004）。ロンドンのコーヒーハウスの客層は、あらゆる階層によって構成されていたが、ほぼ男性で占められており、女性の入店はほとんど稀であったとされている。

　パリの庶民に対して最初にコーヒーを持ち込んだのは、メフメト4世から太陽王ルイ14世に遣わされたオスマントルコ帝国の大使ソリマン・アガ[8]の付き人であったパスカルという人物とされている（Wild, 2004）。おそらくこれが1670年頃のことであり、パスカルはパリに残り、サンジェルマン街区の市場で屋台の

カフェを営んだ。パスカルはコーヒーの苦みを抑えるためにミルクと少量の砂糖を加えたが、市場に漂うアロマの香りは、たちまち老若男女を問わず庶民の評判となった。パスカルは後に、最初のカフェをエコール河岸に開店するが、パリ初の本格的なカフェは1689年にオープンしたカフェ・ド・プロロープといわれている（Wild, 2004）。このカフェ・ド・プロロープでは、18世紀にはヴォルテール[9]などの文化人が常連となり、外国からの訪問客も数多く来店するようになる。カフェは華やかなパリの社交の顔ともなったのである。

　幾度かの革命を挟んで、パリのカフェは飛躍的な発展を遂げる。ハーヴェイ（Harvey, D.）は、第二帝政下のパリでカフェの軒数が1851年の4,000軒から1870年の20,000軒に増加したことに加えて、カフェが近隣地区を基盤とする労働者階級の連帯がつくられる中心的役割を果たした（Harvey, 2003）ことに注目している。労働者の生活においてカフェは、あまたある空間のなかで、最も安定し、なおかつ最も労働者どうしがアクセスしやすい空間となった（Harvey, 2003）のである。結婚式の多くがカフェでおこなわれ、立会人は店のオーナーがつとめた。あらゆる裏情報はカフェを媒介して市民に流通し、カフェは労働者階級の生活のなかで政治的・社会的な役割[10]を果たすことになったのである。

　パリコミューンの蜂起とその後の鎮圧によって、パリのカフェは左派勢力の温床と見なされ一時的に勢いをなくすが、1885年には4万軒のカフェが市内の各街区を網羅するまでに復活する（Harvey, 2003）。

　カフェでは軽食やワインとチーズも供されたが、レストランのように幅広い豊富な種類の料理とワインリストがメニューに記載され客に提供されることはなかった。カフェは店舗空間がオープンであり、プライベートな空間は存在しなかった。カフェのテラスや店内は、労働者階級の家族にとっては大家族的な町ぐるみの団欒の場であり、和気あいあいとした公共空間でもあったからだ。一方で、19世紀に登場したレストランは、極めて私的な空間が構築されていた。初期のパリのレストランでは互いに伴侶がいる男女の出会いのための場として、しばしば秘密の出入り口を通じて個室が利用された（Freedman, 2007）。

　いずれにしても、カフェはその創成の時期から現在に至るまで、極めて公共的かつ健全な空間として機能していたものと、考察される。

（2）喫茶店・カフェバーに見られる日本的コンテクスト

　一方、日本におけるカフェの変遷をたどるとき、そこにはコンセプトの曖昧さや、方向性の混乱が常につきまとうことになる。まず、戦前期にカフェはコーヒーハウスから風俗営業店へとコンテクストの強引な意味的変換を図っている。カフェはカフエーと発音され、そこにはチップ制で働く女給が居り、コーヒーではなくアルコール類が販売されていた。

　もう一つは喫茶店である。喫茶店とは風俗営業店であるカフエーとの差異化を図るために、これも戦前期（1920年代）につけられたネーミングであると考えられる（Wild, 2004）。

　喫茶店のコンテクストはカフェのそれとは大きく異なる。隠れ家のようにひっそりと存在する喫茶店では、移りゆく世界をのんびり眺められる場所とはなりにくい。客にとっては煩わしい日常からしばし身を隠すというのが、ある意味で喫茶店特有の存在理由でもあったからだ。また、一部のコーヒーに特化した専門店舗を除いて大半の喫茶店では、コーヒーそのものに対しての強いこだわりすらなかった。現在のカフェのように、素材に関する自家購入と自家焙煎にこだわる店も稀で、大半が大手メーカーから定期的に卸される画一的なコーヒー豆を使用していた。いわばどの店も互いに自ら進んでコモディティ化に向けて邁進していたのである。こうしたコーヒーそのものに対する軽視の姿勢は、やがて喫茶店の本格的な衰退を招くことになる。

　新たなナイトライフの場として、1981年に彗星のごとく台頭したカフェバー[11]も、そのアイデンティティが杜撰なあまりに21世紀を待たずして、表舞台からは姿を消した。本章第一節でも述べているように、カフェとバー（酒場）のコンテストと機能はまったく異なるものである。したがって双方の機能を同時に果たそうとする試みは、必然的にどちらかの機能が疎かになるか、あるいはいずれの機能が揃って中途半端になると考えられる。

（3）ポストカフェのデザインスタイル

　今日的なカフェ経営に関する深い研究成果を上げている碓井美樹（2013）は、今後のカフェがとるべきコンセプトとして、とくにデザインの重要性を挙げている。

80年代のカフェバーブームは、空間やロゴといった視覚的なデザイン表現だけにこだわり過ぎた傾向が否めない。ある種の空間至上主義とでもいうべき風潮であって、楽しむべきコーヒーもアルコールも、そこには質的な条件が欠けていたのである。碓井（2013）は、店舗空間などの見かけに対して入念な準備をかける以上に、ゲストに何を提供するべきかの議論、すなわち客がその店でコーヒーやスウィーツを摂ったときにどんな気持ちになるのかを、掘り下げて考えるべきともしている。

何を提供するべきかについては、ドリンク、フーズ、サービス、スペースといったコンテンツが挙げられるが、熟慮するべきものはドリンク、すなわちコーヒーである。コーヒー及びコーヒー豆は、とくにロースタリー兼コーヒーショップ系カフェにおける主要リソースであり、コア・コンピタンスとして位置付けられるものでなくてはならない。

バーニー（Barney, B. J.）は、企業はよく考えられたセオリーに基づいて事業を開始し、市場がそのセオリーの有効性を検証し、その結果を受けて経営者はセオリーがより有効的に競争優位をもたらすように修正を加える（Barney, 2002）べき、としているが、このセオリーをコーヒーと書き換えることでカフェの競争優位性も確保できるのである。

優れたカフェは、先ずコーヒーという資源の開発に向けて独自の努力を傾けなければならないが、もし、この段階でコーヒーについての技術的なコンフィデンスが得られないのであれば、カフェ店舗のオープンも諦めざるを得ないこととなるであろう。仮にこのプロセスをアウトソーシングで補うのであれば、スウィーツなど別の領域で確固たるコア・コンピタンスを確立しなければならない。

カフェ激戦区であり、専門特化がより細分化されているサンフランシスコでは、スウィーツショップやアイスクリーム店に、ロースタリー兼コーヒーショップがコーヒー豆を提供するなどの、小規模な相互コラボレーション化が進んでいる（碓井、2013）。一見すると、日本的な感覚ではカフェというコンテクストでくくられてしまうような店舗形態であっても、サンフランシスコでは店ごとにクッキーやカップケーキあるいはアイスクリームといった具合に、店によってコア・コンピタンスが明確に差異化されているのである。必然的にロースタリー兼コーヒーショップ系のカフェとしては、コーヒーという共通のリソースを巡っ

て、オリジナルのロースティングで差別化を図ることになる。こうした動向は東京のカフェ市場にも波及しつつあるのである。

優位性のある質的に優れたコーヒーの差別化が可能であれば、自前のショップで販売するだけではなく、スウィーツやベーカリーなどに特化した専門的なカフェ形態のショップに商品（ローストされたコーヒー豆）を流通させることができるのである。

ロスアンジェルスやサンフランシスコのカフェ業界では、リソースの選択と集中が徹底的に進められている。したがってメニューは驚く程少ないのが現状である。

たとえば、ロスアンジェルスの Handsome Coffee Roasters [12] という人気店では、メニューはエスプレッソ、エスプレッソ＆ミルク、コーヒー（シングルオリジン）、の3種だけに集約されている。平均単価は5ドル前後である。僅かなメニューとこれだけの客単価に不安も覚えるかもしれないが、この店ではもちろんローストしたコーヒー豆も販売しているために、そちらでの収益源が大きい。東京でも同様なコンセプトの店が台頭している。

世田谷区にある NOZY COFFEE [13] ではカテゴリーはエスプレッソとシングルオリジンに絞られている。もちろん、コーヒー豆の販売もある。

バリスタがゲストと呼ぶ顧客層とのリレーション構築も、カフェのビジネスモデルデザインの中では重視されている。NOZY COFFEE では、パブリック・カッピング（Public Cupping）という、コーヒーの品質チェックと顧客層との関係性強化のためのイベントを定期的に開催している。これはカフェが企画する新商品コーヒーの、飲み較べや味見をする会と考えれば良いものだが、商品開発と顧客との絆づくりを兼ねた効果的なミーティングでもある、と考察できる。パブリック・カッピングには、詳細な調査シートがあり、バリスタはゲストたちとのヒアリングを通じて、コーヒーのテイスト感や、そうしたテイストがショップの空気感に合致するかどうかなどの、サンプリングをするのである。サンプリングの結果は、素早く実際のオペレーションやメニューにリターンされる。すなわち、これがバーニーの説く競争優位性の検証と修正の実践である、とも考察できるだろう。

空間（スペース）については、すでに第2節で詳細を述べているが、街路に

向けた開口・小さな人だまり・まちまちの椅子・テイクアウトができるカウンター・開放的なバックヤードなどのパタンを踏まえながら、コンテクストを膨らませていくことが基本となる。

　上述の NOZY COFFEE のカウンターは地階にあるが、地上階の開口部分は広くとられ採光の工夫が凝らされている。パタン・ランゲージの基本はここでも設計に活かされているのである。

　開放的なバックヤードを徹底するためには、仕事のプロセスをしっかり設定した上でプライオリティをつけていくことが求められる。最初に戻ってしまうが、コア・コンピタンスがしっかりしていなければ、カフェビジネスそのもののデザインが成り立たなくなるのである。シングルオリジンを指向するのか、バラエティメニューを指向するのかの差異によって、バックヤードのデザインは根本的に異なってしまうという認識が、ここであらためて求められるだろう。

　カフェのショップ展開には、当然店名のロゴデザインが必要となるが、アイコン（icon）的な働きをするシンボルマークをあしらうことが、最近の動向でもあるようだ。アイコンとは、現実世界の物に類似する機能を持つ図形を意味し、メタファー（metaphor）[14]の一種を指す。つまりカフェの店名やコンセプトを隠喩する図形である。

　日本の小規模な新しいタイプのカフェでも、テイクアウト用のアイテムなどがつくられるようになってきているが、やや表現が大人しいように見受けられる。サンフランシスコの Ritual Coffee Roasters [15] や Blue Bottle Coffee [16] といったカフェでは、マグカップやペーパーカップといったアイテムに店名のロゴを入れずに、斬新なシンボルマークを刷り込むだけで、強いインパクトをゲストに与えている。

　空間デザインへの過度なこだわりが、かつての日本のショップでは多くみられる傾向が強かったが、これからのトーキョーカフェスタイルでは、アメリカの人気カフェ店に見られるように、細部に宿るデザイン感覚が重要になるものと、ここでは考察する。

おわりに

　現代のカフェ事業は、限りなく豆の鮮度を求めながら、シングルオリジンやシングルオリジン・ロースト・ブレンドといった、複雑なプロセスを伴う創造性と独創性を必要とする、持続的なプロジェクト活動ともいえるものに変貌している。そしてこのように、極めて専門的かつ知的なプロセスワークが必要になったからこそ、事業精神に溢れた若い意欲的な人材が、続々とカフェビジネスに参入するようになったのである。トーキョーカフェスタイルとは、単なる凝った空間デザインでも、コーヒーコンテンツの変革でも、町の流行現象でもない。それはカフェというジャンルで、好きなことやひらめいたことを、自分流のスタイルでデザインする（碓井、2013）、文化的なニュービジネススタイルのモデルとして捉えるべきもの、と考察する（図表 6-5）。

図表 6-5　ペーパーカップとパッケージデザイン例

　　　ペーパーカップ　　　クラフト紙を使ったパッケージ袋

注

1) 1556年には洗練されたコーヒーハウスから粗末なキオスクまで、コンスタンチノープルには600軒以上のコーヒー販売店があったとされている。
2) クリストファー・アレグザンダー（1936〜）／アメリカの建築家。数々の建築プロジェクトに参画し、日本でも札幌の集合住宅のデザインを手がける。カリフォルニア大学バークレー校の教授も務めている。主な著書としては『パタン・ランゲージ』(1977) 等がある。
3) オペラハウスのようなランドマーク的な場面に、自分がBMWで乗りつけるシーンを想像するような妄想的な欲求も含まれる。マーケティング的にはシーン的価値と呼ばれることもある。
4) フィットとストレスに関しては、本書、第3章第2節（2）形態とコンテクストとの調和によるアンサンブルの形成を参照願いたい。
5) 本来はイタリアのバールでエスプレッソコーヒーなどを専門にいれる職人を指していたが、現在ではワインにおけるソムリエのようなポジショニングで、コーヒーに関するプロフェッショナル（専門職）という意味合いが高い。
6) バッジ処理というコーヒー本来の甘みを、苦みを取り除くことで味わえる抽出法が開発されたりしている。
7) 2012年5月に東京都渋谷区富ヶ谷にオープンしたカフェ。本店はノルウェーのオスロにあり、ここは2号店となる。夜は寝酒程度のアルコールをたしなむことができる。ロースタリー＆コーヒーショップ系カフェであるが、ロースティングはオスロの本店で行われたものが送られてくる。
8) ソリマン・アガは、この時にルイ14世の取り巻き貴族とその夫人たちに、コーヒーを広めたとされている。その結果、フランスでは男女の別なく、上流階級間でコーヒーが人気を集めることになった。
9) 哲学者であるヴォルテールは、カフェ・プロコープで一日に40杯のコーヒーを飲んでいたという伝説がある。ヴォルテール自身はコーヒーに医学的な良い作用があると信じていた。
10) ナポレオン3世治下のフランス警察は、労働者による不穏な行動を恐れ、カフェは常に警察による密偵が潜り込んでいた。労働者階級は革命的であるよりはむしろ愛国的な一面もあり、譜仏戦争はカフェでの好戦的な市民の盛り上がりに世論が影響されたとも言われている。
11) 1981年に東京都港区西麻布にオープンしたレッドシューズがカフェバーブームに火をつけたとされている。レッドシューズは空間プロデューサーの松井雅美がプロデュースした店としても有名である。松井雅美はこの後に多くのカフェバーを仕掛けるが、90年代以降はド火となっていく。
12) 582 Mateo St., Los Angeles 左記の住所に2013年2月にオープンしたロスアンジェルスの人気カフェ店。2010年の世界バリスタチャンピオンであるマイケル・フィリップス (Michael Phillips) がバリスタを務めている有名店である。ロースタリー＆コーヒーショップ系カフェである。

13) 東京都世田谷区下馬 2-29-7 に、2010 年にオープンしたコーヒー豆の専門店 & カフェ。地階で焙煎を行いながらコーヒー豆の販売をしている。一階部分には採光の良いカウンター席も用意されている。小規模なロースタリー & コーヒーショップ系カフェである。コーヒー豆は表参道のカフェ等に卸している。
14) 比喩の一つである。人生は旅である、といった言語表現などもこれに当たる。
15) 1026 Valencia Street San Francisco IT 関係者に人気のあるカフェ。コーヒー文化の革命をテーマとしている。マグカップなどのグッズも人気が高い。ロースタリー & コーヒーショップ系カフェである。
16) 66 Mint Street San Francisco 左記の住所に 2006 年にオープンしたカフェ。洗練されたロースタリー & コーヒーショップ系カフェのハシリともいえる店。サンフランシスコにある多くのグルメレストランにコーヒーを卸している。ここのビジネスモデルにインスパイアーされたカフェも多い。コーヒーにまつわるイラストブックを発行するなど、文化的なパブリシティ活動にも力を入れている。

参考文献

碓井美樹編著 (2013)『スイーツショップ & コーヒーショップのデザイン』パイ インターナショナル、pp.130-160

佐藤可士和著 (2007)『佐藤可士和の超整理術』日本経済新聞出版社、pp.66 〜 87

Alexander, C. (1977) *A Pattern Language*, Oxford University Press Inc.（平田翰那訳 (1984)『パタン・ランゲージ』鹿島出版会）pp.227 〜 233

Brillat-Savarin. (1826) *Physiologie du Gout*, Sautelet, Paris（関根秀雄・戸部松実訳 (1967)『美味礼賛（上）』岩波書店）pp.153 〜 155

Barney, B. Jay. (2002) *Gaining and Sustaining Competitive Advantage*, Pearson Education. Inc.（岡田正大訳 (2003)『企業戦略論（基本編）』ダイヤモンド社）pp.43 〜 44

Freedman, Paul. (2007) *Food: The History of Taste*, Thames & Hudson. pp.304 〜 305

Harvey, D. (2003) *Paris, Capital of Modernity*, Routledge, part of Taylor&Francis Books, Inc.（大城直樹・遠城明雄訳 (2006)『パリ、モダニティの首都』青土社）pp.280 〜 286

Perec, G. 1974) *Especes despaces*, Editions Galilee（塩塚秀一郎訳 (2003)『さまざまな空間』水声社）pp.107 〜 116

Wild, Antony. (2004) *Coffee A Dark History*, c/o Gillon Aitken Associates Limited., London（三角和代訳 (2007)『コーヒーの真実』白揚社）pp.75 〜 107

http://www.bluebottlecoffee.com/our-story（2013 年 9 月 11 日閲覧）
http://www.handsomecoffee.com　（2013 年 9 月 19 日閲覧）
http://www.ritualroasters.com　（2013 年 9 月 19 日閲覧）

第7章
グローバルスパイスのスタイルデザイン

宮本文宏

はじめに

　スパイスとは異物であった。コミュニティの外部からもたらされるものであり、交通と異質さを象徴する。交通とはコミュニティの内と外を繋ぐものであり、境界を越える行為である。歴史上、スパイスは、国や地域の境界を越え外から商人や旅人の手によって持ち込まれてきた。古くは旧約聖書の時代、シバの女王がソロモン王に贈ったものが金や宝石とスパイスであった。そのようにスパイスは金や宝石と同等に扱われてきた。それらは社会にとっては異質なものであり、日常生活と異なる祝宴的なもの、神聖なものであった。かつて神事を司る神官は、スパイスを砕き、聖なる香油をつくり、神殿に供えたという。それは防腐剤としての効果と同時に、その芳香がある種の神秘性を漂わせていたためである。
　このようにスパイスには独特の魅力があり、その魅力の源泉は、異世界を象徴することにある。また、実際に食物に加えることで食欲を促進し、消化を助け、防腐剤や治療薬、強壮剤、または媚薬としても用いられてきた。はるか彼方の地からもたらされたスパイスは、1粒、肉や魚の上に置くだけで腐敗を止め、独特の芳香を放つ不思議な種子として珍重された。
　また、人間の五感のなかでも嗅覚は根源的な本能に訴えかける。我々は視覚で世界を見るが、哺乳類の多くは嗅覚で世界を感じ捉える。はるかな太古、我々の祖先が樹上で暮らしていた時代から、スパイスのもつ芳香は抗い難い特別な力を持っていたのだろう。

例えば、スパイスの一つであるナツメグは酩酊と幻覚作用を及ぼす「狂気のスパイス」と考えられてきた。実際にその成分を化学的に取り出し分析した結果、ある特殊な成分が含まれていることが判明している（Le Couteur and Burreson, 2003, p.34）。このように、かつて人はスパイスに、人の常識や理性を揺さぶる何かがあると感じてきた。だからこそ、そのスパイスを求め砂漠や海を越える冒険と旅の物語が、数多く語り継がれてきた。やがて、それがマルコ・ポーロの東方見聞録になり、大航海時代を生み、現在の世界を生み出してきたとも言える。

今でも歴史の物語の中でスパイスは燦然と輝いている。「歴史を変えた」「歴史を生んだ」という枕詞とともにスパイスは語られる。例えば、コロンブスが新大陸を発見したのは、スパイスを求めインドを目指した結果だったという逸話は有名である。小さな種子には浪漫をかき立てさせる何かが含まれているのかもしれない。

しかし、現代においては、かつてスパイスが持っていた神秘性や稀少性は失われている。科学や冷蔵技術の発達はスパイスの防腐剤としての価値を低下させた。同時に世界の奥地に眠る秘宝とスパイスの伝説は、Googleマップが世界中の地域をカバーした現代では架空の物語になった。今では様々なスパイスが簡単に手に入るようになり、同時にスパイスを巡る冒険と一獲千金の夢は醒め、かつてのような熱情や憧れは消えてなくなった。

本章ではこうした時代の変化を前提に、スパイススタイルとして食文化におけるスパイスの在り方から、地域ブランド創造における新たなデザインを考察する。そのために、スパイスとは何か、なぜスパイスが歴史を変えたと言われてきたのかを明らかにする。その上で現在におけるスパイスの意味を問う。

そこではなぜスパイスが世界に広がっていったのか検討する。その検討を通して、ローカルからグローバルに食文化が展開するために何が必要なのか、今後の地域の食や文化で必要な要素は何か、どのようにデザインすべきかを探っていく。

第1節　スパイスとは何か ―特徴と歴史性―

（1）富の象徴としてのスパイス

　スパイスとは何か。一般には食物や薬、香水などに使われる香辛料のことを指す。植物の実や種子や球根等、天然に産し、その多くは長期の保存や遠路の旅に耐えられるように乾燥させる等、伝統的な方法で処理されたものである（Dalby, 2000, p.12）。特徴的な点は、世界中のうちで特定の地域でしか採れない天然の産物という点である。そのため、その芳香を求めて遠方よりその産地を訪れる商人が絶えず、多くの商人の手を介して取引され、高値で売られてきた。古代から中世のヨーロッパで胡椒は金または銀と同等の貴重品として、報酬に支払われることもあったという（伊藤、1996、p.61）。

　このように貴重とされたスパイスは、産地と消費地が遠く離れていたため、その地を結ぶ交易路が発達した。それが香辛料貿易の舞台とも言われる、アジアとヨーロッパを繋ぐスパイスの道である。古代ギリシア時代よりひらかれたこの道を舞台に多くの国が栄え滅びた。特に中世にかけては、アラビアやヴェネツィアの商人がスパイスの道から莫大な富を獲得し、繁栄を謳歌した。

　当時、商人たちは地中海や紅海の海路、または中央アジアの陸路を辿り、長い時間をかけて、ヨーロッパに胡椒やシナモン、ナツメグやクローブを運んだ。それは、スパイスが高値で取引することができ、かさばらずに長期保存に耐えうる性質を持っていたためである。このようにスパイスは交易を象徴する品物であり、これがイスラム文化の発展と海の都市ヴェネツィアの興隆を支えた。

　片や、そうした地中海沿岸から紅海、アジアの陸路の独占的な支配に対抗するための新たな交易路が求められ、その挑戦の結果が、バスコ・ダ・ガマの喜望峰を回るインド航路発見という歴史上の事象になった。このアフリカを回りインドに到達するこの航路がひらけたことにより、貿易のヘゲモニーが当時の海洋国ポルトガルに移ることになる。これが、大航海時代の始まりである。

　さらに、スペイン国家の支援を受けた、コロンブスによる大西洋横断とアメリカ大陸への到達につながる。ヨーロッパの歴史上、"新大陸発見"といわれる航海の目的が、スパイスを求めてであったことは周知のとおりである。

やがて、これらの海上を舞台としたポルトガルとスペインの勢力争いに、オランダやイギリスが参戦し、各地で武力衝突が起こる。これが後世、スパイス戦争と言われる大航海時代を代表する戦争である。

このように、スパイスは古くから富の象徴であった。富は権力と結び付き、国家間の戦いへ発展していく。スパイスが、「香辛料屋の棚の数だけエピソードのある文字通りの冒険物語がはじまる」(Toussaint-Samat, 1987, p.571) といわれた所以である。それは、ある特定の地域でとれる植物の種や実を乾燥させたスパイスが、地域を越えて金や銀に交換されて、莫大な富となるからである。それが争いを呼び世界を変えたというストーリーに、多くの人が浪漫を感じ、様々なエピソードを生んできた。

例えば、先のバスコ・ダ・ガマによるインド航路開拓の旅は、壊血病と難破や反乱の危機の連続であった。最終的には、アフリカを回る長い航路の果てにそれらを乗り越え、目指すインドに至る。そのとき、インドの地を海から臨み、水夫があげた第一声が「Chrisos e espiciarias!」(おお神よ！ スパイスよ！) であったという。

この逸話は後世の創作であろうが、かつてスパイスは富と成功の証であり、そこには冒険と浪漫が存在していたことを示している。スパイスの獲得を目的に、多くの人が命をかけて、遥か彼方へと旅をした。このように、スパイスとは食品というコンテンツを超え、特殊な歴史的コンテクストを持った存在である。

(2) 異国の象徴としてのスパイス

さて、こうしたスパイスの特殊性を生んだ原因は、スパイス本来の効用もさることながら、その稀少性にある。スパイスはごく限られた地域でしか採れず、最も需要の高かったヨーロッパに輸入される量は僅かであった。しかも、その産地のほとんどがヨーロッパからすれば"世界の果ての地"であった (Dalby, 2000, p.6)。

スパイスの産地であるインド諸国や東南アジアの島々は古代から中世にかけて、ヨーロッパにとって長く幻想の地であった。その地では途方もない異形のものが闊歩し、あり余る富が存在するとヨーロッパの人々は空想していた。そうしたはるか遠くの異邦から、何年も時間をかけはるばる運ばれてきたことが、スパ

イスに神秘性と魔術性を与え（Dodge, 1988）、人々に憧れを抱かた。
　こうしたイメージをふくらますように、「千一夜物語」の船乗りシンドバッドの物語をはじめ、スパイスを巡る様々な冒険譚や伝説が描かれた。他方で、長い間、旅とは特別な行為として捉えられてきた。旅とは、将来王となる者か、罪人、放浪者、逃亡者のように共同体から強制的に追放された者たちを主体者とした行為であった。やがて中世になると放浪と同時に名声を探求する新たな旅の意味が生まれる（Leed, 1991, p.34）。いずれの時代においても、旅は現在と意味が大きく異なり、二度と戻れなくなる危険性の高い行為だと認識されていた。それでもこうした時代の中で、自らの故郷を出て、富をなすために、あるいは名声を得るためにスパイスを求めて旅をした人達が数多くいた。
　こうした旅人たちを惹きつけたのがマルコ・ポーロによる『東方見聞録』である。中世で最も読まれたというこの書には、胡椒を始めとする様々な東方のスパイスのことが、その産地とともに描かれた。それを読み、多くの人が異国への夢を掻き立てられたという。ジェノヴァ出身の船乗りだったコロンブスもその一人である。
　このように、古代から中世にかけてスパイスは富と同時に異国を象徴し、冒険と旅をイメージさせるものであった。それが多くのヨーロッパの人たちの夢をひきつけてきた。

（3）貿易としてのスパイス

　15世紀半ばから17世紀にかけてヨーロッパは大航海時代を迎える。冒険家たちは"世界の果て"を超え、ヨーロッパ世界を一変させた。それはスパイスを求め、入手するための経路を探す旅であった。そして、その旅によって世界の歴史と同時に、スパイスの存在の意味も大きく変わることになる（Dalby, 2000）。
　一つにはアメリカ大陸の"発見"である。それはヨーロッパ世界から見た場合の呼び方であるが、ヨーロッパ各国とアメリカ大陸の出会いはその後の歴史を大きく変えたといわれる。スパイスに関しては、それまでにはなかった様々なスパイスがヨーロッパに新たに持ち込まれ、社会を変えた。それは例えば、チョコレートのもととなったカカオや、甘い香りを放つバニラ、唐辛子として現在知られるチリなどである。

また、こうした新たなスパイスの発見と同時に、貿易網が世界に広がるにつれて、古代から中世までスパイスが纏っていた異国情緒や神秘性が次第に失われていった。それはかつて神秘のベールに覆われ、その産地すらはっきり知らされなかったスパイスが、明確な貿易品として扱われるようになったためである。この結果、それまでの「エキゾティシズムと金銭、または冒険旅行と冷徹な現実的感覚」(Huyghe and Huyghe, 1995, p.8) というスパイスの特徴が失われた。そのように、スパイスの取引は、大航海時代を経て、産業革命と植民地主義政策により、商品としてのモノと貨幣の経済的交換が主となり、それまでのコンテクストは失われていった。

それは貿易の在り方が、個人同士の取引から国家間の覇権争いへと大きく変化したということを示す。貴重な貿易品であるスパイスを国が独占して外貨を獲得し、国家繁栄の礎を築くことが大きな目的となった。それがスパイスを独占し扱うための、大規模な株式制度による会社の発明に繋がる。オランダによる東インド会社はそうして誕生した。それに対抗し、イギリスも東インド会社を設立し、現在のインドからインドネシアにおける香辛料貿易を中心に、オランダやイギリス、スペイン、ポルトガルの各国が勢力争いを繰り広げた。

やがてそうした勢力争いは、武力行為に発展する。同時に、スパイスを巡る争いは、海外に自国の産業のための市場を求める争いに変わっていく。それはスパイスの稀少性が薄れたためでもある。その一方で18世紀半ばから19世紀にかけての産業革命と、技術の進歩によって、大量の原材料の調達と生産した製品の販売先としての市場が必要になっていった。また、輸送と冷蔵技術の進歩が、スパイスの効用を代替し、機能面での需要を低下させた。こうして、貿易の中心は、それまでの香辛料貿易から、市場の獲得争いへと替わる。そして、欧米列強による帝国主義の時代をむかえていく。

このように、スパイスを歴史の流れ中で捉えると、そのコンテクストが大きく変化してきたことがわかる。それはスパイス自体が変化したのではなく、スパイスを取り巻く世界が大きく変わったことを示している。

では、現在とこれからの時代、食のデザインにおけるスパイスの意味とコンテクストはどこにあるのか。

第2節　スパイスによるコンテクスト転換

（1）スパイスの特異性 ── 地域デザインとしてのスパイス ──

　現在のスパイスの在り方を考える上で、決定的に需要なことは、大航海時代から産業革命の流れのなかで、そのエキゾティシズムとしての異国性を完全に失くしたことである。それまでの、"遥か彼方の異国"というイメージは交易網の発達とともに失われていった。世界の果ては物理的には存在せず、球体の姿に変わった。さらに敢えて商人たちによって隠されてきた面もあるスパイスの産地が明らかになり、スパイスがまとっていた神秘性は消え物語性は効力を失くした。

　さらに、植民地化の一環として、各地に大規模農場を設け地域毎に単一栽培を行うプランテーション施策が進むと、貴重品であるスパイスもその対象になった。スパイスを産出する各地域を支配する欧州各国は、スパイスの価値を維持するため、苗木が外に持ち出されないよう様々な努力を行った[1]。しかし、その目をかいくぐり、苗木は盗まれ、新たな土地のプランテーション農場で栽培されるようになる。そうしてスパイスの供給量が増え、稀少性は薄れていった（図表7-1）。

図表7-1　スパイス貿易の構造

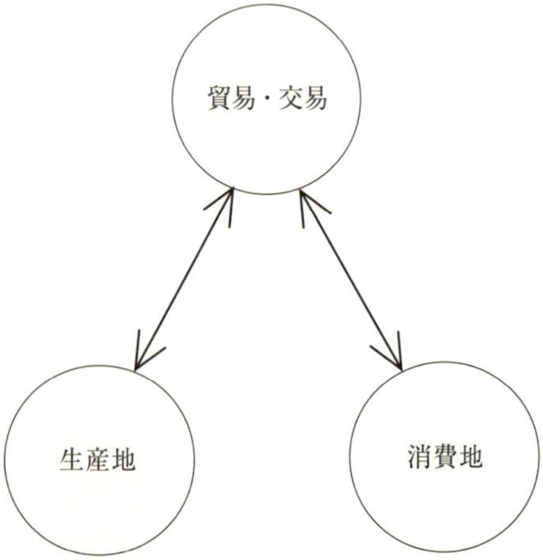

それでもスパイスが、ある特定の地域の土壌や気候での環境の下でしか生育しないという条件は現在も残りつづけている。他の果実や野菜と違い、スパイスとなるのはごく限られた品種であり、その品種のとれる地域も限定されている。かつてと比べれば取引量は格段に増えたが、スパイスと他の食品の境界は残りつづけている。

現在も、スパイスは限定した地域から仲介者の手を介して持ち込まれる特徴を持つ。それはスパイスが各地でしかとれない天然資源と同じ存在であることを意味する[2]。現在、スパイスの特徴としてあげられるのは、その地域性と仲介者の存在である。

（2）スパイスの外部性——外部からもたらされるものとしてのスパイス——

スパイス（spice）の語義はラテン語のスペキエス（species）であり、実在か架空かを問わず事物一般の「外見」を意味し、それが特別な価値のある商品（special）を指すようになったという。そこから"高価でエキゾティックで希少な"最高級の商品として香辛料をスペシエスと呼ぶようになった（Toussaint-Samat, 1987, p.503）。スパイスは高級感を示す商品として、ヨーロッパではインドやアラブ諸国からもたらされる舶来の香料の品種を示し、それがやがて「芳香を発する薬味」を指すようになったという（伊藤、1996）。

つまり、スパイスとは特別な存在であり、外部性という特徴を持つ。外部性とは共同体の内部に存在せず、異質なものという意味である。外部はいかがわしさや怖れと同時に憧れという両義的意味を持つ場所である。そこからもたらされるものは、共同体の内部の秩序や見方からすれば異質なものだと捉えられる。この代表がスパイスである。

日頃、共同体の外と内を往還し、内から外へ物を運び、逆に外から内へ何かをもたらすのは、貿易商人や旅人という仲介者である。彼らは共同体内部には属さず、モノと情報を介在する、異質で特殊な存在であった。

特に、交通が未発達で外部との行き来が制限されていた古代から中世にかけては、町や都市といった共同体の外部は、多くの人にとっては世界を取り巻く荒野として認識されていた。当時の共同体では様々な禁忌事項が暮らしの中に組み込まれ、厳格に運営されていた（Rifkin, 2004）。その共同体の外部へ出ることは禁

忌を破る行為でもあった。

　そこに持ち込まれるスパイスは特別な異物であった。なぜなら独特の芳香を放ち、かつ希少な存在であるスパイスは、共同体の中に存在しないものだからである。そうした外部性は現在もスパイスが持つ特徴である。産地が広がった現在においても、スパイスの産出国は、インド、インドネシア、マダガスカル、マレーシア、ブラジルといったアジアを中心とした特定の地域と国に限定される（図表7-2）。

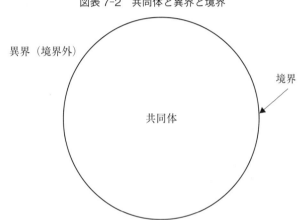

図表7-2　共同体と異界と境界

　このようにスパイスは、異なる文化の象徴であり、異物である。スパイスは外部性を象徴する存在である。

（3）スパイスのグローバル性 ― 交流としてのスパイス ―

　共同体の外部に存在し、外部からもたらされるスパイスは、文化と文化をつなぎ、共同体内の文化を変えるものだと言うことができる。共同体の内部が日常生活の秩序をあらわすのに対して、共同体の外部は混沌とした無秩序をあらわす。日常生活は、知覚の自動化による慣性化となり、その知覚を揺さぶる異化作用は外部からもたらされる（山口、1975）。その異化作用の刺激により、日常生活の慣習は変化する。

　例えば、カカオはアメリカ大陸にしか存在せず、ヨーロッパにもたらされたのは16世紀以降である。このようにスパイスとして紹介されたカカオは、中米

に栄えたマヤ文明やアステカ文明においては宗教的儀式において使われていた。同時に、通貨の代わりに使われていた貴重品でもあった（Dalby, 2000, pp.240-241）。これがヨーロッパに紹介されると、最初は宮廷で飲み物として王侯貴族に愛飲され、ベルサイユ宮殿で大流行した。ロンドンでは17世紀に「治療薬」として売り出され、チョコレートハウスが男性たちの溜まり場として大繁盛し、男性用クラブの先駆けとなった。そして、その後の技術革新によって固形化し、現在のチョコレートのかたちになっていった（Coe and Coe, 1996）。

このような歴史を持つチョコレートだが、仮にその当時、ヨーロッパにカカオというスパイスがもたらされなかったなら、チョコレートは生まれず、現在のネスレ社やハーシー社も存在しなかっただろう（Dalby, 2000）。

このように、元々、ある特定の地域に存在していたスパイスは、交易を通じて別の地域にもたらされ、そこでの文化と結び付き、その地域の文化と、スパイスの存在そのものを変えていく。その姿は、元々、極めてローカルな存在であったものが地域をこえて取引され、それがもたらされた地域で、新たな独自性が創造され、グローバルに展開していくスタイルを示している。そうしたスパイスはグローバル化が言われるはるか昔から、地域を越え、異なる地域と地域をつなぐグローバルな存在であった、といえる。つまりスパイスの歴史は文化と交易におけるグローバル化の歴史として捉えられる。時代の変遷とともに、スパイスを巡り様々な交易網が発達し、大航海時代を迎え、やがて、株式企業であると同時にグローバル企業の原型である、東インド会社を生み出した。

このように、スパイスの歴史は世界における貿易の歴史でもある。スパイスは様々な道筋を辿り、様々な地域に伝播していった（Dalby, 2000）。スパイスはその産地から地域を越えて旅をし、取り引きされ、新たな地域に伝播し、別の地域で新しい価値を創造した。それがスパイスの歴史であり、特徴である。

第3節　スパイススタイルのデザイン

（1）文化間のネットワークとしてのスパイススタイル

このように、スパイスは特異性と外部性、グローバル性というコンテクストを持つ。これらのコンテクストをスタイルとして展開するために、特異性は枠組み

の転換に、外部性は過剰さに、グローバル性はネットワークに転換する。この3つのコンセプトによってスパイススタイルをデザインすることで、地域と食の新たな在り様を描くことができる（図表7-3）。

図表7-3　スパイススタイルの3要素

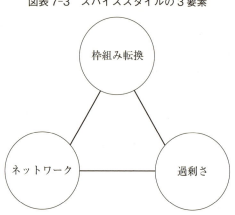

最初に「ネットワーク」とは、異なる地域間の交流を示す。スパイスが地域を越え、別の地域にもたらされ新たな食を生み出したように、モノとコトが地域間でネットワークとしてつながり、価値観が衝突し創造が起こる。それが、いつしか文化と呼ばれ地域の特殊性となっていく。重要な点は、文化という実体がモノとして実在するわけでなく、価値観や要素を同一化の要素として、それが文化と名付けられることである（小坂井、2011、p.262）。したがって、文化は常に変遷する。文化の純血主義は虚妄でしかない。

例えば、日本の食文化を代表するスパイスといわれる七味唐辛子が生まれたこと自体も、海外の文化と日本の文化の交流によるものである。

蕎麦などの和食で様々な用途で使われる七味唐辛子は、古くからある日本のスパイスと思われがちだが、ベースとなっている唐辛子はチリ（chili）のことであり、中南米を原産地とする。南米で生育していたチリが、その地域を越えて世界に広がったのは15世紀以降である。コロンブスによる"新大陸発見"以降に、ヨーロッパによる交易を通じ世界各地にもたらされた。日本においては、安土桃山時代、南蛮貿易により渡来し、漢方薬の一種として珍重された。なお、名前の

唐は具体的な国名ではなく、外国一般を総称した意味である。
　この唐辛子を用いた七味唐辛子が誕生したのは、江戸時代の1625年（寛永2年）、薬を工夫し、唐辛子に他の香辛料を混ぜて食に利用できないか考案し、販売したのが始まりだとされる[3]。その後は日本全国に広がり、今では日本の多くの家庭の食卓に並ぶ。海外でも日本食ブームに合わせ販売されるようになっている[4]。
　このように、チリがもつ刺激性をベースに、辛みの刺激をマイルドにするため、他の香辛料を独自にブレンドし、日本の食事に合う新たなスパイスとして七味唐辛子は誕生した。この例は異なる地域間の交流が新たなモノを生み出すことを示している。スパイススタイルとは地域間をネットワークし、新たな価値を創造するスタイルであり、その存在意義もそこに見いだせる。

（2）過剰さの象徴としてのスパイススタイル

　スパイススタイルのもう一つのコンセプト「過剰さ」は、スパイスのもつ刺激性そのものを示す。スパイスを機能面から捉えると、スパイスの基本作用は、香りづけと臭み消し、辛み、色づけの4つである（武政、2002、p.16）。これらの作用のうち香りは嗅覚に働きかけ、刺激を与え、感情に大きく影響する。スパイスの香りは脳に対する興奮作用をもたらす（武政、2002、p.155）。
　この香りに人は魅せられ、様々な特別な儀式でスパイスが用いられた。例えば、紀元前2800年のエジプトのパピルスには、当時、王侯や僧侶などの特権階級が宗教儀式にスパイスを用い、特に神に捧げる食物を清めるため使われていたことが記されている（Toussaint-Samat, 1987, p.504）。このように、スパイスは主にその芳香によって、日常から離れたものとして、理性や論理性を超えて人の感覚に刺激をもたらす特徴がある[5]。実際にスパイスの成分自体にアドレナリンを多く分泌させる効果や、通常の食品以上の成分含有量を示すもの[6]もある（武政、2002）。
　このように、スパイスにはその特徴として、通常の日常の範疇を越えた過剰さを含む。その過剰さは、日常の生活の中で私たちが世界を視覚で捉えることに馴れているのに対して、スパイスがこうした目に見える世界から違う世界へと視点を変える効果を持つ点である。嗅覚というより本能に近い感覚が脳へと直接働き

かけ、普段とは違う次元へと人を誘う。これは時代とともに社会化されてきた人間に対して、かつての感覚を頼りに外敵から身を守ってきた祖先の記憶へと遡らせるのかもしれない。このように、スパイススタイルではスパイスの持つ過剰さがコンセプトの一つである。

（3） 枠組みの転換としてのスパイススタイル

スパイススタイルの3つ目のコンセプトは「枠組みの転換」である。これはスパイスが微小な量で、その食べ物の在り方を変えるという性質からきている。ごく少量でスパイスはその食自体を変えることができる。逆にスパイスを多く使い過ぎると、スパイスの刺激が勝り過ぎてしまい、元々の食べ物の特徴を打ち消してしまう。このように、スパイスは微量で、食物の枠組みを転換する。

これはスパイスという言葉の使われ方からも窺うことができる。スパイスという言葉を比喩として使うとき、既存の在り方を変えるものに対して用いる。こうした用法は、例えばシナモンをひとかけら用いるだけで、その食べ物や飲み物の香りや味覚、色合いを大きく変える点に由来する。スパイスがごく少量混ざるだけで、その食べ物はそれまでと異なる存在になる。比喩的に言えば、これは特異点により枠組み自体を転換するパラダイムチェンジである、ともいえる。

スパイススタイルにおいては、そうした枠組みを転換する装置としてスパイスを捉える。スパイスはその特異性により、従来のルールや見方を変える特別な存在だと言える。枠組みを変え、それまでの物の見方や感じ方を大きく変化させる。その結果、それまで見えていた風景がまったく違うものとして見えるようになる。そのように見方を変えることは、今までになかった新しい価値を生むことにつながる。

（4） 価値創造としてのスパイススタイル

スパイススタイルの「ネットワーク」と「過剰さ」と「枠組み転換」という3つのコンセプトは、新たな価値の創造としてのイノベーションに結び付く。

かつて、オーストリアの経済学者シュンペーターは不断のイノベーションが経済を発展させるとして、5つの新結合を変革してあげた[7]。イノベーションを起こす上で重要な点は、無から有を生み出すことではなく、それまでになかった新

たな組み合わせで結合することであるとシュンペーターは述べた（Schumpeter, 1912）。

こうした文脈から捉えるなら、スパイスは過去、様々な地域の文化との出会いの中で、新たな組み合わせとして発展し、新たな地域の食を創造してきた。このように、スパイスは時代とともにそれまで持っていたエキゾティシズムや神秘性のコンテクストは失われたが、「特異性」「外部性」「グローバル性」という特徴を持ち続けている。これらの特徴は他の食品には見いだせない。

この特徴が新たな価値を生むことになる。カカオがヨーロッパでチョコレートになり、チリペッパーは日本で七味唐辛子になった。スパイスが示すのは、このような地域と地域のつながりの中に日常の枠を超えた過剰さが入りこむことによって、それがそれまでの枠組みを大きく変え新たな変化を創造する、ということである。すなわち、多様性の中から様々なモノやコトが交雑し変化を生みだす在り様をスパイスは象徴している。

つまり、グローバル化の時代で重要になるのは、共通で均一な世界の実現を目指すのではなく、それぞれの地域が独自性を持ち、その独自性をもとに交流し合い、そこから新たな価値を生みだしていくことである。スパイススタイルとは、そうした価値創造としての、文化のイノベーションのスタイルである。

おわりに ― 文化創造の媒介としてのスパイス ―

長い間、スパイスはヨーロッパでは社会の少数の支配階層の贅沢と優位性のシンボルだった（Toussaint-Samat, 1987, p.555）。スパイスには、本能に働きかけ官能性を刺激する面があり、性欲増進の秘薬として扱われた時もある。お守りとして、小さな宝石箱にしまわれたり、香水やお守りとして身につけられたりしたこともある。かつて、ヨーロッパ全土にペストの疫病が流行したときには、疫病から身を守る薬とされた。

このように、スパイスは明らかに他の食品とは違い、特別な品として扱われてきた。スパイスの見かけは単なる小さな黒い種や茶色い木の端でしかない。これがこの外観からは想像がつかない香りや風味をもたらす。かつては、そこに遠い未だ見ない世界の神秘性が加わりスパイスへの渇望が生まれた。その刺激に誘わ

れ、スパイスをめぐり人と地域、国家間は争い歴史上、様々な地域や国家の栄華盛衰を生みだしてきた。スパイスは、世界を魅惑し、動かしてきた存在である、といえる。

しかし、それが時代の変化とともに神秘性を失い、現在スパイスはありふれたものになっている。それでも、スパイスには未だにその芳香のように特別な何かを感じさせるものがある。それがスパイスのコンテンツを超えたコンテクスト性である。

現在でも、トルコのイスタンブールにはムスル・チャルシュス（Misir Çarsisi）といわれるスパイス市場が開かれ、数多くのスパイス商が軒を連ねている。現在は観光客向けの色合いが濃いが、それでもここはアジアとヨーロッパ、アフリカ大陸の文化の接点に位置するだけあって、色鮮やかな様々の種類のスパイスが並ぶ。それらのスパイスがその芳香とともに語りかけてくるのは複雑さや多様さである[8]。

スパイススタイルとは、このスパイスの持つ特徴をもとに、「枠組み転換」「ネットワーク」「過剰さ」をコンセプトに、地域から食と文化の新たな価値創造としてのイノベーションを目指すスタイルである。スパイスは、現在のグローバル化にはるかに先駆けてグローバル展開し、地域と地域をつなぎ、新たな価値を創造した媒介であった。こうしたスパイスのコンテクストとしての特徴は、現在のグローバル化の流れの中において、これからの地域をデザインする上での大きなヒントである、といえる。

注
1) オランダは香辛料の栽培地域を制限し、苗木が持ち出されないように様々な防衛網を築いた。香辛料から発芽しないような処理を施したりし、石灰や蒸気で処理し莫大な富をもたらすものを守ろうとした。しかし、その努力は、もう一方の香辛料を手に入れたいという熱意に敗れる運命にあった。やがて、スパイスの産地はアジアからアフリカ、中南米へと広がっていくことになる（Dodge, 1988, pp.247-262）。
2) こうした特徴からスパイスは香草類（ハーブ）とは区別される。香草類は鮮度が高い方が価値が高く、主役は栽培業者である点でスパイスと異なる位置にある（Dalby, 2000）。ただし、日本では加工食品として原材料を記載する場合には、それがローズマリーやミントを使用した場合には「スパイス」と表記する必要がある（武政、2002）。諸説あるが、ハーブとは薬草

第 7 章　グローバルスパイスのスタイルデザイン　149

を意味し、薬としての効果を持つものを指し、食用とすると有毒なものも含まれると捉える。一方でスパイスは食品であるため、定義上では、有毒なものは存在しない。

3) 最初に七味唐辛子を販売したのは「からしや徳右衛門」と言われている。これが後の「やげん堀唐辛子本舗」で「日本三大七味」の一つである。なお、七味の副原料は、芥子、胡麻、山椒、紫蘇、生姜等である。

4) 近年では、スパイスではないが、日本のインスタントラーメンがメキシコで独自の食文化として発展した例も見られる（安西・中林、2011）。

5) こうした香りにまつわる理性をこえた過剰さと神秘を描いた小説に「香水　ある人殺しの物語」（Das Parfum – Die Geschichte eines Mörders）がある（Süskind, 1985）。世界的ベストセラーになったこの小説では、香りにとりつかれたある男の香水にまつわるその一生を描いている。

6) 例えばパプリカにはピーマンのおよそ75倍のカロチンが含まれている。ピーマン100g分のカロチンをとろうとするなら、そのピーマンの量に対して、1.35g（小さじ約2分の1杯）のパプリカでよいという計算になる（武政、2002、p.190）。

7) その5つとは、①新たな財貨の生産　②新たな生産方式の導入　③新たな販売先の開拓　④新たな仕入れ先の開拓　⑤新たな組織の実現であった（Schumpeter, 1912）。

8) 英語の格言に"Variety is the spice of life."という言葉がある。直訳すれば、いろいろある（多様性）ことは人生にとっての香辛料になる、つまり「いろいろあってこその人生」という意味である。

参考文献

安西洋之・中林鉄太郎（2011）『「マルちゃん」はなぜメキシコの国民食になったのか？　世界で売れる商品の異文化対応力』日経 BP 社

伊藤武（1996）『スパイスの冒険』講談社

小坂井敏晶（2011）『増補　民族という虚構』筑摩書房

武政三男（2002）『スパイスのサイエンス Part2』文園社

原田保・三浦俊彦　編著（2007）『スロースタイル』新評論

原田保・三浦俊彦（2008）『マーケティング戦略論』芙蓉書房出版

原田保・三浦俊彦　編著（2010）『ブランドデザイン戦略』芙蓉書房出版

山口昌男（1975）『文化と両義性』岩波書店

山田憲太郎（1979）『スパイスの歴史』、法政大学出版局

Coe, S., Coe, M.（1996）*The true history of chocolate*, Thames and Hudson Ltd.（樋口幸子訳（1999）『チョコレートの歴史』河出書房新社）

Dalby, A.（2000）, *Dangerous tastes*（樋口幸子訳（2006）『スパイスの人類史』原書房）

Dodge, B.（1988）, *Quests for spices and new worlds*（白幡節子訳（1994）『スパイスストーリー——欲望と挑戦と』、八坂書房）

Friedman. T. L (2005), *The World Is Flat; A Brief History of the Twenty-first Century*, Farrar, Straus & Giroux,（伏見威蕃訳（2006）『フラット化する世界』日本経済新聞社）

Huyghe, E. and F. Huyghe (1995), *Les coureurs d'épices*, Jan-Claud Lattes（藤野邦夫訳（1998）『スパイスが変えた世界史 — コショウ・アジア・海をめぐる物語』、新評論）

Le Couteur, P. and J. Burreson (2003), *Napoleon's buttons*, Micron Geological LtdJ.（小林力訳（2011）『スパイス、爆薬、医薬品 — 世界史を変えた17の化学物質』中央公論新社）

Leed, E. (1991), *The mind of the traveler ~ From Gilgamesh to Global Tourism*, Basic Books, Inc.（伊藤誓訳（1993）『旅の思想史』、法政大学出版局）

Milton, G. (1999) *Nathaniel's nutmeg*（松浦伶訳（2000）『スパイス戦争 — 大航海時代の冒険者たち』、朝日新聞社）

Rifkin, J. (2004), *The European dream*, Pine Forge Press（柴田裕之訳（2006）『ヨーロピアンドリーム』日本放送出版協会）

Schumpeter, J. (1912) *Theorie der wirtschaftlichen Entwicklung*（塩野谷祐一・中山伊知郎・東畑精一訳（1977）『経済発展の理論：企業者利潤・資本・信用・利子および景気の回転に関する一研究』岩波文庫）

Süskind, P.(1985), Das Parfum – Die Geschichte eines Mörders（池内紀（1988）『香水 ある人殺しの物語』文藝春秋）

Toussaint-Samat, M. (1987) *Histoire naturelle et morale de la nourriture*, Larousse（玉村豊男監訳（1998）『世界食物百科 — 起源・歴史・文化・料理・シンボル』原書房）

第 **8** 章

移動フード販売のスタイルデザイン

佐藤正弘

はじめに

　近年、日本全国各地において、移動販売業態の進展が目覚ましい。現代において移動販売といった場合には、主に3つの移動販売のスタイルが存在している（井上・鈴木、2013）。1つは、買い物難民を救済するために、コンビニエンスストアなどが店舗を移動型にして彼らのもとに出向く、というスタイルの移動販売である。2つ目は、東京など都心部のオフィス街に移動販売店舗が集まり、いわゆる屋台村を形成して昼食難民を救済する、というスタイルの移動販売である。特に東京においては、ネオ屋台村と呼ばれる移動販売車を複数店舗集めたいくつかのエリアが、昼食難民と呼ばれる東京のビジネスマンたちのお腹を満たす大きな支えとなっている。しかも、このネオ屋台村の数は、近年増加の一途を辿っているのが現状である。そして3つ目は、元気がない地域経済を活性化させるために軽トラ市を催す、というスタイルの移動販売である。
　このように、移動販売という業態は、近年の停滞を続ける流通業の中でも、インターネット通信販売と並んで進展を続けている特別な業態の一つである。しかしながら、従来のマーケティング研究、さらには流通研究を探してみても、移動販売に関する研究はほとんど存在しないといっても過言ではない。学術論文はもちろん、テキストレベルにおいても、移動販売を取り扱っているものはほとんどなく、たまに、ビジネス書やビジネス週刊雑誌に取り上げられる程度である。数少ない移動販売に関する研究も、主に1つ目の移動販売に焦点を当てたものであ

り、2つ目や3つ目の移動販売に焦点を当てた研究はまったく存在しないのが現状である。

　第2部のタイトルは、「優れた食文化にみるスタイルデザイン」ということで、3種類ある移動販売のスタイルの中でも、特に2つ目の「屋台村を形成して昼食難民を救済する」というスタイルの移動販売を中心にして、今後の話を進めていく。そこで本章の目的は、このようにマーケティング・流通分野において研究が行われてこなかった2つ目の移動販売に関する考察を行うことで、移動販売研究の地平を切り開き、同時にマーケティング研究および流通研究への貢献も果たすことである。

　本章では、はじめに第1節において移動販売の歴史について調べていく。次に、第2節では現代の移動販売について概観し、現代の移動販売には主に3種類の移動販売が存在することを明らかにする。さらに、移動販売には必須型と多様型の2つのタイプがあることを明らかにする。そして、第3節では、ネオ屋台村の事例から、2つ目の移動販売のビジネスモデルなどを解明していく。以上のように、移動販売業に関する理論的考察を行っていくことによって、我々は移動販売研究の地平を切り開き、かつ、マーケティング研究および流通研究への貢献も果たせることを確信している。

第1節　移動販売の歴史

　前節で述べたように、移動販売は現在、急成長を遂げている数少ない業態の一つであるが、その歴史はどうだったのであろうか。そこで、本節ではこの後、移動販売の歴史について整理していく。

　石原（2002）によれば、近代以前の移動販売と言えば、行商や振り売りなどが存在していた。行商とは、天秤棒を担いだ近江商人や、大きな荷物を背中に背負った富山の薬売りなどが代表的である。それに対して、農家の人たちが野菜を大八車に乗せて近隣の住宅地を回っていた姿は振り売りと呼ばれている。振り売りは、鐘を振って合図としたことからこの呼び名が付けられているが、合図自体はラッパでも呼び声でも構わなかった。豆腐も長い間、この方法で販売されていた。両者を比較すると、行商の場合、行動半径が比較的広く不定期であるのに対

して、振り売りは定期的に消費者に近づいていった。これらの形態は今日ではほとんど姿を消したが、それでも移動販売や露天商などにその名残りを留めている。

このように、移動販売の歴史を紐解いてみると、その始まりは行商や振り売りと呼ばれる業態であることがわかった。それでは、その後、行商や振り売りがどのように変化していったのであろうか。一般社団法人日本ケータリングカー協会の公式サイトの中にある「移動販売の歴史」のページ[1]を参考にしてまとめてみる。

江戸時代に入ると、江戸や大坂などの大都市で町人文化が花開いた。その結果、江戸に夜鳴きそばや握り寿司など、いわばこの時代のファーストフードである食べ物の屋台が出現し、天秤棒を使って売り歩く飴売りや金魚売りが子供たちの間で人気を呼んでいた。つまり、この時代に入ると屋台という業態が登場し、移動販売を行っていたようである。また、天秤棒を使って飴や金魚を売り歩く業態は、行商と振り売りを掛け合わせたような業態であったと思われる。

大正時代になると、日本人によりリヤカーが発明され、今ではおなじみのラーメン、たこ焼き、そして石焼き芋などが販売されるようになった。これらのリヤカーは、移動販売の基礎として使用されていた。後にリヤカーから自動車に姿を変えていくことになるが、現在知られているような移動販売の原形が徐々に一般に浸透していくことになったのが、この時代である。

第二次世界大戦後は戦後の混乱期であった。日本中が焦土と化した中、食糧は配給のみでは足りず、庶民にとって食料の確保が死活問題であった。そのような中、各地にバラック建ての移動式屋台が次々に現れ、主に戦災で店舗を失った人たちが生活のために、人々に日々の食料や物資を販売するようになっていった。

昭和30年代に入ると、高度経済成長期が訪れた。この時代には、ロバのパン屋が人気を呼んだ。当初はけん引に動物のロバを使用していたが、1964年の東京オリンピックから後のモータリゼーションが急速に進んだことに伴い、自動車での販売に移行した。その他に、自転車を利用したアイスキャンディー、豆腐、冷やし飴、ポン菓子、わらび餅、綿菓子、そしてサービスとして靴磨きや鍋包丁研ぎが住宅地にてよく見受けられるようになった。

昭和40年代の大阪万博の頃、高度経済成長がピークを迎えた。それに伴い自動車の一般普及が進行し、竿竹やチャルメラなどが軽トラックにて巡回販売を始めた。また、都市部では徐々にスーパーが台頭し始めたが、普及の遅れた地方都

市では、移動スーパーが人気を集めていた。

　昭和後期になると、日本はバブル景気で世界第2位の経済大国となった。この時代には、ラーメンやクレープなどの軽食系を始め、灯油の巡回販売が徐々に一般的になり始めた。また、1985年改正の男女雇用機会均等法により女性の社会進出が進み、オフィス街では昼食時に固定店舗に比べ安価に提供される弁当の移動販売が人気を呼んだ時代でもある。

　平成不況の時代になると、行楽地やイベント会場などで、たこ焼き、ホットドッグ、アイスクリーム、そしてケバブなどの多種多様なケータリングカーが見受けられるようになり、徐々に移動販売が一般に浸透し始めていった。その他、鍵、靴、カバンのリペアーサービスカーやフラワーショップなども出現し、個人営業の移動販売も多くなった時代である。

　そして現在では、オフィス街の遊休地を利用し、多種多様なケータリングカーを出店させたランチ営業が人気を集めている。いか焼きやクレープ、メロンパンなど、フランチャイズ展開する企業もみられるようになった。また、過疎地においては移動コンビニの巡回販売が開始し、移動手段のない高齢者たちの生活の一助となっている。

　このように、移動販売の歴史を振り返ってみると、移動販売は近世以前の行商や振り売りから始まって、その後、屋台、リヤカー、そして自動車へと形態を変えながら進化してきたことがわかる。また、このように販売するモノを運ぶ装置は進化しているが、ターゲット顧客の下に自ら出向いて販売するという移動販売のコンセプトそのものは基本的に変わっていないということもわかるだろう。

　以上が移動販売の歴史を簡単に概観したものである。次節では、現代の移動販売について、その概観を整理する。

第2節　現代の移動販売の概観

　すでに述べたように、現代の移動販売には3種類のスタイルの移動販売が存在している。1つは、買い物難民を救済するために、コンビニエンスストアなどが店舗を移動型にして彼らのもとに出向く、というスタイルの移動販売である。2つ目は、東京など都心部のオフィス街に移動販売店舗が集まり、ネオ屋台村を

形成して昼食難民を救済する、というスタイルの移動販売である。そして3つ目は、元気がない地域経済を活性化させるために軽トラ市を催す、というスタイルの移動販売である。2つ目の移動販売については、次節にて詳細に論じていくので、本節では、1つ目と3つ目の移動販売の現状について説明していく。

　まず、1つ目の買い物難民を救済するための移動販売に関しては、近年、少しずつではあるが研究が行われてきている。例えば、高橋・竹田・大内（2012）たちは、買い物弱者対策に関する先行研究のサーベイを行った後で、昭栄鶏卵の事例から移動販売について論じている。この論文によると、昭栄鶏卵は車両1台に140〜150品目の商品を陳列し、年間では延べ500品目を取り扱っているようである。そして、このような買い物難民に対して移動販売車を活用するというビジネスは、昭栄鶏卵のような中小企業だけではなく、大手企業も近年、参入を果たしている。例えば、セブン－イレブンをはじめとする大手のコンビニ各社も、移動販売による買い物弱者への販売を新たな市場と捉え、移動販売車を導入して、積極的に取り組み始めている（毎日新聞、2012年7月24日付記事）（井上・鈴木、2013）ようである。買い物弱者への対策としては、地域交通の側面から論じたものが多いが、近年では、対策の一つとして移動販売が取り上げられ始めているようである。

　次に、3つ目の元気がない地域経済を活性化させるための移動販売に関しても、新聞記事などで取り上げられ始めている。例えば、2012年11月11日の日経流通新聞には、栃木の軽トラ市の記事が取り上げられている。記事によると、栃木県商工会連合会が軽トラ市を開催するという。市内の商店街に県内各地から約70台の軽トラックが集まり、東日本大震災からの復興をアピールするようである。市中心部のオリオン通りで「"スー爺サンタ"の軽トラ市」と題して開き、県内の各商工会と連携し、農産物の他、ご当地グルメなどを販売するというものである。また、2012年11月23日の日本経済新聞には、静岡県が新東名高速道路の清水パーキングエリア（PA）で行う軽トラ市の記事が掲載されている。この軽トラ市は旬の農産物や加工食品を販売するもので、県外客の利用が多い清水PAで多彩な県産品をアピールし、消費拡大に繋げようとするものである。県は来年度も開催する方向で検討しており、「将来的には生産者の自主的な開催に繋げたい」と考えているようである。井上・鈴木（2013）によれば、軽トラ市と

は、軽トラックの荷台を店舗に見立てた臨時の市場のことで、商店街などの広場や駐車場に軽トラックが集まり、新鮮な野菜や飲食物、地域の特産品など、様々な商品を販売するものである。このスタイルは、2005年に岩手県雫石町の商店街で開始されたものが、元気がない地域経済を活性化させる手段の一つとして注目を浴び、いまや全国的な広がりを見せているという。

このように、1つ目の買い物難民を救済するために、コンビニエンスストアなどが店舗を移動型にして彼らのもとに出向く、というスタイルの移動販売と3つ目の元気がない地域経済を活性化させるために軽トラ市を催す、というスタイルの移動販売については、本節にて詳細な説明を行ってきた。それでは次に、移動販売のタイプについても井上・鈴木（2013）の文献から簡単に説明していく。

井上・鈴木（2013）によれば、一口に移動販売といっても、タイプは2つに分かれるようである。1つは、供給の"量"の面から消費者のニーズを満たす「必須型」であり、もう1つは供給の"質"の面から消費者のニーズを満たす「多様型」である。

1つ目のタイプである必須型は、供給の"量"が消費者のニーズを満たしていない地域、つまり、供給が需要よりも少ない地域で、消費者の生活に欠かせない商品を販売するものである。近隣に店舗がない地域に、生活用品・食料品など主にその場での調理加工をしない商品を運び、販売するケースがこれに該当する。買い物弱者への販売や、鮮魚店がない山間部での魚介類の販売など、供給がなかったり足りなかったりする状態を解消することで、消費者のニーズを満たしているのが、必須型である。つまり、3種類のスタイルの移動販売のうち、1つ目の買い物難民を救済するために、コンビニエンスストアなどが店舗を移動型にして彼らのもとに出向く、というスタイルの移動販売がこのタイプである。

2つ目のタイプである多様型は、供給の"質"が消費者のニーズを満たしていない地域で、消費者の生活を多様にする商品を販売するものである。つまり、供給が需要よりも少ないわけではなく、あくまでも質的な多様性をプラスする、というのが多様型である。具体的には、3種類のスタイルの移動販売のうち、2つ目の東京など都心部のオフィス街に移動販売店舗が集まり、いわゆる屋台村を形成して昼食難民を救済する、というスタイルの移動販売と、3つ目の元気がない地域経済を活性化させるために軽トラ市を催す、というスタイルの移動販売がこ

のタイプである。両者とも、供給の"量"的には十分に足りているオフィス街や商店街に賑わいという"質"をもたらし、多様性を加える役割を果たしている。しかし、オフィス街が本当に供給の"量"を満たしているかは疑問が残るところである。東京のオフィス街で昼食を食べようとすれば、軽く1,000円を超えてしまい、一般のサラリーマンやOLたちにとってはかなりの出費となる。そこで、手頃な値段の昼食を食べようとすれば、コンビニ弁当やファーストフードになってしまう。しかし、ネオ屋台村があれば、作りたての本格的な料理を手頃な値段で食べることができる。つまり、ネオ屋台村は、供給の"質"だけではなく、"量"に関しても消費者のニーズを満たしていると言えよう。

以上、本節では現代の移動販売に関する概観を行ってきた。はじめに、買い物難民を救済するための移動販売と、元気がない地域経済を活性化させるための移動販売について詳しく説明を行った。次に、一口に移動販売と言っても、そこには2つのタイプの移動販売が存在することがわかった。1つ目の「必須型」は、買い物難民を救済するための移動販売が該当し、2つ目の「多様型」には、昼食難民を救済するための移動販売と元気がない地域経済を活性化させるための移動販売が該当するようである。次節では、2つ目の昼食難民を救済するための移動販売について、ネオ屋台村の事例から理論的に解明を行っていく。

第3節　ネオ屋台村の事例

現在、東京都内を中心としたオフィス街など約40か所でランチタイムに移動販売車を集めて営業を行っているのが、株式会社ワークストア・トウキョウドゥの展開するネオ屋台村である。ネオ屋台村とは、オフィス街などの広場に複数台の移動販売車（ネオ屋台）を集めてランチ営業を行っているスペースのことである。

それでは、ネオ屋台村について、株式会社ワークストア・トウキョウドゥのホームページ[2]を参考にして説明していく。ネオ屋台村は、いわゆるフランチャイズ方式を採用しているわけではない。すべてのネオ屋台は、それぞれが腕によりをかけたこだわりの専門店の味を持っている起業家たちである。彼らのそういった個性を尊重することによって、ネオ屋台村を利用するお客はより多くのメ

ニューから好みのランチを選ぶことが可能になる。また、ネオ屋台での営業は、「お客様の注文を受けてから、目の前で調理・盛り付けし、出来立てのランチを提供する」という販売スタイルを徹底している。これによって、お客は通常の飲食店では考えられないほどの間近で調理が行われることとなり、「ここでしか食べられない」という喜びを、そしてネオ屋台店主との間に生まれるコミュニケーションを楽しむことができる。これらが、ネオ屋台村の魅力の1つである。さらに、ネオ屋台は1台だけがあってもあまり意味がない。複数台集まることでネオ屋台村となり、1台1台の彩りをより一層引き立て合う。ライチタイムという特別な時間に、ただ飲食店としてその需要を満たすためではなく、訪れる皆様の笑顔と、そのスペースの賑わいを結び付ける「場」を提供するものである。

　これらのことは、まさに前節にて説明した「多様型」のタイプそのものである。供給の"量"的にはある程度足りているオフィス街に賑わいという"質"をもたらし、多様性を加える役割を果たしているのがネオ屋台村である。

　それでは次に、ネオ屋台村の効果について考察していこう。株式会社ワークストア・トウキョウドゥは、スペースの提供者と移動販売車との間に入って、両者の仲介役を行っている。いわば、卸売業者のような役割を担っているのが株式会社ワークストア・トウキョウドゥである。彼らが存在することによって、スペースの提供者はわざわざ移動販売車を集めるという煩雑な作業から解放されて、毎日違った移動販売車がスペースにやって来るようになる。そして、毎日やって来る違った移動販売車たちがスペースに賑わいを演出してくれるようになる。一方、移動販売車のオーナーたちも、いちいち出店場所を確保するために、スペースの提供者に営業をかけて、日々の出店場所を確保するという煩わしさから解放される。このことについて、ネオ屋台村に出店している本格インドカレー専門店「＋Spice（プラススパイス）」のオーナーである篠田嘉郎氏は、「平日のランチはもちろん、休日に各地で行われるイベントの出店場所も株式会社ワークストア・トウキョウドゥさんが確保してくれるので、非常にありがたい。いちいち自分でスペースの提供者と交渉を行わなくて済み、営業活動にだけ専念することができるのでとても助かっている」と語っている。篠田がいうように、株式会社ワークストア・トウキョウドゥはネオ屋台村というランチ営業のマッチングだけを行っているわけではない。彼らは、休日のイベント会場などでもスペースの提

供者と移動販売車との間に入って、両者の仲介役となっている。

　つまり、従来であれば、スペースの提供者と移動販売車のオーナーたちが直接出店交渉を行わなければならなかったのであるが、株式会社ワークストア・トウキョウドゥが卸売業者のように両者の仲介役として介在することによって、出店交渉の総数が大幅に減少することになる。例えば、従来であれば、スペースの提供者が5か所存在し、移動販売車のオーナーが5人いたとすると、それぞれが出店交渉し、出店を成立させるためには5×5＝25回の交渉が必要であった（図表8-1）。しかし、スペースの提供者と移動販売車のオーナーの間に株式会社ワークストア・トウキョウドゥが介在し、それぞれの情報を縮約してマッチングを行うことによって、交渉の回数は5＋5＝10回に減少することになる（図表8-2）。これは、流通論の中で卸売業者の存立意義として言われている「取引総数最小化の原理」と同じ理屈である。つまり、株式会社ワークストア・トウキョウドゥが卸売業者のように情報縮約機能を持つことによって、スペースの提供者と移動販売車のオーナーたちがそれぞれ株式会社ワークストア・トウキョウドゥと1回の交渉を行うだけで、ネオ屋台村という「場」が成立するようになるのである。このように、株式会社ワークストア・トウキョウドゥが存在することによって、スペースの提供者と移動販売車のオーナーが繋がり、近年の東京都内を中心とした移動販売業は大きく発展してきたといっても過言ではない。

　しかし、ネオ屋台村は単にスペースと移動販売オーナーを結び付けているわけではない。先述したように、ネオ屋台村は「ライチタイムという特別な時間に、ただ飲食店としてその需要を満たすためではなく、訪れる皆様の笑顔と、そのスペースの賑わいを結び付ける場を提供する」ものである。つまり、ネオ屋台村はネオ屋台を用いてスペースに付加価値を生み出しているのである。そのためには、ネオ屋台を経営するオーナーは誰でもよいというわけではない。株式会社ワークストア・トウキョウドゥの理念に賛同し、彼らの要求水準を満たした者しかネオ屋台を出店することはできない。要するに、株式会社ワークストア・トウキョウドゥは、単なる仲介業者ではなく、ネオ屋台という商品（コンテンツ）を提供する総合プロデューサーの役割も果たしているのである。

図表8-1 従来のスペース提供者と移動販売車オーナーとの交渉

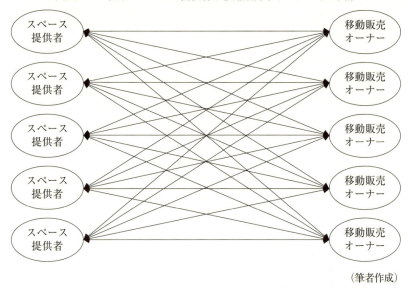

(筆者作成)

図表8-2 株式会社ワークストア・トウキョウドゥが介在した場合の交渉

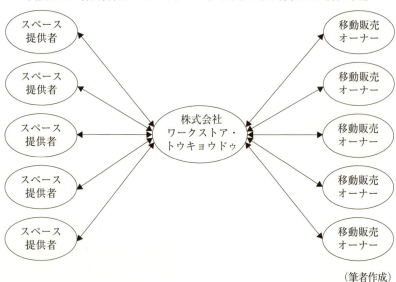

(筆者作成)

次に、株式会社ワークストア・トウキョウドゥがネオ屋台村でもたらした、もう1つの効果についても考察してみる。ネオ屋台村の特徴として、株式会社ワークストア・トウキョウドゥのホームページによると、以下の点が挙げられている。それは、「1か所のランチスペースでは、曜日ごとに異なるネオ屋台をスケジューリングすることである。一人のお客が利用できるネオ屋台村は、お昼休みという限られた時間の中ではどうしても1か所に限定されてしまう。そこで、1か所のネオ屋台村だけでもできる限りバリエーション豊かなランチを楽しんでもらえるように、曜日ごとに異なるネオ屋台をスケジューリングしている」のである。通常の設置型店舗であれば、場所を移動することができないので、毎日同じ場所で同じ店舗が営業を行うことになる。しかし、移動販売車という移動型店舗だからこそ、このようなスケジューリングを行うことが可能となり、毎日違うお店の味を楽しみたいという消費者の欲求を満たすことができるのである。

例えば、図表8-3のように、1から5までの5か所のネオ屋台村とAからOまでの15台のネオ屋台があるとする。この場合、ネオ屋台を3台ごとのグループにして、1から5までのネオ屋台村にそれぞれ配置することにする。これだけでは、通常の設置型店舗と変わらず、消費者が選択することができる店舗の数が3つ増えただけである。しかし、ネオ屋台のグループを曜日ごとにローテーションさせることによって、消費者は毎日異なる3店舗から選択を行えるようになるのである。図表8-3のように、ネオ屋台村1には、月曜日にネオ屋台A・B・C、火曜日にネオ屋台M・N・O、水曜日にネオ屋台J・K・L、木曜日にネオ屋台G・H・I、金曜日にネオ屋台D・E・Fがやって来て、1週間の選択肢が15店舗に増加することになる（図表8-3）。

このように、移動販売店舗の組み合わせをローテーションさせることによって、消費者の効用を増加させることを、ここでは「ローテーションの経済」と呼ぶことにする。ローテーションの経済を定義すると、「商品・サービス・店舗などの組み合わせをローテーションさせることによって、消費者の効用が増大すること」となる。このようなローテーションの経済は、移動販売だからこそ可能な戦略であって、通常の設置型店舗では不可能な戦略である。このローテーションの経済によって、ネオ屋台村は供給の"量"的にはある程度足りているオフィス街に賑わいという"質"をもたらし、多様性を加える役割を果たすことが可能と

図表8-3　ネオ屋台村がもたらすローテーションの経済

	月	火	水	木	金
ネオ屋台村1	A,B,C	M,N,O	J,K,L	G,H,I	D,E,F
ネオ屋台村2	D,E,F	A,B,C	M,N,O	J,K,L	G,H,I
ネオ屋台村3	G,H,I	D,E,F	A,B,C	M,N,O	J,K,L
ネオ屋台村4	J,K,L	G,H,I	D,E,F	A,B,C	M,N,O
ネオ屋台村5	M,N,O	J,K,L	G,H,I	D,E,F	A,B,C

(筆者作成)

なるのである。

おわりに

　本章では、移動販売について理論的考察を試みてきた。はじめに、第1節では移動販売の歴史について、その概観を整理した。その結果、移動販売のルーツは近世以前の行商や振り売りにあり、その後、江戸時代の屋台からリヤカー、そして自動車へと姿を変えながら進展してきたことを理解した。また、販売するモノを運ぶ装置は進化しているが、ターゲット顧客の下に自ら出向いて販売するという移動販売のコンセプトそのものは基本的に変わっていないということも理解した。

　次に、第2節では、現代の移動販売の概観について考察を行った。ここでは、まず3つある移動販売のスタイルのうち、1つ目の買い物難民を救済するための移動販売と、3つ目の元気がない地域経済を活性化させるための移動販売について詳細な検討を行った。その後、移動販売には2つのタイプがあることを明らかにした。1つは「必須型」と呼ばれる、供給の"量"の面から消費者のニーズを満たすものであり、もう1つは「多様型」と呼ばれる、供給の"質"が消費者のニーズを満たしていない地域で、消費者の生活を多様にする商品を販売するものである。そして、この2つのタイプに3つの移動販売のスタイルをそれぞれ当てはめると、「必須型」には1つ目の買い物難民を救済するための移動販売のスタイルが該当し、「多様型」には2つ目の昼食難民を救済するための移動販売のスタイルと3つ目の元気がない地域経済を活性化させるための移動販売のスタイル

が主に該当することがわかった。

　そして、第3節では、ネオ屋台村の事例から2つ目の昼食難民を救済するための移動販売のスタイルについて理論的考察を行った。その結果、株式会社ワークストア・トウキョウドゥはネオ屋台村で2つの効果をもたらしていることがわかった。1つ目の効果は、株式会社ワークストア・トウキョウドゥが卸売業者のように情報縮約機能を持つことによって、スペースの提供者と移動販売車のオーナーたちがそれぞれ株式会社ワークストア・トウキョウドゥと1回の交渉を行うだけで、ネオ屋台村という「場」が成立するようになることである。もう1つの効果は、ネオ屋台村とネオ屋台の組み合わせをローテーションさせるという「ローテーションの経済」によって、供給の"量"的にはある程度足りているオフィス街に賑わいという"質"をもたらし、多様性を加える役割を果たすことが可能となることである。

　以上、本章では移動販売について様々な角度から考察を行ってきた。しかし、移動販売に関する研究は始まったばかりであり、まだ不十分なのが現状である。今後は、さらなる事例の蓄積や理論の精緻化を行っていく必要があるだろう。

注

1) 一般社団法人日本ケータリングカー協会公式HP
　（http://www.jcca.gr.jp/idouhanbai/history/history.html）、2013年10月25日アクセス。
2) 株式会社ワークストア・トウキョウドゥHP
　（http://www.w-tokyodo.com/neostall/about）、2013年11月20日アクセス。

参考文献

石原武政（2002）「序章：流通論で何を学ぶのか」、大阪市立大学商学部編『ビジネスエッセンシャルズ⑤流通』有斐閣

井上考二・鈴木佑輔（2013）「移動販売車を活用したビジネス ― 小さな需要に応え活躍の場を広げる ―」、『日本政策金融公庫調査月報』中小企業リサーチセンター、No.52、pp.4-15

高橋愛典・竹田育広・大内秀二郎（2012）「移動販売業を捉える二つの視点 ― ビジネスモデル構築と買い物弱者対策 ―」、『商経学叢』近畿大学経営学部、第58巻第3号

一般社団法人日本ケータリングカー協会公式HP（http://www.jcca.gr.jp/idouhanbai/history/history.html）、2013年10月25日アクセス

株式会社ワークストア・トウキョウドゥHP（http://www.w-tokyodo.com/neostall/about）、

2013年11月20日アクセス
日経流通新聞（2012年11月11日）
日本経済新聞地方経済面静岡（2012年11月23日）

第3部

具体編Ⅱ　高度な料理芸術に見るスタイルデザイン

第9章

懐石料理のスタイルデザイン

宮本文宏

はじめに

　ここで論じる懐石料理は日本を代表する料理である（例えば熊倉、2002）。日本の食文化と料理を扱う本に懐石料理は取り上げられ、"伝統的な日本の食のスタイルであり、食材を活かした和食を代表する料理"と紹介されている。また、海外に向けた日本文化の紹介記事では、器に盛られた料理の写真とともにKAISEKIが紹介される。さらに、2013年に和食が無形文化遺産に登録され（本書8章参照のこと）、いくつかの懐石料理店がニュースで紹介された。ミシュランのガイドブックで三つ星を獲得した店もある。

　だが、懐石料理とは何かと尋ねられ、正確に答えられる人は少ない。第1に、カイセキ料理と聞いて、懐石という文字を思い浮かべる人もいれば、会席を思い浮かべる人もいる。この2つは、同一に扱われ、懐石と会席と並べて使う料理店も多い。この2つのカイセキは、音は同じでも、起源や目的、意味に大きな違いがある。さらに厳密には「懐石料理」は存在しない。懐石という言葉自体が料理を示し、正確には、料理をつけず懐石とするのが正しい[1]。

　このように、懐石はその言葉の定義自体が曖昧で不正確に使われている。それは、懐石の敷居が高いということも理由の一つだが、本論で述べる様に実は懐石そのものに原因がある。それにもかかわらず、懐石は、日本を代表する伝統的な食文化であり、日本文化を体現する料理として捉えられているのはなぜか。

　その問いに対して、本章では、日本の食文化としての懐石のブランドについ

て、地域デザインの観点から解き明かす。それは、地域デザインのフレームワークである、コンステレーションとトポス、ゾーンとアクターの各デザイン要素から懐石を捉えなおすことである。

そこでは懐石の起源を確認し、背景にある茶の湯について触れる。そこから、近世最大のコンテクストデザイナーとしての千利休という存在が浮かび上がってくる。これらから懐石のブランドデザインを考察する。それは日本の文化とは何か、伝統とは何かを考察することでもある。

第1節　懐石とは何か

(1) 懐石が日本を代表する食文化というストーリーはなぜ生まれたか

なぜ、懐石は日本を代表する食文化と捉えられているのだろうか。その代表的な理由を見ていこう。まず、1つ目の見方として懐石の形式や素材の扱い方あるいは味そのものから、日本文化固有のものとする見方である。懐石では先付から始まり、ある一定の決められた順番で食事が出される[2]。その一汁三菜という様式の中で旬の食材を活かし、季節感を演出する。四季の移り変わりを大切にする感覚を、日本的美意識とし、日本人の根底に流れていると捉え、その固有の美意識を体現した料理こそが、懐石だとする。

2つ目は現在の日本の食そのものの源泉が懐石にあるとする見方である。この見方は、フランスで宮廷料理を原型に発展したオートキュイジーヌ（haute cuisine）をフランス料理の代表とする見方と共通する。

3つ目は歴史と伝統を根拠とする見方である。この見方では、日本の食の歴史のなかで、過去から受け継がれてきた正統の系譜に位置する食として懐石を捉える。歴史を通して蓄積してきた食文化を懐石が体現しているとする。

本節では、これらの代表的な見方に対し検討を行う。それらの検討から、懐石を日本の代表的な食文化とする見方が、あるストーリーに基づいており、食文化という枠組み自体がコンテクスに拠ることを明らかにする。

例えば、日本料理の固有性として、油脂を使わず、昆布やかつお節でだしをひくことは、「うまみ」で味を調える点で、世界で唯一日本料理に限られた調理方法だとする捉え方がある。この捉え方では、世界の多くの料理は甘味・塩味・酸

味・苦味のバランスを中心にするのに対して、日本はこのうまみを含めた五味を料理の基本とする点で独自だとする。

しかし、このうまみを用いる料理はかたちが違っても世界各地で見られる。実際には、だし汁でうまみ成分を重視する調理方法は、東南アジア全域に見られる特徴である。この地域は魚を塩漬けにして醗酵させ調味料にする習慣があり、そのうまみ成分を料理に活かしている。

それにもかかわらず、味覚の一つをうまみと名づけ、他の味覚と区別し、日本の独自性として強調するストーリーが流布するのは、差別化により集団の同一性を確保するためである。そのため、だしをひきうまみを重視し、うまみを身体的に受容することを独自性とし、日本人という集団と外部集団との差異を創造する。文化が果たす機能はこうした集団の同一性を示すことにある。

それでは、懐石が日本を代表する食文化とする見方や理由はどのようなストーリーに基づくのか。懐石の起源や特徴、そして歴史からそれらを探っていく。

（2） 懐石の起源とは何か

懐石の起源は中国にある。現在、日本独自の文化と捉えている様々なものの大部分は、古代から中世における朝鮮半島や中国、東南アジアの各地域からの影響によって成立した（例えば、原田・宮本、2014）。特に懐石の成り立ちに不可欠な要素である、茶と禅宗はいずれも中国からもたらされた。

茶は熱帯および亜熱帯で生育する茶の木の葉を起源とする。現在飲まれている紅茶や緑茶はすべて中国から発祥し世界中に伝播したものである。日本では、奈良時代に、遣唐使として唐に渡った僧侶や渡来人が茶を持ち帰ったのが、茶の歴史の始まりと言われている（千、2010、p.36）。

奈良時代に日本に輸入された茶は、最初の頃は密教寺を中心に栽培され上流階層の間で飲まれた。それが本格的に広まるのは宋がモンゴル（元）の侵略を受け滅亡した鎌倉時代であった。それは中国人禅僧が多数日本に亡命し、それと同時に禅宗の茶の習慣や儀礼が持ち込まれ、新興の武士層の間に広がったことによる。それがやがて室町時代から戦国、安土桃山時代を経て茶の湯という独自の様式を生む。

こうした茶が日本に定着し、茶の湯が成立していく過程の中で、懐石が誕生し

た。懐石の様々な作法や決め事は茶の湯の作法に基づき、懐石そのものが茶の湯を母胎とする茶の湯のための食事である。その茶の湯が成立するには、モノとしての茶と、精神的意味を与える禅宗が不可欠であった。それらはいずれも中国から日本に伝わってきたものである。このように、懐石が日本独自で固有の食文化だとする見方は、結果であり、起源を辿ると東アジア地域の中から生まれたことがわかる。

(3) 懐石の目的は何か

　元々、懐石は豪華な食事や美食を指すものではない。懐石という言葉の語源自体が「懐中の温石でお腹を温める程度の軽い食事」という意味であり、禅寺の修行僧が、冬の寒さや空腹をしのぐため、温めた石を懐に入れて暖をとった故事からとったとされる。

　懐石とは茶の湯において茶事と呼ばれる茶会に出される料理のことであり、お茶を飲む行為を支える食事である。茶事では濃茶といわれる抹茶を茶筅で練って飲む。その濃茶を美味しくいただくために、空腹を抑える虫養い、すなわち軽い食事として成立した料理が懐石である（高橋、2009、p.19）。

　料理の形式もシンプルに、飯、汁、向付と煮物と焼き物という一汁三菜を基本とする。また、宴席で食を楽しむというよりも濃茶をいただくことが主目的であり、茶席でいただくことが基本である。したがって、懐石は茶事の流れに沿っている。懐石は茶事における初座の本席と中立ちの間に挟まれている。茶事は、季節や天候、迎える客やその場のテーマ等、その時々の状況に応じて変化するが、基本的な流れは決まっている。茶の流儀（表千家、裏千家）によって懐石の進行や配膳の仕方や箸の種類などが細かく決められ、主人側と客側での食べ方の所作も決まっている。

　例えば、表千家流の懐石で煮もの椀を客に出す場合、まず主人は主客である正客に対し、主客の煮もの椀を通い盆にのせて持ち出し、主客の膳の外、右上角におく。正客は次客以下の煮もの椀を脇引きというお盆にのせ持ち出し、それぞれの膳の外におく。主人は茶室の出入口まで下がり、召し上がるようすすめる。これをうけて客側が膳の右側へと煮もの椀を取り込み、蓋をあけ飯椀の蓋に重ね椀を取り上げていただく（高橋、2009、p.197）。

万事がこのように、膳出しから煮もの椀、飯器、汁替え、焼きもの、2回目の飯器、箸洗い、八寸、香の物という進行に沿い、主人と客との間での受けと応えを、基本の作法としての型に従い進めていく。懐石で使う道具や器の種類、箸の種類からご飯の盛り方、器の取り回しまで、所作の作法が決まっている[3]。

このような所作に基づく食事が茶事における懐石である。これらを行うには、茶の湯の作法を身につける必要がある。そのことは、懐石は、不特定多数の多くの人に受け入れられることを目指したものではないことを示している。

このように、懐石は、どの料理や食事とも似ていない。その形式性は突出している。それは宗教行事の儀式に似ている。儀式では食は捧げものであり、食べることが目的ではない。懐石も目的は美食を楽しむことではない。主人が客を迎え入れ、決められた型を用いて茶室という場で関係を構築することにある。このように、懐石は食のコンテンツよりも、茶事の流れや、主客の関係を演出するためのコンテクストに力点が置かれる。それらの特徴からは、料理としては懐石は料理そのものを重視しない点で料理の本流というよりも、むしろ傍流に位置している。

第2節　2つのKAISEKIの存在

（1）会席料理との違いと懐石のコンテクスト

懐石を英語で表現すると、KAISEKIという文字になる。会席も懐石も英語では同じKAISEKIである。懐石としてのKAISEKIの説明は、「tea-ceremony dishes traditional Japanese meal brought in courses」であり、会席料理としてのKSISEKIの説明は、「set of dishes served on an individual tray for entertaining guests」または「banquet」である。

懐石は「tea-ceremony」、茶事と結びついている。懐石は、茶事において主人が客を迎え、お茶を供する上での軽い食事を指す。そうした懐石の意味と、現在、懐石という言葉で私たちがイメージする内容には大きなギャップがある。懐石というと、器に盛られた食の姿そのものに注目が集まる。本来の目的である茶事との結び付きは、現在薄れている。

こうしたギャップはいつ生まれたのか。なぜ、それは起こったのか。それを明

らかにするために、懐石の誕生の歴史を辿っていく。

　懐石という言葉が最初に史料上に登場するのは『南方録』である。この書は、千利休の弟子であり、堺の南宗寺の僧侶である南坊宗啓が利休の談話の聞き書きや、茶会の様子、回想録などを記した書として伝えられてきた。利休の三回忌に霊前に献上した後に作者は行方をくらまし、長く埋もれていたが江戸期の元禄年間に発見されたという曰く付きの書である。『南方録』は利休の秘伝書であり、茶の湯の聖典として扱われてきた。

　しかし、近年の研究によって、実はこの南坊宗啓なる人物は存在せず、文書そのものが、江戸時代の元禄年間（1688-1704）に編纂された偽書であることがわかった。実際には、後世に書かれたものを古くから伝わる書として、南坊宗啓なる人物とともに創造したものが『南方録』であった。

　手の込んだストーリーづくりをしたものだが、このことから南方録が実際に書かれた元禄時代から懐石という言葉が使われるようになった、と考えられる。実際に、利休の時代の信頼できる史料には懐石という文字はあらわれない（熊倉、2002、p.18）。当初、茶会での食事は「会席」や「ふるまい」、あるいは単に「献立」と呼ばれていた。懐石は後世における会席の当て字だと考えられる。先に紹介した懐石の言葉の起源とされる「空腹で眠れないのを紛らわすために、石を温めて腹に当て、その温かみで眠った」という故事だが、禅宗には冬の暖をとるための温石という道具は存在する。しかし、懐石という禅語は存在しない。質素な料理という意味で、江戸時代に新たにつくられた言葉だと考えられる（熊倉、2002、p.18）。

　このように、懐石という言葉は、会席と区別する目的で江戸時代に、逸話とともに創られた。その会席料理は茶とは関係なく、酒を飲み、食を楽しむ饗宴を目的にした宴会料理のことである。会席料理は、懐石のような細かな形式や約束に縛られない[4]。会席料理の元々の起源は大饗料理とそこから展開した本膳料理と言われる宴会料理である。

　こうした会席料理の持つ膳仕立ての形式を、茶の湯の茶事に取り入れ、儀式的な意味合いにし、位置づけを変えたのが懐石である。その料理のことを、当て字を用いて、様式の違いを区別するため名付けたのが懐石の始まりである、と考えられる。

このように、懐石と会席料理が混乱して捉えられるのは、誕生の経緯から見ても不可避である。元々、懐石という言葉を当てたのは、それが従来の宴席の食というコンテクストでは捉えられないことを示すためだと考えられる。懐石は美食が目的ではない。茶の湯における約束事と作法の一環として茶の湯のコンテクストを支えることが懐石の目的である。

(2) 懐石を代表的な日本の食文化とする理由とは何か

そうした懐石は、日本を代表する食として捉えられるだろうか。その捉え方の第1は、懐石のコース仕立ての形式や所作、器の活かし方や素材の使い方が日本の代表的な食文化とする見方である。だが、それは懐石の特徴の一つではあるが、懐石の形式や素材の使い方は、元々は会席料理から受け継がれてきたものであり、所作は茶の湯に基づく。

続く代表的な見方としては、現在の日本の食の源泉や本質が懐石にあるという見方である。しかし、懐石は、茶事で供されるお茶のための料理であり、食や料理として捉えると傍流にある存在であり（熊倉、2002、p.17）、日本の食の源泉や本質である、とはいえない。また、懐石が歴史を通して築き上げた文化であるという見方は、茶の湯を捉えた見方である。懐石自体が他の食に比べて古い歴史を持つわけではない。

このように、懐石を日本を代表する食文化とする見方は、理由と実体が一致しない。それにもかかわらず、懐石が日本の食文化を代表すると捉えられるのはそれが日本文化のコンテクストを体現するというストーリーに納得性があるからである。それが茶の湯に日本文化の特異性を見いだし、そこに自己同一性（アイデンティティ）を仮託することで懐石を日本を代表する食文化とする。このように集団と自己との繋がりを示すストーリーとして機能するのが、茶の湯に基づく懐石だと捉えられる。

(3) 懐石はいつから普及したか

先にあげたように、懐石という言葉が資料上、最初に見られるのは、江戸の元禄期の史料「南方録」においてである。しかし、懐石という言葉は当時ほとんど使われず、一般化するのは明治期以降である。そのため、懐石自体が、明治時代

以降にできた言葉だと思われていた（熊倉、2002、p.19）。

　明治維新直後は廃仏毀釈を始めとし、古い日本を否定しようとする動きから茶の湯も排斥の対象だった。それが、次第に社会の混乱が落ち着くにしたがい、財界や政界の重鎮たちの間で、茶の湯がブームになる。

　その同じ時期に、福沢諭吉が「脱亜論」を発表する[5]。欧米列強に近づくためにアジアから脱却し、西洋の一員となることを唱えたこの論は、日本の自立を目指し、近代化を進展し、日本独自の文化の創出を説いている。

　脱亜と日本の伝統への回帰は、一見矛盾して見える。しかしむしろそれは同じコインの表と裏である。近代化を目指し、アジア地域における存在から脱し、西洋の一員になるという荒唐無稽とも言える主張には、たとえ入欧しても、自らの存在は変わらないという、日本人であることへの確固たる信頼が根底にある。

　こうした同一性を支えるものが、伝統や日本文化というストーリーである。このように、共同体が外部と衝突し、変化に直面するとき、過去の伝統が新しく持ち出される。開国から文明開化という時代の流れの中、茶の湯が広がったのは、自らを日本人だと確認するための行為であった[6]。

　このように懐石が日本の食文化の代表としてあげられるのは、茶の湯と同様に、日本文化の伝統というストーリーが支持されやすいからである。現在、懐石が日本の食文化として注目されるのも、明治期がそうであったように、グローバル化による大きな変化に向き合っているためと捉えられる。

　こうして、「日本らしさ」を表すものとして懐石は注目を集める。では、懐石も会席料理もともに KAISEKI と表現される現代において、そのブランド化のために必要なデザインは何か。次の節では、懐石のこれからのブランドデザインについて地域デザインのフレームワークを用いて考察する。

第3節　懐石のコンテクストデザインの方法

（1）茶の湯というコンステレーションデザイン

　地域ブランドデザインのための3要素として、コンステレーションとトポスとゾーンが挙げられる（例えば、浅野・原田・庄司、2014）（図表9-1）。

図表 9-1 ZCT モデル

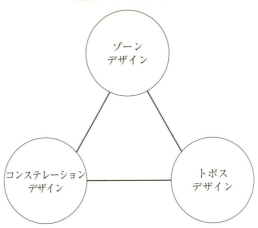

このフレームワークを懐石に適用し、それぞれのデザイン要素をコンステレーションとしての茶の湯、トポスとしての主客一如として捉える。ゾーンについては、KAISEKI としてグローバルへの展開を想定する。さらにアクターとしての象徴的存在を、千利休と捉える[7]。なぜなら、侘び茶の確立者にして近世最大のコンテクストデザイナーが千利休その人だからである。そこに懐石＝KAISEKI ブランド化のヒントがある。

　まず、懐石のコンステレーションデザインとして、懐石の背景にある、茶の湯を読み解く。懐石は言い方を変えると、"茶の湯の料理"であり、その点を見直すことが懐石のブランド化につながるからである。

　この現在の茶の湯のスタイルは、室町時代の僧侶、珠光が始め、戦乱の世においては堺の商人たちが嗜み、千利休が侘び茶として確固たるものにした。そのスタイルは美意識で貫かれている。侘び茶とは、言葉で伝えきれない心情を表し体感することである。それは、特に満ち足りた時が過ぎ去ったあとに遺る、やるせない余韻を表現し、味わうことである。

　茶の湯の料理としての懐石の革新性とは、こうしたメッセージ性や趣向を料理に取り込み、表現へと高めた点にある。それは料理による美意識の表現だといえる。その美意識は見た目の美しさや心地よさを示すものではない。自らの存在をかけた表現として相手を迎え、迎えられる側はそれに応えることにある[8]。

図表9-2　懐石ブランド

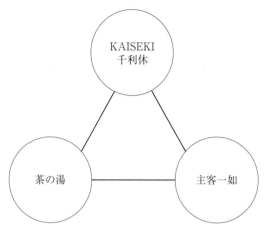

こうした茶の湯は、歴史の積み重ねにより意味づけされてきた。茶の湯は数寄者といわれる、茶道具に執心し、金に糸目をつけず収集する趣味人を生み出し、時代の権力との緊張感の中で[9]人の生死を左右してきた[10]。

どの国を見まわしても、お茶を飲むという行為が、人の生死を左右するほどの意味を持つ国はない[11]。それは、茶の湯が茶を飲むという行為を超えた、自己の存在をかけた美意識の表現という在り様によるからである。

こうした茶の湯の表現として、茶事では、客を招く主が、茶道具を単なるモノを超えたものに見立てる。そして、茶室という共有の場と所作を用いて、客に自らのコンセプトを表現し伝える。そこでは、目の前でお茶を点てるという行為自体が、演劇性を持ったある種の表現となる。

こうした表現において、茶の湯という非日常的な表現空間で供される懐石は、モノとしての食と捉えるより、コンテクストを中心に組み立てた表現であり、コトとしての食事と捉らえられる。懐石の役割は、茶の湯の茶事においてストーリーを創ることにある。器や調理方法、盛り付け方や所作まで、これら全てを統合し相手を迎え入れる空間と場を創造することが、茶の湯における懐石のコンテクストである。

懐石をブランドとしてデザインするには、茶の湯における表現性を捉え、抽象性や演技性をブランド創造につなげることが必要である。それは懐石のまさにモ

ノとしてではないコトとしての面に焦点をあてることである。

（2）主客一如というトポスデザイン

　懐石において最も重要なデザイン要素は、場としてのトポスである。茶事という場がなければ懐石は存在しない。茶事において懐石は意味を持つ。

　この茶事の場は、インスタレーションにたとえられる。インスタレーションとは現代美術における表現手法である。それは鑑賞者が作品をモノとして鑑賞するのではなく、体験者として作品づくりに参加し場所や空間自体を作品とする手法である。インスタレーションではその場所に在ることが、モノとしての存在を超えた新たな意味をもつ。ただし、その表現はその場所とともに成立する一時的なものである。その場以外のどこにも持ち出せず、再現することはできない。舞台と時と参加者が揃うことによって、初めて成立する空間芸術である。

　茶事の場とは、こうした一期一会の場である。主人と客と場所と時間により成立し、そこでしか存在し得ない。その場の時間は物理的な時間を超えた永遠の一瞬である。それは視覚、聴覚、触覚、味覚、嗅覚の五感を研ぎ澄まし、統合化する体験であり、活きた記憶として心に刻まれる。

　その場では、モノの意味が日常を超えた特別なモノへと価値転換する。それが見立てといわれるコンテクスト転換である。それはモノを他になぞらえ表現することである。主人は、相手を迎え、歓待するために、掛け軸、置物、生け花等を組み合わせ、見立てを行う。そこにあるのは飾られた単なる花や掛け軸ではない。主人が意図をこめ、選び、飾った存在であって、いわば、「主人の分身」である（千、2010、p.146）。それは象徴であって、客を迎える美意識の表現である。茶の湯が道具である茶碗に拘るのも、使い心地そのものでなく、器を通した美意識の表現という意味を持つからである。

　そこでは、モノとしての価値は意味を無くす。日常的な、その物自体の価格や、使い勝手の良さではなく、主人の美意識を表現するという一点で価値を持つ。千利休は茶事において、唐物と言われる中国大陸から伝わった高価な器と同等に、漁師が使う魚籠や自ら切り出した竹の花入れを茶席で使った[12]。それは、日常の用途から離れて、かたちの美しさ等の、異なる価値をコンテクストとして見いだしたからである。

このように、茶事においては、日常のコンテンツはコンテクスト転換により新たな価値を与えられ、その場の主人と客との関係の中でその価値を発揮する。それを趣向と言う。一期一会の場を主人は演出し、それを受けて客も協力し、一体となってその場を創り上げる。茶の湯の茶事が目指す姿は、主客一如や主客一体といわれる場である[13]。この主客の一体化は、主体と客体という二元論を弁証法的にではなく、場において転換し、円環として描く思想である[14]。このような茶事における主客一如というトポスが、懐石の独自性であり、革新性である。

懐石のデザインにおいては、こうした主客一如としての場をいかに創り得るかが、ブランド化へ向けた大きな着眼点となる。

（3）千利休というアクター

千利休という存在をひとことで言い表すなら、日本の歴史における、最大のコンテクストデザイナーだと言える。千利休は侘び茶の大成者にして、茶聖とも称される。現在まで、有名な逸話がいくつも残されている。たとえば、その一つとして次の逸話がある。利休の京都聚楽第の自宅の庭に、当時は珍しかった朝顔が何輪もの花を咲かせ、その姿が素晴らしいという評判になる。噂を聞きつけた豊臣秀吉が利休邸を朝訪ねる。ところが、目当ての花は一つもない。落胆した秀吉が茶室にはいると、床に一輪だけ朝顔が飾られている。その一瞬で当時の最大の権力者であった秀吉をうならせた。客を迎え、一輪の花を輝かせるために、他の花をすべて摘みとった利休のしつらえに、その研ぎ澄まされた美意識を見て取ったからである。

こうした逸話が事実かどうかの確証はないが、利休というアクターの存在には、それを事実と思わせる納得性がある。利休は、茶を飲むというそれだけの行為を侘びという美意識で意味づけし、主客一如という境地にまで場を高めたデザイナーである。また、当時の最高権力である豊臣秀吉と渡り合い、茶の湯を広めた安土桃山時代屈指のアジテーターでもあった（赤瀬川、1990）。こうした多面的な存在として利休は捉えられる[15]。

他方で、その複雑さ故に、利休は当時、強欲な詐欺師よばわりもされた。利休が価値を認めた茶器は、元々の価格を越えた値付けで取引され、そこから利休は莫大な利益を獲得したと言われる。しかし、この逸話はモノの価値とはコンテン

ツ自体になく、コンテクストに依存することを表している。また、それは純粋な価値は存在せず、関係性等のコトで価値が決まる、市場のメカニズムを示すと言える[16]。それは茶事における様々な趣向や様式が、コンテクストを形成する仕掛けであることと同じ意味を持つ。

このように、千利休とは茶人という存在を超えて、美を一期一会の場で表した表現者であり、従来の価値を転換し、新たな価値を生み出した、コンテクストデザイナーにして価値の革命者である、といえる。

その利休が、懐石に対して行った最大のコンテクストデザインは、それまで会席料理として酒宴の比重が大きく、遊興性が高かった茶事の食事を、侘びの美意識から、精神性を強調し、様式化した点である。利休が茶事の食事として理想としたのは、料理を極限まで簡素化し、抽象性を高めることにあった（原田、2010）。

このように、懐石のスタイルを茶の湯のコンテクストからデザインした千利休は、懐石のアクターとして象徴的な存在である。懐石とは、料理としての味覚を超えた体験であり、その場限りのコンテクストである。利休が行ったことは、こうした食の価値を味覚や美観からトータルな表現へと変えるコンテクスト転換であった。

（4） KAISEKI としての懐石のデザイン

これらの特徴から、懐石のブランド性を新たに高めていくためには、懐石が本来持っていた、茶の湯のコンテクストとしての総合芸術性に立ち戻るというデザイン戦略が導かれる。

元々、千利休がうち立てた、侘び茶とは、コンテクストを中心にした表現であり、新たな価値創造である。懐石においては、空間から装飾、食事における器から所作に至る全てが、見立てとしての抽象的で高度なデザインを形成する。懐石における細かな約束や決めごとは、こうした表現の型として発展した。型を身につけることは、場での身のこなし方等の洗練さを獲得する手段となる。そして相手を迎え入れ、もてなし、一瞬と永遠の狭間を共に過ごす。その交感により主客一如の場が生まれ、五感でお互いのメッセージを体感する。それは一期一会の場として、記憶に刻まれる。

このように、懐石とは料理のコンテンツとしてではなく、その場のコンテク

ストによって成立するコトとしての食事である。侘びの趣向を食に取り込んだ点が、懐石における革命性である。食におけるインスタレーションとしての空間と時間を創造することが懐石のブランドの根源である。

　この懐石のブランド性を高め展開するには、こうした懐石のコンテクスト性を活かすことにある。それはコンテンツとしての美食や装飾性をアピールすることではない。なぜなら懐石とは迎える側と迎えられる側の相互の関係から主客一如の場をつくる行為であり、それが懐石のスタイルデザインだからである。

おわりに　懐石という食文化を問う

　本章では、懐石をテーマに食文化のデザインを考察してきた。懐石は、他のどの料理にも似ていない。フランス料理やイタリア料理を議論するのと同じ視点では捉えられない。料理そのものの調理方法や、盛りつけ方、味の特徴をいくら書き並べても、懐石を捉えたことにならない。懐石で重要なのは、料理としてのコンテンツではなく、食事というコトとしてのコンテクストだからである。懐石のブランドデザインは、茶の湯に基づく、高度な表現芸術としてのコンテクスト性にあらためて着目することである。

　また、懐石が日本の食文化として注目を集める時は、社会が変化する時でもある。その時代は、共同体の外部との接触が増えて変化が不可避となり、同時に社会の連続性を確認する指向が高まる時代である。その時、人は自らが属する地域の同一性の根拠を示し、集団としての共通性を捉えようとする。こうした意識が、懐石を日本の食文化の伝統として位置づける。このように、文化や伝統の大きな役割とは、自己同一化のストーリーを描くことにある。明治期と現在はその点で共通し、懐石が現在注目される理由もそこにある。

　さて、本章は懐石におけるブランド展開の可能性を考察してきた。それは、懐石が元々持つ、茶の湯のコンテクストを活かし、主客が一体化する場を創造することにある。ただし、これは古き伝統の復権を目指すのではなく、総合芸術としてインスタレーションへ向かう表現として、主客の関係性であり、まさにコトとしての食のスタイルをデザインする試みである。それは、相手を迎え入れ、もてなし、そして一瞬の時間を共に過ごすことを目指している。それゆえ、

KAISEKIとはそうした高度なコミュニケーションのコンテクストとして捉えられる。そのコンテクストの根底にあるのは、利休が捉えたように、我々の生そのものが一瞬の光芒のように、やがて失われていく宿命にあるという感覚である。

注
1) 他にも「茶懐石」という言い方がある。本章では以降「懐石」に統一する。
2) 先付けとは最初に出てくる少量の料理のこと。懐石では飯・汁・向附・煮物・焼物までを一汁三菜という。これに箸洗・八寸・香物・湯斗を加えた、基本構成全体を指して一汁三菜ということもある。
3) 茶事は季節により、様々な所作が決められている。その時々に拠るが茶事自体はおおよそ3～4時間にわたり行われ、懐石はそのうちの一時間ほどで行われる。
4) 形式として異なるのは、飯の出るタイミングが違う点である。懐石では食事の最初に出てくる。会席料理では飯と汁物は最後に出される。会席料理は料理屋の宴会である以上、酒を楽しむという目的があるためである。
5) 福沢諭吉が無記名執筆した「脱亜論」が新聞掲載されたのは明治18年（1885）である。
6) 茶の湯に懐石に結び付けて普及させる土台をつくったのは、北大路魯山人と湯木貞一である。特に湯木貞一は、懐石を日本料理の本流に位置づけ、料亭「吉兆」を創業した。その最大の功績は、懐石を茶の湯の茶事から独立させたことである。そのことで懐石と会席料理は再び接近し、茶事に由来する形式を取り込みつつ、美食や酒宴の要素を持った懐石／会席料理として成立した。それが料亭で不特定の顧客を対象にサービスとして提供する料理とした（末廣、2010）。
7) アクターとは地域ブランドの担い手という意味である（原田・三浦、2011）。本論では具体的な担い手であることを超えた象徴として捉える。
8) 現在、私たちが捉える茶の湯は、茶道という言葉であり、作法や趣味としてのお茶である。こうしたお茶は、明治以降に生まれたものであり、学校茶道とした、女性中心の「作法茶」が広がったことがきっかけである。さらに第二次大戦以降に、茶道は礼儀作法と結びついて普及し、現在のイメージを決定づけた（千、2010）。
9) そうした権力との関係を代表する、歴史に残る最も有名な茶会が、安土桃山時代の天正15年、京都北野天満宮で開催された北野大茶湯である。この茶会は、豊臣秀吉が諸大名や公家、茶人たちを招いて開催した茶会である。一説には1,000人もの人を集めたと伝えられている。この茶会は、全国を統一し、関白にまで登りつめた、秀吉が自らの権勢を世に示すことが目的であった。
10) 秀吉に重宝され、最後は切腹を命じられた人物が、千利休である。千利休の直弟子であった古田織部も、師と同じく権力の命にしたがい、自害した。
11) 英国には、午後のお茶、中国には飲茶という習慣や儀式はあるが、表現や美や、相互の器

量を推し量る意味までを持たせたものではない。
12) ある時、朝鮮半島で作られた日常用の雑器を茶席で用いたという（千、2010）。
13) そうした茶事の主客の在り方を「賓主互換」「賓主歴然」という言葉で表す。賓たる顧客が主になり、迎える主人が賓になる。自他の区別が渾然一体化した状況だ（賓主互換）。同時に、賓と主が厳然として分かれている（賓主歴然）。だからこそ相手の立場を心得て、お互いをもてなす。元来、もてなすという言葉は一方通行の行為ではない。
14) 西洋思想では、見るもの、知るもの、意識としての主体と、見られるもの、知られるもの、物体としての客体を厳密に区別する。茶の湯においては、我である主体と、汝である客体が一体化しつつも、対立的でなく立場を異にし、共にもてなし合う場が茶事の場として存在する。また、それは西田幾多郎のうちたてた思想に通底する。そこには鈴木大拙からの禅の影響がある。この西田の思想における主観と客観の二元論ではない、一体化したものとしての純粋経験については『善の研究』で示されている。
15) 例えば、赤瀬川によれば（1990）、千利休は井戸のように底知れぬ沈黙を湛え、言葉での論理を超えた直観によって世界を感応し、それを茶の湯という行為として表現した、当時の前衛であり、芸術家だという。茶の湯という、つかみどころのないものを、美の領域まで高め、一期一会という、再現性不可能な場を生み出したという点で最大のコンテクストデザイナーというに相応しい。
16) この捉え方は実は非常に本質的であると同時に革命的である。主観によって価値が決まり、客観的な価値は存在しないとなれば、日頃の経済活動や、貨幣の価値が意味をなさなくなる。なお、利休が秀吉に切腹を命じられた理由ははっきりしておらず、様々な説がある。こうした、本質的な価値を捉えていたことを要因とする説もある（赤瀬川、1990）。

参考文献

赤瀬川原平（1990）『千利休　無言の前衛』岩波新書
浅野清彦・原田保・庄司真人（2014）「世界遺産の統合地域戦略デザイン」浅野清彦・原田保・庄司真人編著『世界遺産の地域価値創造戦略』芙蓉書房
江守奈比古（2014）『懐石料理とお茶の話　八代目八百善主人と語る』中公文庫
NHK「美の壷」取材班（2009）『懐石料理』NHK出版
神田裕行（2010）『日本料理の贅沢』講談社現代新書
熊倉功夫（2002）『日本料理文化史』人文書院
熊倉功夫（2007）『日本料理の歴史』吉川弘文館
末廣幸代（2010）『吉兆湯木貞一　料理の道』吉川弘文館
千宗屋（2010）『茶〜利休と今をつなぐ』新潮新書
高橋英一（2009）『懐石入門』柴田書店
西田幾多郎（1911）『善の研究』岩波文庫
原田保・三浦俊彦　編著（2010）『ブランドデザイン戦略』芙蓉書房

原田保・三浦俊彦（2011）「地域ブランドのデザインフレーム」原田保・三浦俊彦編著『地域ブランドのコンテクストデザイン』同文舘出版
原田保・宮本文宏（2014）「飛鳥・藤原宮」浅野清彦・原田保・庄司真人編著『世界遺産の地域価値創造戦略』芙蓉書房
原田信男（2010）『日本人はなにを食べてきたか』角川学芸出版
福沢諭吉（1885）『脱亜論』福沢諭吉著作集（2003）第8巻　慶応義塾出版社

第10章
宮廷料理のスタイルデザイン

庄司真人

はじめに

　世界に存在する料理の中でも代表格とされるのがフランス料理であり、世界三大料理の一つとしてもフランス料理は位置づけられる。世界三大料理には、諸説あるが中華料理、フランス料理、そしてトルコ料理があげられる。これらは宮廷料理として発展してきた。

　フランス料理は、この中でも特に重要な場面において提供されるものとして位置づけられることになる。例えば、結婚式において提供される料理の一つとしてフランス料理がある。リクルートのブライダル総研による調査によれば、婚礼料理として最も多く選ばれるのが、フランス料理である、になっている。この調査によればフランス料理が55％と最も高く折衷料理が続いている[1]。人生における晴れの舞台である結婚式において提供される料理としてはフランス料理が提供されることになる。多くの結婚式がホテルやレストランで行われていることからフランス料理が多くなっていると考えられる。近年では、和洋の折衷料理も見られる。しかしながら、これらは基本的にコース料理として提供されるものであり、コンテンツとしての料理ではなくコースとしてのコンテクストが提供されているという同様のスタイルを提示している、と考えることもできる。

　本章では、宮廷料理としてのフランス料理を取り上げ、そのコンテクスト性について検討が行われる。

第1節　スタイルとしての宮廷料理

（1）宮廷料理としてのフランス料理

　本章で取り上げるフランス料理は、フランス王国の宮廷料理として成立している料理、及び献立のことを指している。本来、ヨーロッパにおいてフランスだけが確立した料理方法を持っていたわけではない。このフランス料理は16世紀にイタリアからもたらされた料理を起源としている。フランス料理はフランスを起源とするのではなく、イタリアを起源とすることは興味深い。しかし、これは現在のフランス料理とイタリア料理の関係とはまったく異なっている。イタリア料理が庶民的とされるのに対して、フランス料理は作法が厳格に定められる。

　フランス料理はソースの体系、厳格な作法そしてコースによる提供という特徴がある。それぞれを見ていこう。

　フランス料理を分類する一つの基準としてソースがあげられる。日本料理が素材のうまみを引き出すということに力が注がれているのに対して、フランス料理は食材をどんなソースで食べようとするのかに力点が置かれている。そのため、ソースの歴史がフランス料理の歴史である、と言われている。

　特に、古典的なフランス料理においては、ソースによってフランス料理が分類される。すなわち、「古典的」フランス料理では、ソースはフランス料理の特性を主に定義するものであった。

　ソースは19世紀において、4つに分類されている。それは、アントナン・カレームによるものであり、基本ソースによって分類される。

- ソース・アルマンド（卵黄とレモン汁少量）
- ソース・ベシャメル（小麦粉と牛乳）
- ソース・エスパニョール（焼いた骨を含むブイヨン（牛肉など））
- ソース・ヴルーテ（鳥、魚、子牛肉などの、焼いた骨を含まないブイヨン）

　また、20世紀にはオーギュスト・エスコフィエが分類を新たに提示した。これは5つに分けられている。

- ベシャメル
- エスパニョール

・オランデーズ
・トマトソース
・ヴルーテ

　フランス料理におけるソースのほとんどは、この基本ソースから派生したものであるとされる。そのため、この分類は、現在のフランス料理でも教えられる基本となっている[2]。ソースによって決定されるというフランス料理は、食材というコンテンツをソースによって多様性を増す装置として位置づけることができるようになる。

(2) スタイルとしてのマナー

　第2は、豊富な用具と厳格な作法である。フランス料理は一般にマナーに厳しいといわれている。結婚式の披露宴のテーブルで複数並べられたフォークやナイフを見て、どれから使えばよいのかわからないことは、実際によく見られる光景かもしれない。和食においては一つの箸を使うという文化があるため、道具を複数使うということには文化的な隔たりが存在する。披露宴で見られる和洋折衷が好まれる理由として「箸」が使えるとあげられることが多いようであるが、これもコンテクスト論から考えていくと料理というコンテンツではなく、道具の使用や食べ方といったコンテクストが重要であるということになっていく。

　和食との比較において言えば、スープの食し方が異なることも、作法の違いがある。これは料理に対する考え方が違うことを示している。和食においては汁物として味噌汁を捉えるのに対して、フランス料理では、食べる物としてスープが存在する。そのため、スープを飲もうとして発生してしまう音は食べるものとして扱っていないことを示すことになる。

　和食においても食べ方に作法があるように、これは食文化として完成されているフランス料理においても細かく規定されていることになる。厳格な作法に則ったオートキュイジーヌと呼ばれる料理が狭義のフランス料理として規定されているように、作法がフランス料理の構成要素で必要不可欠になる[3]。

　作法としてのフランス料理では、以下があげられる。

・ナプキンは全員が着席し、主賓が手にしてから他の人も取る。途中で中座するときはナプキンを椅子の上に置く。

・ナイフやフォークなどは外側から順に使う
・皿へナイフ・フォークを置く場合は、八の字の形にする。
・食べ終わったら、ナイフは刃を内側にして、フォークと共に先を上にして皿に並べておく。

　現代のフランス料理はコースと呼ばれる順番に料理が提供されるようになっている。コース料理にするということで一連のストーリーが形成されることになる。つまり図表10-1に示したように作法やコースとして提供するコンテクストとしてフランス料理が成り立つのである。基本となるのは、時間を楽しむということになろう。予め準備しているオードブルもしくは前菜が最初に出される[4]。そして、スープが出される。スープは前述したように、食べ物として出されることになる。

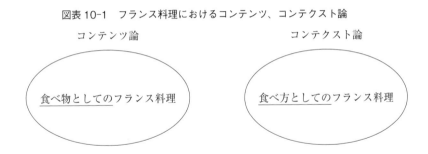

図表10-1　フランス料理におけるコンテンツ、コンテクスト論

コンテンツ論　　　　　　　　　　　コンテクスト論

食べ物としてのフランス料理　　　　食べ方としてのフランス料理

　そして、ポワゾントと呼ばれる魚料理になる。肉料理も出されることがある。複数種類の肉が出されるときは、同じ肉の種類にならないように料理が作られることになる。ときにはサラダが出されることもある。また、口直しとしてソルベが提供されることもある。
　フランス料理では、このような何種類もの料理を、時間をかけて提供されることになる。これは2時間ほどの時間をかけて楽しむものであり、それゆえまさに披露宴のような場面でフランス料理が好まれるわけである。
　順番が重視されるのがフランス料理であり、また味の濃さや暖かさは料理に適したものが提供されている。最初はあっさりしたものから出され、味が濃いものへと変わっていくことになる。

第 10 章　宮廷料理のスタイルデザイン　*187*

第 2 節　宮廷料理に関する歴史的・地理的考察

（1）ヨーロッパの歴史的背景

　現在のヨーロッパは EU という 1 つの経済圏の中にあり、他国の経済状況が別の国に影響を与えていることはよく知られている。2009 年からのギリシャ危機はユーロ圏の 3％に満たない経済規模であるギリシャが、ヨーロッパからの支援を必要とした。ユーロという 1 つの通貨によって結ばれたヨーロッパ各国が、ギリシャの信用不安から債務不安が発生してしまったものである。

　このような経済危機だけでなく、ヨーロッパは歴史的に見て、多くの交流があった。本節で取り上げる宮廷料理の発展は、ヨーロッパという、各国が密接に関係しているという地理的要因が大きく関係している。宮廷料理の発展は、フランスから発生したのではなく、イタリアからフランスに作法や用具などがもたらされる中で発生し、これが各国に波及することによって発展したものである。そこで、本節では、宮廷料理の発展に関する地理的・歴史的要因について考察を行ってみる。

　中世におけるフランスは、今のような形式ではなかった。食材を大皿に乗せるということ、フォークやナイフを使うのではなく、手づかみで食事するとうことなど、今のフランス料理とはまったく異なる作法であった。フランス料理が洗練されるようになったのは、実はルネッサンス期といわれている。

　フランス王アンリ 2 世（Henri II de France）はイタリア出身のカトリーヌ・ド・メディシス（Catherine de Médicis）と結婚した。王妃は、富豪のメディチ家出身で、フランス料理を発展させたといわれており、フランス王室に輿入れする際にフォークを持ち込んだといわれている。そして、王妃お抱えの料理人とともに、フランス料理の発展に影響を与えたとされている[5]。

　この料理は、フランスだけにとどまらなかった。フランス国外に飛び出し、ロシアやドイツなどのヨーロッパ各国へと広がっていった。ロシア料理はフランス人コックによって発展したこともあり、フランス料理の考え方がロシアに導入されることになる。

(2) フランス料理の発展

　さらに、フランス革命はフランス料理の大衆への普及を促進した。革命以降、料理人たちはその職を失うことになる。そこで、街角でレストランを開くようになる。

　こうして、フランス料理は、フランス王国の公式な場面において用いられることになる。それは、外交としてフランス流の作法が各国で利用されることと同調することになる。そのため、ヨーロッパ各国はフランス料理を基本としたコックを雇うことになる。この流れは現在でも変わらないことになり、フランス料理は世界的に広がることになる。

第3節　宮廷料理に関する文化論

　宮廷料理の価値が向上しているのは、そのための価値発現装置が有機的に連携していると考えることができる。その装置として権威付けのメカニズム、提供の方法、そしてアクターによる価値共創がある。

(1) 権威付け

　フランス料理は権威付けを利用することによって価値を向上させている。そのメカニズムとして、美食家が位置づけられる。美食家の一人としてあげられるのが、グリモ・ドゥ・ラ・レニエールである（北山、2008）。

　美食家たちによって構築されたのがガストロノミー（美食学）である。ガストロノミーとは、「美的態度の一形態。それには訓練が必要とされる。五感、中でも当然ながら、味覚の恒常的集中的訓練によって始めて獲得される」（Pitte, 1991）ものである。料理を中心とした文化的なコンテクストを展開することが、ガストロノミーの中心となる。

　これに関して代表的な著作として、ジャン・アンテルム・ブリア＝サヴァランによる『美味礼讃』があげられる（Brillat, 1967）[6]。ブリア＝サヴァランは、フランスの法律家、政治家であったが、この書籍は味覚の生理学と名付けられているように、学問的な視点を重視しているものである。彼は、味覚、食欲、美食学を定義しつつ、多くの食べ物について議論をしている。味覚と食べ物の関係が考

察されているものであり、学問としての美食を取り上げた書籍である。

　ガストロノミー、もしくは美食学として単なる食欲でもないし、食事だけを取り上げたことは結果としてフランス料理の価値を向上させる権威付けの役割を果たしたと考えられる。

　もう一つはガイドブックである。美食の延長戦として考えられるものとして料理への評価がある。これをランク分けによって行ったのがガイドブックである。

　その代表格としてあげられるのが、ミシュランガイドであろう（詳細は第19章参照）。フランスのタイヤメーカーであるミシュラン社によるガイドブックであり、各種ガイドが発売されているが最も有名なのがレストランのガイドブックである。タイヤメーカーとガイドブックの関係については様々な書籍において述べられており、本書においても第2章及び第19章で検討しているが、ここでも簡単に確認しておくことにする。

　ミシュラン社はタイヤメーカーとして世界シェアが高い企業である。フランスに本社がある多国籍企業である。モータリゼーションへの対応として、自動車旅行者に対して情報を手依拠するために作成したのがミシュランガイドの始まりとされている。1900年に3万5千部を無料で配布したとされている。レストランガイドだけではなく、観光ガイドも発行している。ヨーロッパの地図やガイドを発行しているが、近年ではヨーロッパだけではなく、ニューヨーク版や東京版なども出版されている。

　1930年代になると、とミシュランガイドを特徴づける星での格付けが行われるようになる。格付けは、独自の調査による料理や快適性、施設や予算によって4段階に分けられる。ミシュランガイドで付けられた星は、それぞれ意味があるものとされている。一つ星である場合、その分野で特に美味しい料理として、二つ星の場合、極めて美味であり遠回りをしてでも訪れる価値がある料理として、三つ星の場合は、それを味わうために旅行する価値がある卓越した料理として格付けされることになる。星が付くことによって、当該レストランに大きな影響があると指摘されているように、ミシュランガイドの評価のインパクトはきわめて大きい。

（2）提供の方法

　コンテクストを重視したものがフランス料理の特徴である。料理も重要性もさることながら、料理の提供方法がフランス料理を特徴付けるものとなっている[7]。第6章のファストシステムにおいてマクドナルドが早い、安いというビジネスモデルを提供していると述べたが、フランス料理はゆったりとした長い時間において、食事と会話を楽しむ、あるいは正式に人々との交流を楽しむということになる[8]。

　この提供方法がフランス料理に提供を与えていることを傍証するために、以下に「俺のフレンチ」を取り上げてみよう。立食によってフランス料理を提供する同社は、宮廷料理のフランス料理とは正反対に位置づけられる。

　近年、日本において「俺のフレンチ」といわれる立食形式でフランス料理を提供するものが注目を集めている。ブックオフコーポレーションの設立者が2009年に設立された同社は、フランス料理を低価格で手軽に食べられるということで人気を集めている。低価格にする工夫として回転率の向上がある。フランス料理は原料も高く、また「俺のフレンチ」では一流のシェフを雇っている。しかし、同社は、立食にすること、そしてコースとせずに単品によって提供している。立食は、長時間いるということが難しい。そこで顧客が開店をすることによって一日3回程度の回転が実現されるとしている。

　他方、宮廷料理としてのフランス料理は、コース料理として料理を順番通りに提供することと、これを長時間かけて行うことが特徴としてあげられることになる。たとえば、フランス料理においては、給仕と話をしたり、ワインについて会話をしたりするということが行われる。欧米のレストランにおいてはテーブルごとに担当の給仕がいるのが一般的である。日本のファミリーレストランに見られるような誰に注文してもよいというシステムではない。ワインについてアドバイスをもらったり、あるいは料理についてリクエストをしたりできることによって給仕とのコミュニケーションも宮廷料理としてのフランス料理を構成することになる。

（3）アクターによる価値創造

　マナーを守る人によってのみ価値を生み出すことができるという作法がフランス料理の価値発現にとって重要な要素となる。これはサービスの価値共創が両者の中で行われている、と考えられる。ここでサービスの価値共創とは、売り手が価値を生産し、買い手が価値を消費し、破壊するという伝統的な現代経済におけるモデルではなく、売り手のスキルやナレッジが適用されたグッズ（これは有形、無形を問わない）に対して、買い手もスキルとナレッジを適用することによって価値が生み出されるものであり、このスキルやナレッジの適用こそがサービスと定義される（Lusch and Vargo, 2006）。

　フランス料理は、料理が顧客に提供されて終わるというものではない。一定のマナーを守る、食文化を重視する顧客によって完成されている。そのため、顧客はフランス料理に対して、自らのナレッジやスキルを適用しなければならないし、それを備えることがフランス料理をたしなむために必要となる。

　これまでに権威付け、価値提供の方法、アクターによるサービス価値共創について検討してきた。宮廷料理としてのフランス料理は、提供する料理はコンテンツなのであり、提供する方法によってその価値が高められるというコンテクストの役割を担っている。もちろん、料理としての質の高さは必要不可欠である。しかし、食文化としての宮廷料理は、コンテクストによって構築されているとするのが、本章の主張である。

おわりに

　本章では、宮廷料理としてのフランス料理についてそのコンテクストとしての特徴を取り上げた。フランス料理は、元々はフランス王国において提供されたものである。イタリアからフランスにもたらされたものが基本となっている。現在では、フランス料理が高級なものであり、イタリア料理が大衆的と正反対の位置づけになっていることからは、まったく異なる。これは料理としての完成度もさることながら、文化として料理の完成度の価値を高めたと考えることができる。

　フランス料理はコース料理、ソースの体系、厳格な作法から特徴付けることができる。素材の味を引き出そうとする和食と比べるとフランス料理はソースに

よって豊富な味をつけることになる。ソースは、料理人によって受け継がれる重要な味の要素となる。そのため、フランス料理においては料理人というコンテクストが料理の質を決定づける要素となる。

さらに、フランス料理は、ガストロノミーもしくは美食学といわれるような、料理だけではなく、料理を楽しむための体系が作られているところも文化としての食の価値の高さとなる。料理は誰でも楽しめるのではなく、一定のスキルやナレッジをもつアクターによって価値が実現できることにもなる。

注
1) ブライダル総研「ゼクシィ結婚トレンド調査」
 http://bridal-souken.net/data/trend2013/XY_MT_13_report_06shutoken.pdf
 （アクセス日　2013/12/29 アクセス）。
2) ソースはフランス料理のシェフやコックにとって最も重要な要素となる。これはフランス料理においてソースの味こそが、フランス料理の味を決定するものであるということを示している。何年も守り続ける味がソースの味となる。
3) ただし、フランス料理がこのようなオートキュイジーヌにすべて限定されるというわけではない。フランスには大衆料理も存在し、このような料理も講義のフランス料理として位置づけることができる。本章では、狭義のフランス料理としての宮廷料理を取り上げていることを触れておく。
4) オードブルが基本的に最初に提供される料理となるが、本格的なフランス料理の場合、アミューズ・ブッシュとして小さな前菜が提供されることもある。
5) カトリーヌ・ド・メディシスは料理だけではなく、政治にも大きな影響を与えた人物でもある。詳しくは、永井（2003）以下を参照されたい。
6) この書籍は19世紀（1825年）に出版されている。
7) ここでは議論しないが、フランス料理においては、食器も重要となる。中華料理は一部食器を重視するが、汎用可能な食器（取り皿）があるのに対して、フランス料理では、芸術品としてのフランス料理を彩る食器が重要となる。
8) 我が国における学会の研究大会と欧米の学会は、同じ研究発表の場として存在するが、そのコンテクストが異なることは指摘しておく必要がある。研究交流の場としてディナーが存在し、テーブルに着席したディナーが提供される欧米の学会であるのに対して、日本の学会は、立食という手軽な交流の場を提供することになる。同じコンテンツを提供しながら、コンテクストが異なるために、参加者の関与が異なることにも関係するかもしれない。

参考文献

Brillat, S.（1967）, Physiologie du goût: P. Waleffe（戸部松実訳 関根秀雄（2005）『美味礼讃』（上・下）岩波書店）

Lusch, R. and S. Vargo（2006）, "Service-dominant logic as a foundation for a general theory," R. Lusch and S. Vargo, eds., *The service-dominant logic of marketing: Dialog, debate, and directions*: M.E. Sharpe

Pitte, J.（1991）, *Gastronomie française: histoire et géographie d'une passion*: Fayard（千石玲子訳（1996. 1）『美食のフランス：歴史と風土』白水社）

北山晴一（2008）『フランス』農山漁村文化協会

永井路子（2003）『歴史をさわがせた女たち（外国編）』文藝春秋

第4部

具体編Ⅲ　ヘルシーフードに見るスタイルデザイン

第11章

薬膳料理のスタイルデザイン

吉澤靖博

はじめに

　今まさに、本考察をすすめようとしているこの時期に、環太平洋戦略的経済連携協定[1]（Trans-Pacific Strategic Economic Partnership Agreement：略称 TPP）交渉が佳境を迎えようとしている。加盟国間におけるすべての貿易関税撤廃を志向する包括的な自由貿易協定の締結交渉は、今や、後発参加であるはずのアメリカ企業連合がアジア市場獲得するための草刈り場的様相を呈しはじめている。

　もちろん、農業分野も例外ではない。TPPの行く末を予見するのが本章の主題ではないが、我々人類にとって普遍のテーマである健康と食とが表裏一体の関係である以上、その健康と食の根底を支える農業の未来を見据えることは非常に重要な視点である。

　そもそも、健康と食には自然科学的側面と社会科学的側面が存在する。自然科学的側面とは医学、薬学、栄養学的側面であり、社会科学的側面とは文化、経済、政治、社会、宗教的側面であるという二面性を的確に捉えなければならない（難波、1999）。

　さらに、社会科学的側面においても健康と食の問題を政治的・経済的側面からのみ捉えていては、多国間における協調的解決策を見いだすことは不可能である。なぜなら、長い年月を経て形成された文化性、社会性および宗教性という複雑性を排除してしまっては、地域そのものの否定につながってしまうからである。

第 11 章　薬膳料理のスタイルデザイン　*197*

　グローバリズムが進行する時代においては、国民国家を取り巻く環境の中で様々な葛藤が生じる。競争至上なのか共同体の構築なのか、消費なのか生産なのか、個人なのか家族や中間共同体をつくるのかなど、原理の二元的対立が社会システムの様々なレベルで発生しているのである。

　平川（2012）は、「すべての問題は難しい」と前提を置いた上で、その難しさが問題の中に横たわっていると理解しなければ本質には届かないと主張している。いわば、二項対立が物事を極端に単純化して考える一つの方法として捉えている。いろいろなパラメーターを削ぎ落とし、大元の骨格だけを取り出し、そこから全体像を捉え、本質を見抜こうとする姿勢を縮減モデルと称している（2012, pp.104-113）。国際的な問題のすべてを縮減モデル的に二項対立の構図としてのみ捉えるだけでは、問題を本質から解決する糸口は見えてはこない。

　同様に内田 他（2013）は、「国民国家のもろもろの障壁（国境線、通貨、言語、食文化、生活習慣などなど）が融解し、商品、資本、人間、情報があらゆるボーダーを通り越す」ことで世界が急速にフラット化している事実に対して危機感を示している（内田他、2013、p.4）。TPPのような課題に象徴されるように、経済のグローバル化によって、世界がフラット化し単一市場になり、言語が統一され、度量衡が統一され、価値観が統一されていく状況から、脱グローバル時代へ向けて一歩抜け出すためには、人類が文化を形成する過程において重要な要素を成してきた食文化の融解を決してひきおこしてはならないのである。換言すれば、世界または日本各地域固有の食文化の底流を理解し尊重してこそ、コンテクストとしての地域、文化としての食事、価値発現装置としての調理機能を融合した「コンテクスト転換＝編集」が可能となる。

　本章では、「薬膳料理」をテーマに据え、第 1 部総括編で提示した方法論、特に「第 1 部第 3 章　食文化価値の創造に向けたコンテクスト転換」の論理を軸に考察を展開する。

　具体的には、第 1 に「食文化のコンテクスト構造＝調理と食事空間の共振と共進」のコンセプトに則して、薬膳の食文化価値を俯瞰することで、どのようにして生活様式へと昇華していったのかを詳述する。第 2 に「コンテクストのコスモポリタニズム＝アンサンブルと適合」のコンセプトに則して、中国における薬膳の起源を紐解き、日本への伝来によってどのようにして新たな編集能力を獲得す

るに至ったのかに焦点をあてる。第3に「食文化のグローバル性とローカル性＝対抗関係からの止揚」のコンセプトに即して、薬膳料理というフィルターを通じた21世紀型脱グローバル文化へのつながりを紡ぎ出す。

第1節　薬膳料理に見る食文化のコンテクスト構造

（1）薬膳料理の食文化価値

　東洋における食文化には「薬食同源」という思想、いわば、薬物と食物はその源が一つであるという考え方が根底を成している。戦後の日本では「医食同源」という言葉に生まれ変わったが、薬は日常の食材の中から経験的に病気に対する効果があるものとして分かれてきたもので、その源は同じであるという中国古来の考え方に起因している（藍 他、2002、p.47）。人類にとって普遍のテーマである健康をつかさどるための食物とは、健康維持だけでなく、健康を増進させるものでなければならない。そのことを次に掲げる中国の故事成語は的確に表現している。

　　「国以民為本、人以食為養」
　　　国づくりの基本は国民にある。人づくりの基本は食で養うことにある。「教育」すなわち教え育むことは、正しい心を育成することで、知識をつめこむことではない。「養育」すなわち養い育むことは、健全な身体を育成することである。これらのことばの合成語である「教養」ある人とは、正しい食生活をして、精神的、肉体的に健全である人のことといえよう（難波、1999、p.90）。

　この金言は、地球上の生命体の中で人類のみが形成し得る食文化の根本的思想を的確に表現しているのみならず、本書の主題である食文化を地域デザインの視覚から捉えなおす意味でも、とても重要な示唆を与えている。換言すれば、食文化を形成する過程において国＝地域そのものが価値発現装置であるという主張を裏づけている、といえる。
　では、食文化がもつ価値とは具体的には何を指し示しているであろうか。理論編において、食文化の価値とは食材にコンテクストとしての調理を加えたものに、さらにコンテクストとしての食事空間を掛け合わせたものであると定義した。

食の文化価値 =（コンテンツとしての食材＋コンテクストとしての調理）
　　　　　　×コンテクストとしての食事空間

　まずは、薬膳料理におけるコンテンツとしての食材に着目すると、栄養価値と薬理価値の2つの価値が挙げられる。1つめの栄養価値について概説するならば、地球上の生物は外部から栄養を何らかの物質として摂取し、新陳代謝を営むことで生命を維持している。食物の中には、生体の発育、保全、生殖、その他諸々の機能に関する成分が含まれており、これを栄養素という。これらの成分は、糖質（炭水化物）、資質（脂肪）、たんぱく質、ビタミン、無機質（無機塩類）の五大栄養素に大別される。

　2つめの薬理価値とは、食物を栄養学的な視点以外から捉え、漢方理論と本草学[2]的薬効論にもとづいて普通の食物素材を組み合わせることで、日常の体質改善や治病に役立てることを意味する。例えば、アズキは新薬にも匹敵する利尿作用をもち、化膿を治す作用もある。また、ショウガは身体を温め発汗して風邪を治すとともに、吐き気止めの妙薬でもある。

　このように、薬膳料理をコンテンツとしての食材としてみた場合、栄養価値と薬理価値の両側面から捉えることが肝要である。成分中心の栄養学とともに、約二千年にわたって時代ごとに積み上げられ培われてきた精緻な経験的食物学でもある本草学をベースとした漢方理論の側面からもアプローチすることが、コンテンツとしての食材の本質的価値を導き出すこととなる。

（2）薬膳の3段階コンテクスト

　薬膳における食材の本質的価値が見いだされたところで、さらに食文化価値の形成要素を調理や食事空間というコンテクストの側面から考察を進める。

　薬膳は、広義には漢方理論や本草学的薬効論にもとづき、日々の健康や病気の予防・治療、疲労回復などを目的に、日常の食事に取り入れること意味している。加えて、針灸・按摩・気功などの治療の補助的役割も有している。これら多岐にわたる役割を狭義に捉えなおすならば、食養、食療、薬膳の3段階に分類することができる。

　食養とは、いわゆる食養生に相当し、日常の食材や食事の仕方によって、体

質を補正し、病気の予防を目的とした健康を維持するための料理といえる。薬物と食物はその根源が一つであるという思想は、中国医学（漢方医学）やインドの伝統医療であるアーユル・ヴェーダ医学に根本思想にみられるように、病気を治すということよりも病気にならないための食養を重視する東洋思想の形成に深く関与している。古代中国王朝である周王朝の時代には、医師を食医、疾医（内科医）、瘍医（外科医）、獣医に分け、未病を治す食医が最も重用されていた。いわば、次に挙げる食療よりも、日常の食生活に留意することで予防を重視する食文化が数千年前から形成されていたこととなる。

次に食療とは、食物の薬効を利用して病気や症状を治療し、緩和することが目的である。誰もが簡単に作れるというわけではなく、漢方治療と同様に個人の証（体質・症状）によって薬膳を選択することで治療を必要とする対象者オリジナルの料理となる。調理方法は、薬効を最大限活用することができる食材の組み合わせを考慮することが、その味覚よりも優先される。例えば、前項でアズキは強力な利尿作用があることを示したが、代表的な甘味食品である善哉（ゼンザイ）は、アク抜きで捨てられる最初の煮汁にこそ薬効成分が含まれている。加えて、中に入れるもちの原料であるもち米は排尿抑制作用があるため、アズキが持つ利尿作用と拮抗することとなる。

さて、食養と食療という重要なコンテクストを捉えた上で薬膳を俯瞰すれば、不老不死に代表される健康に対する人類のあくなき願望から生まれた中国を起点とする食文化であることが理解できる。強壮、強精、老化の予防、さらには病気の予防や治療を目的として、中国医薬学理論にもとづき漢薬やその他、薬用価値のある何種類かの食物を配合して調理した色、香り、味、形の完成された料理が薬膳料理ということができる（難波、1999、p.90）。

以上、3段階のコンテクストを踏まえた上で、「食餌から文化としての食事」いわば、食べることの本能的領域の概念から文化的領域の概念へのコンテクスト転換という視点から薬膳料理を捉えるならば、食の産業化や食の外部化による食文化の喪失という課題に対して、解決の大きな方向性を示す可能性を秘めている。

（3）薬膳料理における「所」と「場」の共振と共進

　調理という行為のコンテクストと食事空間という場所のコンテクストがセットとしての概念であり歴史的にも密接不可分の関係であるという前提に立てば、薬食同源という中国古来の思想にもとづき伝承発展してきた薬膳文化と、その文化の影響を色濃く受けながらも、伝統的日本料理と融合させることで本膳料理や懐石料理、会席料理という日本独自の食文化へと進化させてきた歴史的な背景自体が、そもそも、薬膳を通じた両国食文化の共振と共進の関係であるといえる。

　薬膳の起源については次節において詳述するが、中国における薬膳本草発展史が漢方医薬発展史と密接不可分な関係にあることは、薬膳という言葉が前出の食療、食養に加え、食治、食補という言葉の総体として使われてきた事実からも明白である。唐代に編纂された『黄帝内経・太素』には「五穀、五畜、五菓、五菜、これを用いて飢に充つ時はこれを食といい、よってその病気を療する時はこれを薬という」の一節があり、「上工は未病を治す」という予防医学の思想と相俟って、東洋的統合思想の特徴が薬膳の底流を形成しているのである。鈴木大拙が言うところの「わかったような、わからぬものを二つに分かれぬさきから考える東洋的な見方」こそが、薬膳料理における「調理＝所と食事空間＝場」の共振・共進を促進するコンテクスト転換装置であるといえる。

　日本における薬膳も中国の影響を受けながら、その形態をすべて踏襲してきたわけではない。米を中心とした様々な農産物や、四方を海に囲まれた環境に由来する海産物など、四季折々の豊かな食物資源に恵まれたことが、日本のおけるコンテンツとして食材の最大の特徴であろう。さらに、醤油・味噌など日本固有の発酵調味料を用い素材の特徴を最大限生かすことで、コンテクストとしての調理に日本食文化の独自性が加わることになる。

　日本独自の食文化形成の背景をもちながら、本膳料理や懐石料理など伝統的日本料理の形式が徐々に形作られていくわけだが、その過程において、遣唐使の往来や仏教の伝来などにより異文化を巧みに吸収しながら、日本における薬膳料理を進化させてきたのである。薬膳が日本人の生活習慣に定着している事実は、古来より行われてきた伝統行事に薬膳的習慣が根づいていることからも理解できる。

　例えば、正月（1月）だけを取り上げても、お節料理[3]、お屠蘇[4]、七草[5]な

ど、薬膳思想が大きく影響していると推察される習慣が現代においても踏襲され続けている。お節料理は、古くは、ごぼう、芋、人参、こんにゃく、大根、焼き豆腐、昆布巻きなどの精進物を主とした煮しめであったことからも、十分に身体を休め、体力をつけるためにご馳走を食すという薬膳思想が根本にある。現代では、新年を祝う心を表わす祝い肴（田作り、黒豆、数の子）や口取り（日の出かまぼこ、きんとん、伊達巻）に焼き物、酢の物が加わり、色彩や器などの芸術的な側面も楽しむ日本的食文化へと進化している。そのお節料理に欠かせないお屠蘇も、1年中の邪気を払って延命長寿を願う中国の風習が伝わってきたのが起源とされる。七草も、早春に摘んで刻み、餅とともに粥（七草粥）に炊いて食べると万病を防ぐといわれ、古くは10世紀頃から朝廷で儀式化され、それが民間でも現在まで伝承されてきているのである。

　このように、中国と日本それぞれに土着した食文化に薬膳料理というコンテクストが作用することで、双方の文化が融合し、風習や習慣として定着しながら、食文化における新たな価値創造を共振・共進させてきたといえる。

第2節　薬膳料理におけるコスモポリタニズム

（1）薬膳料理の起源

　第3章第2節「コンテクストのコスモポリタニズム＝アンサンブルと適合」で、フランス料理が市民的公共空間における独自の食文化という、エリート階層に占めるコスモポリタニズム（cosmopolitanism）を築いたことはすでに示したとおりである。さらに、ピルチャーの主張を取り上げ、世界三大料理を形成する中国料理とイタリア料理が世界的に普及した要因として、主に両国からアメリカへの移民（労働者階級）によるコスモポリタニズムの形成に依拠するところが大きいと位置付けた（Pilcher, 2006）。

　フランス料理が革命による一連のブルジョワジー階層による文化的覇権の確立が大きく関与しながらコスモポリタニズムを形成してきた過程に比べ、中国料理におけるコスモポリタニズムは、中華思想[6]を背景に独自文化を形成し、殷、周、春秋、戦国時代を通じ膨大な経験と知識の集積のもと、漢代になって医薬学の集大成ともいえる『神農本草経』を完成させた過程と密接に連動していると考

える。

　薬膳とは、薬と食とを以って善く（うまく）すると膳になったという近代の言葉であり、漢方理論の下に生薬と食物を組み合わせ調理することで食療、食養、食治、食補の役割を果たす栄養食の総称と解すのが妥当である。薬膳という言葉が一般的に活用されるようになったきっかけは、1980年10月、中国成都・同仁堂滋補薬店傘下の「同仁堂薬膳餐庁」が薬膳レストラン第1号店をオープンしたことに由来するとされる。以降、1984年に薬膳学の専門書として『大衆薬膳』が出版されたことで一般的な用語として広く活用されることとなった（大石・西島、2012、p.218）。

　繰り返しになるが、薬膳とは薬膳本草と漢方医薬とが長い歴史を経ながら共振・共進することで形成された医食同源・薬食同源という中国独自の食文化の一領域である。戦国時代から前漢にかけて編纂された『素問（そもん）』をはじめ、後漢の『神農本草経（しんのうほんぞうきょう）』『傷寒雑病論（しょうかんざつびょうろん）』、唐の『備急千金要方（びきゅうせんきんようほう）』、明の『本草綱目（ほんぞうこうもく）』など、様々な時代背景の中で生み出された漢方理論体系の発展とともに、食習慣として日常生活に深く浸透してきた。

（2）陰陽五行説にもとづいたアンサンブルの形成

　フランス料理が過度なまでにフォーム（形態）を重視し、強引にコンテクストをフォームに適合させようとしたことで教条的なスタンスを形成したのに対して、中国料理とりわけ薬膳料理は、漢方の発生以来、二千有余年にわたる経験と実績の積み上げに依拠して食養、食療というフォームを形成しながら発展してきた。その底流には、重要なコンテクストとして陰陽五行説が脈々と流れていることで、東洋思想独特の中庸的アンサンブルの形成を実現できた、と考える。

　陰陽五行説とは、自然界に存在するものの一切を「陰」と「陽」の二極化の関係に置き換え、すべての物事はその調和の上に成り立っていると考える陰陽論（説）と、自然界にあるものに「木・火・土・金・水」の5つの要素を見いだし、それぞれが助長・抑制し合うことで調和を形成するという五行説とが融合された思想である。

　陰陽論の循環思想は、天体の運行や四季の推移などに着想を得て思想形態を固めたものと思われるが、現代においても中国医薬学における人体小宇宙理論の基

礎を成しており、病気の治療、健康管理、調剤、調理の原則があり、生理学、病理学上からも重要な思想を包含しているといえる。中でも、寒熱・虚実のバランスが重要視され、寒には熱を、熱には寒をといった具合に調和を保つことで病気治療の方針を立てている。

　もう一方の五行説とは、前述の「木・火・土・金・水」の5つの要素を起点として、臓器は肝・心・脾・肺・腎の五臓、味は酸・苦・甘・辛・鹹の五味、色は青・赤・黄・白・黒の五色といったように分類し、心臓の病変はのぼせなどで赤色、脾臓の病気は黄色、腎臓の病気は顔が黒色になるなどと、それぞれの関係性を経験的に示しているのである（図表11-1）。

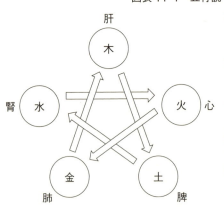

図表11-1　五行説（相剋説）

■木剋土（木は土を剋する）
　木は土の中に根を張り、土の養分を吸収して成長する
■土剋水（土は水を剋する）
　土は水を吸収し、また堤防をつくって水の流れを支配する
■水剋火（水は火を剋する）
　水は火の勢いを弱める
■火剋金（火は金を剋する）
　火は金属を溶かす
■金剋木（金は木を剋する）
　金属でつくられた斧や刀は、木を切り倒す

出所：大石・西島（2012）、p.33を著者一部加筆修正

　このように、薬膳料理は古代中国人の英知の結集ともいえる陰陽五行説を底流思想に据えることで、食療、食養、食治、食補という独自のフォームを形成しながら、日常的食習慣にフィット（適合）させることで中華的アンサンブルの形成に非常に長い時間をかけて成功したといえる。

（3）日本の編集力がつくりだす新たな結合

　アンサンブルによって生じるフィットとストレスは常に同時性をもって対象にそれらを与えているという主張は、第3章第2節においてスローフードおよび

ファストフードを例にして指摘したとおりである。しかし、薬膳料理が中国をはじめ、日本、韓国、東南アジアなどのアジア諸国を起点にして、比較的ストレスを形成することなく世界へと拡散した事実の根底には、やはり、陰陽五行説という万人に通ずる普遍の定理ともいえるコンテクストの存在が適合と共振をもたらしたと考えるのが妥当である。

とりわけ、陰陽五行説とともに薬膳料理が日本へ伝承し、適合の源泉どうしが結合し合うことで本膳料理や懐石料理、会席料理など日本独自の食文化が形成されてきたことは前述したとおりである。その代表的事例として、「茶の湯」を完成させた人物としていまもなお伝説的な存在である千利休[7]が、茶懐石の確立を通じて日本の食文化にもたらした影響と、それによってもたらされた日本的編集力を考察する。

千利休は、黒の美を表現した「黒樂茶碗」や、2畳の空間に無限大を込めた茶室「待庵」など、プロダクトから空間、さらにはグラフィックやイベントプロデュースにいたるまで、茶の湯を通してあらゆる分野に才能を発揮した日本初のクリエイティブ・ディレクターといえる。また、信長・秀吉とともに絢爛豪華な安土桃山時代にあって、社会的イニシアティブを持つハイエンドな階級に属する人々の文化であった茶の湯を、「侘び寂び(粗末で簡素)」の概念によって、誰もが楽しめる文化へと落とし込んだ立役者でもある。

さらに、日本の中世においてエアポケットのようにできた自治貿易都市・堺を根拠地として活動していた背景も、その時代にあって、茶の湯というコンテクストによって中世日本において市民公共社会の実現に大きく寄与していた、といえる。換言すれば、極東の小国である日本の限定された地域において、茶の湯文化の創造と確立によってある種のコスモポリタニズムを実現していたこととなる。

千利休が生きた安土桃山時代には、足利将軍家以来続いた儀礼的で豪華な本膳料理のスタイルから、禅寺のように質素かつ人間味あふれる食事作法を取り入れていこうという流れができ、侘び茶の料理・懐石が確立された(木村、2009、p.57)。侘び茶の湯における料理のあり方について『南方録』に収められた次の一節は、究極のあり方を指向する千利休を強い思いを表現している。

「家ハもらぬほど食ハ飢えぬほどにてたる事候」
家は雨露をしのぐことができ、食べ物は飢えないほどにあればよい

侘び茶の懐石とは、食材や器の自慢ではなく、旬の身近な材料を心尽くしに料理することであり、冷たいものは冷たいうちに、熱いものは熱いうちに、ベストのタイミングで提供することにこそ真髄があるというメッセージが込められている。次はまさに、千利休という稀代のクリエイティブ・ディレクターによって、陰陽五行説が説く調和の思想を反映した日本独自の食文化における新たな結合をつくりだしたことになる。

次節において、食文化を含む社会文化の中に新たな結合をつくりだす日本の編集力に焦点をあて、薬膳料理というフィルターを通した21世紀型脱グローバル文化のあり方について考察する。

第3節　薬膳料理のローカル性とグローバル性

(1)「身土不二」思想と「スローフード」思想に見る地域性

健康と食に自然科学的側面と社会科学的側面が存在することは、すでに冒頭で示したとおりである。ここまでは、薬膳料理が生み出す価値や薬膳料理の起源、陰陽五行説にもとづいた思想背景など、主に自然科学的側面である「医学、薬学、栄養学」的側面に焦点をあて考察を進めてきた。第1節「薬膳料理に見る食文化のコンテクスト構造」の中で見いだした食養・食療・薬膳という重要な3つコンテクストと、第2節「薬膳料理におけるコスモポリタニズム」の中で薬膳料理の重要な思想的背景として捉えた陰陽五行説とを、社会科学的側面である文化、経済、政治、社会、宗教的側面からも捉えなければ、地域との関連性を導き出すことは不可能である。なぜなら、長い年月を経て形成された文化性、社会性および宗教性という複雑性を排除してしまっては、地域そのものの否定につながることも冒頭に示したとおりである。

薬膳理論の中には「身土不二」という言葉が存在する。身（人間）と土地は密接に繋がっていて2つに切り離せないという意味であり、人間は生活しているその風土と一体化することが本来の姿であるとの考え方を示している。人間も自然

の一部であり、植物と同じようにその人が生まれ育った大地から養分や気（エネルギー）を吸収しているという東洋哲学の世界観に根ざした考え方であるといえる（藍他、2002、p.51）。

　誤解を恐れずに、あえてスローフードという概念に付着する教条的スタンスを廃して主張を展開するならば、そもそも、人間自体が自然環境との適応を是としながら、住み慣れた土地で収穫された食材が自身の身体に一番適合するとする「身土不二」の思想とは根本的に合致していると断言できる。その根拠を中西（2007）は、島村（2003）の言葉を用いながら実に的確に表現している。

　島村（2003）は、イタリアにおけるスローフードムーブメントを探求するなかで、スローフードとは「深遠なる哲学」であることを発見し、人間と人間、人間と自然の関係性の構築に注目した。島村によれば、そうした関係性の根底に食を求めることこそがスローフードの本質であり、スローフードの求めるもの、スローフードが提供するものは、料理を食べる人がその料理の由来や調理者の思い、原材料の出自やそれらが育った土地の気候風土、育てた人の苦労などさまざまなシーンを想像する力であるとしている（中西、2007、pp.248-249）。まさに、「身土不二」に代表される薬膳料理がもつ思想を包含するかのごとく、食文化と地域との関係性の本質を的確に捉えている。

　これに加えて、中西（2007）は、スローフードという言葉は単に食品や食材あるいは料理をさすものではないとし、「食」に関わる行為すべてを包括した概念であると主張した。この食という人間の生存欲求を満たすために不可欠な行為を世界を感じる自己超越的な行為として捉えることにこそ本質があるとしたのである。食材の育った風土から、それを育てるのに関与したさまざまな人々、加工・調理されるプロセスに参加した人や道具、そして目の前にある料理とそれをともに食する人、さまざまな主体が食を構成しているという捉え方こそ、自然科学的側面と社会科学的側面の多面的側面から物事を捉えようとする薬膳料理の根本思想が、地域性と不可分であることを明確に示している。

（2）「辺境性＝ローカル性」が生み出す編集力

　前出の中西（2007）は、もはや、スローかファストか、ローカルかグローバルかという二項対立の議論には意味がないと断言し、時間軸（スロー×ファス

208　第4部　具体編Ⅲ　ヘルシーフードに見るスタイルデザイン

図表 11-2　時間意識・空間意識とライフスタイル

```
                       時間意識軸
   第2象限              スロー              第1象限

         スロースタイル    概念拡大
         のグローバル化  概念拡大  スロースタイル
         （非現実的）    概念拡大

グ                                                   空
ロ ─────────────────────────────────── ロ
ー                 概念転換                          意
バ                                                   識
ル                                                   軸
                                              ローカル
          概念拡大
  ファストスタイル 概念拡大  ファストスタイル
                 概念拡大  のグローバル化
                          （非現実的）

   第3象限              ファスト            第4象限
```

出所：原田（2007）、p.16、図1

ト）、空間軸（ローカル×グローバル）に加えて、それを自在に選択調整できる自由軸が必要になると主張した（図表11-2）。

　時間軸（スロー×ファスト）に関する考察は前項に示したとおりであるが、もう一方の空間軸（ローカル×グローバル）について、東洋的な視点から中国と日本の歴史的関係性を俯瞰しながら、ローカル性とグローバル性の対抗関係からの止揚について考察する。

　内田（2009）は、中国と日本の関係性を「辺境」という概念を用いて次のように定義づけている。

> 　辺境は中華の対概念である。辺境は華夷秩序のコスモロジーの中に置いて初めて意味を持つ概念である。世界の中心に中華皇帝が存在する。そこから王化の光があまねく四方に広がる。近いところは王化の恩沢に豊かに浴して王土と呼ばれ、遠く離れて王化の光が十分に及ばない辺境には中華皇帝に朝貢する蕃国がある。これが、東夷、西戎（せいじゅう）、南蛮（なんばん）、北狄（ほくてき）と呼ばれる。そのさらに外には、もう王化の光も届かぬ化外（けがい）の暗闇が拡がっている。中心から周縁に遠ざかるにつれて、だんだん文明的に暗くなり、住民たちも禽獣（きんじゅう）に近づいてゆく。そういう同心円的なコスモロジーで世界が整序されている。
> 　　　　　　　　　　　　　　　　　　　　　　　　（内田、2009、pp.57-58）

この華夷秩序を前提に置くと、「辺境性＝ローカル性」を根底にした日本と、「華夷秩序＝グローバル性」を中心概念に据える中国との空間軸にもとづいたある種の関係性が浮かび上がってくる。日本列島が華夷秩序内で東夷にカテゴライズされている以上、すべての事象において日本人がやることは無知ゆえに間違っているという前提が成立し、「日の出づる処の天子」や「天皇」などという東夷にはあり得ない行動様式を可能にしたといえる。

換言すれば、日本人は、華夷秩序における「東夷」というポジションを受け入れたからこそ、政治的・文化的なフリーハンドを獲得し、辺境を明確に意識することにより、辺境の基本的な構えである学習する力を身に付けた、といえる。学習する力を身に付けることで中央からの様々なキャッチアップを可能にし、独自の編集能力を獲得するに至ったと考えられる。もちろん、陰陽五行説を基本思想とする薬膳料理についても、「辺境性＝ローカル性」の中に柔軟に取り込み独自の編集能力によって進化させることで、「華夷秩序＝グローバル性」へのリバース・イノベーションを通じて、食文化における新たな価値創造を共振・共進させてきた、といえる。

(3) 21世紀型脱グローバル文化への止揚

前項では、中国と日本という2国間に焦点を絞り、食文化の観点から「辺境性＝ローカル性」が独自の編集能力を創出し得ることを導き出した。薬膳料理然り、その根底には、二項対立の構図を超越した東洋的思想が脈々と流れていることは前述のとおりである。

鈴木（1997）は、東洋的見方または考え方の西洋と相違する一大要点として、西洋では物が2つに分かれてからを基礎として考え進み、東洋はその反対で2つに分かれぬさきから踏み出すと示している。二元性をもつ西洋思想には、個々特殊の具体的事物を一般化し、概念化し、抽象化するという長所がある反面、過度な普遍化、標準化が進行し、個々の特性や創造欲を統制するという短所も持ち合せている。この短所を補完する意味においても、東洋的考え方、感じ方は非常に重要である。科学では、「わかったような、わからぬもの」を二元性的思考の中で無視していくが、主客分裂の如き二元性でとても割り切れるものではないし割り切るべきものでもないと説いている（鈴木、1997、p.168）。

まさに、自然界に存在するものの一切を「陰」と「陽」の二極化の関係に置き換え、すべての物事はその調和の上に成り立っていると考える陰陽論（説）と、自然界にあるものに「木・火・土・金・水」の5つの要素を見いだし、それぞれが助長・抑制し合うことで調和を形成するという五行説とが融合された思想そのものを指していると確信してやまない。ゆえに、「わかったような、わからぬもの」を「二つに分かれぬさきから」考える東洋的な見方こそ、現代社会の多様性に対応し得る非常に重要な視点であると確信するに至る。

鈴木大拙の言う「東洋的な見方」にあらためて触れることは、文化の多様性が言われながら、実際は世界がとどまることなく画一化システム化していきつつある現在、真に開かれた世界の中で東洋文化の伝統から世界のために、何をどのようにして具体的に創り出していくことができるのか、あらためて問い直す一つの機会となりうる、ということである。

このような時代背景にあって、薬膳料理というアイコンを通じて独自の編集能力を獲得するということは、グローバルな活動はローカルに深く根ざすべきであり、同時にローカルな主体はグローバルな支持を獲得すべきであるという「食文化のローカル性とグローバル性＝対抗関係からの止揚＝脱グローバル文化」の実現に繋がる。

おわりに

本章では、中国に起源をもつ薬膳料理が、海をわたり日本へと伝来することで新たな「コンテクスト転換＝編集能力」を創造するに至った点に着目し、食文化が地域デザインにもたらす価値と意義について考察を進めてきた。

翻って、冒頭でも示したとおり、現代はTPP（環太平洋戦略的経済連携協定の略）に代表される市場経済原理主義にもとづいたグローバリズム時代の只中にあり、商品、資本、人間、情報があらゆるボーダーを通り越す境界融合によって世界が急速にフラット化している時代でもある。経済のグローバル化によって、世界がフラット化し単一市場になり、言語が統一され、度量衡が統一され、価値観が統一されていく状況から、脱グローバル時代へ向けて一歩抜け出すためには、人類が文化を形成する過程において重要な要素を成してきた食文化をグロー

カル[8]文化形成の橋頭保に据えることにこそ重要な意味がある。

　いわば、食文化を地域デザインとの関連から読み解くだけではなく、グローバルとローカルが融合したグローカルな視点から、現代のさまざまな社会課題に対して解決のアプローチを試みてこそ、「地域コンテクストの転換から捉えた食文化デザイン」という本書の主題が真の意味をもつと確信している。

　企業にとっても個人にとっても、現状の問題分析ばかりに頼って自分たちが信じるあるべき姿を描かないことは、他人事を自分事として捉えようとしないリスク回避の姿勢に他ならない。様々な価値転換が起きはじめている今こそ、勇気をもって社会課題を直視し、それをミッションに据えてこそ、苦難や障害を乗り越える知恵とパッションが生まれるのである。「地域コンテクストの転換から捉えた食文化デザイン」という斬新かつ多様なる戦略的視点が、社会課題の解決マインドを醸成することを願ってやまない。

注
1) 環太平洋戦略的経済連携協定（TPP）：環太平洋地域の国々による経済の自由化を目的とした多角的な経済連携協定である。
2) 本草学：本草とは草に本づくという意味で、薬に植物性のものが多いからといわれる。中国では古来医薬の学は"本草"と呼ばれているが、"本草"という語は漢の武帝（前140-87年）から成帝（前32-7年）に至る約100年の間にできた言葉である（藍・田中、2000、pp.1-2）。
3) お節料理：正月および五節供の用いる料理を意味したが、現在では正月に用意するごちそうのことをいう。
4) お屠蘇：山椒（さんしょう）、白朮（びゃくじゅつ）、桔梗（ききょう）、肉桂（にっけい）、防風（ぼうふう）を調合した屠蘇延命散を酒または味醂に浸した薬酒である。
5) 七草：セリ、ナズナ、ゴギョウ、ハコベ、ホトケノザ、スズナ、スズシロを湯で軟らかくしたものを餅の入った塩味の粥にいれて食べる習慣である。
6) 中華思想：中国が世界の文化、政治の中心であり、他に優越しているという意識、思想。中国では伝統的に漢民族の居住する黄河中下流を中原と称し、異民族を夷狄（いてき）、あるいは蛮夷と呼んできた。
7) 千利休：安土桃山時代の茶道の完成者、千家流茶道の開祖。織田信長の御茶頭となり、次いで豊臣秀吉に重用された。
8) グローカル：グローカル（Glocal）とは、グローバル（Global：地球規模の、世界規模の）とローカル（Local：地方の、地域的な）を掛け合わせた造語であり、「地球規模の視野で考え、地球視点の視座で行動する（Think Globally, Act Locally）」という考え方を表している。

参考文献

藍 石・酒井英二・田中俊弘（2002）「日本における医食同源の役割　古くて新しい食科学でねある薬膳学について」『岐阜薬科大学紀要』Vol.51、pp.47-53

藍 石・田中俊弘（2000）「日中両国における薬膳本草」『岐阜薬科大学紀要』Vol.49、pp.1-10

内田樹 他（2013）『脱グローバル論 日本の未来のつくりかた』講談社

内田樹（2009）『日本辺境論』新潮新書

木村宗慎（2009）「千利休の功罪」『pen february2009』阪急コミュニケーションズ No.258、pp.32-35、pp.56-57

大石雅子・西島啓晃 編著（2012）『漢方薬膳学 横浜薬科大学編』万来舎

島村菜津（2003）『スローフードな人生！』新潮社文庫

鈴木大拙（1997）『新編 東洋的な見方』岩波文庫

中西晶（2007）「物語を構築する力 共に世界を想像するスローフード」原田保・三浦俊彦編『スロースタイル 生活デザインとポストマーケティング』新評論、pp.227-255

難波恒雄（1999）「薬膳原理と食・薬材の効用（1）」『日本調理科学会誌』Vol.32、No.4、pp.88-93

平川克美（2012）『移行期的乱世の思考「誰も経験したことがない時代」をどう生きるか』PHP研究所

Pilcher, J.（2006）*Food in World History*, Taylor & Francis Group（伊藤茂訳（2011）『食の500年史』NTT出版）

第12章
精進料理のスタイルデザイン

宮本文宏

はじめに

　食にはタブーがつきまとう。食を考える上では、食べることの裏返しとして、何を食べないかが大きな意味を持っている。例えば、海外から来賓を迎える上で、最も問題となるのは、食事に関して何が食べられないか、という点である。この食べられないということには、いくつかの理由がある。その様々な理由の中で、最も注意を要し、タブーと言われるのが、宗教的な戒律による食物の禁忌である。

　こうした禁忌として有名なのはイスラム教におけるハラールであろう。イスラム教ではイスラム法の体系に基づき[1]、日常生活の様々な行動が規定されている。そのイスラム法で許可された、という意味がハラールであり、日常的に口にすることを許された食べ物のことを指す。具体的には豚は禁忌とされ、それ以外の肉でも、イスラム法の正規の手順に従った処理がされたハラール以外は食べることができない。同様にユダヤ教やヒンドゥー教など、肉食に一定の禁忌を設けている宗教は多い。

　このように、食においては、食べないことがそれぞれの地域や宗教における食文化を形成している。そうした中で、日本は宗教的な食の禁忌のない国と一般に思われている。実際に、日本では仏教、神道、キリスト教などの様々な宗教が混在している。結婚式は教会で行い、葬儀はお寺で、正月やお盆やクリスマスが共存し、違和感なく催事として受け入れられている。

こうした無宗教国であり宗教無法地帯（小室、2000、p.3、p.351）だからか、現在の日本の食の状況は多様であり、禁忌など存在しないかのように見える。しかし、かつて日本では長く肉食を禁じていた。その禁忌を現在も守っている料理が精進料理である。それは仏教の戒律をもとにしている。

ただし、精進料理は、そうした宗教的禁忌による料理という存在に留まらないブランドを保持している。その証しとして、精進料理は現在、雑誌や本、テレビなどのメディアに載ることも多く、そこでは心と健康に良い食事としての関心を集めている。また、四季の季節感を料理に活かした、日本の伝統的な食と位置づけられている。このように、精進料理は、宗教的な禁忌に基づく料理としてよりも、和の伝統と精神性を保持した心と身体にやさしい健康食というブランドイメージを築いている。それを示すように、精進料理を看板にした店の何件かはミシュランのガイドブックに掲載されている。そうした店を訪れる人の目的は、宗教的な目的ではなく、食を楽しむことにある。

それでは、こうした現在の精進料理のブランドを形成しているコンテクストとは何か。本章では、精進料理の成立の背景を明らかにし、現在のブランドとしての特徴と、デザインに関する考察を行う。この考察から、宗教的な禁忌の意味と、食と健康とは何かという問いが明らかになる。それらの問いに対して、地域デザインの視点から検討することが本論の目的である。

第1節　精進料理の背景

(1) 精進料理の定義 ― 精進の意味するもの ―

精進料理とは何なのか。様々な捉え方があるが、代表的な定義としては、魚や肉や、辛みや臭みのある野菜を使わない料理を指す。この定義からすると、ベジタリアンと違いがないようにも見える。事実、懐石料理が海外に紹介される場合に、英語では a vegetarian diet ［dish, meal］と表現される。

ただし、その背景から、精進料理とベジタリアンは異なる。精進料理は、宗教的な規則にしたがい特定の食べ物を禁じた料理であり、単なる菜食料理とは言えない。それは精進という名前の由来にあらわれている。

この精進の本来の字義として、精とは中国の古い辞典でよくついた米、より

分けた米という意味がある。そこから物事に詳しいという意味に広がり、生命の根源を表す文字として使われるようになった。進の字は、前進する、登る、自ら励むなどの意味をもつ（平塚、1985、p.5）。この精と進の字を組み合わせ精進としたのは、インドの梵語 Virya（ヴィリヤ）の訳語である。そこには、「悪行を断じ、善行を修める心の作用」「雑念を去り、一心の仏道を修めて懈怠せぬこと」という意味がある（鳥居本、2006、p.6）。このように、精進とは、自らを制して勤修することであり、善を行い悪を断ち、涅槃に到ろうとする努力の意味が込められている。

　それが時代とともに転じ、仏教修行に精進する僧侶たちの食事として、僧院を中心に広まっていったのが精進料理である。不殺生戒によって鳥獣魚貝を禁じ、五葷（ごくん）といわれる、大蒜、ラッキョウ、ネギ、蘭葱（タマネギ）、ニラ等の香りの強い野菜類を口にしないことで人が本来持つ気を傷つけず仏教修行をすることを、精進すると言う。そしてその料理を精進料理と呼ぶようになる。

　このように、精進料理は元々、仏教に精励精進するものにとっての食であった。精進料理を菜食料理と言わないのは、そうした由来によっている。こうした背景は精進料理の宗教性を示す。それでは、なぜ、仏教では善を行い、修行に勤めることが、肉食や特定の野菜の食を禁じることにつながるのか。

（2）精進料理の誕生 ─ 仏教伝播の歴史 ─

　この問いに答えるには、さらに仏教の教えと歴史を辿る必要がある。しかし、これは本章で扱うには重く、かつ本章のテーマではない。そこで、本章では食の面に絞ったポイントを示す。

　まず前提として、仏教の開祖であるブッダが肉食を否定したかに関し、様々な解釈があって明確ではない。ブッダがどのような食事をしていたかもはっきりしない。ただし、ブッダが活動をした時代に大きな勢力を持っていたのがバラモン教であり、その教義では肉や魚を明確に禁じていた。それに対してブッダの教えに肉食を禁じる記述はない。むしろ、当時バラモン教が苦行を自らに課すことを悟りへの道としていたのに対して、外面的な苦行や祭祀を行えば悟りがえられるという考え自体をブッダは否定した。ブッダが当時のバラモン教から異端視されたのは、こうした悟りのために行われていた様々な宗教的な禁忌などの修行で

あっても、そこに疑念や執着心がある限り、意味をなさないとブッダがした点にある（阿部、2009、p.37）。

このような点からすれば、単なるかたちとしての肉食の禁止にはブッダは意義を認めなかったと考えられる。それは、原始仏教を継承する東南アジア圏の仏教においては、今日まで肉食を禁じる戒律がまったくない点からも推察できる。それがいつから日本では仏教において肉食が禁忌となっていったのか。

そこには仏教の伝播の経緯が関連する。インドの一地域で生まれた仏教は、世界宗教の一つと呼ばれるまでになった。それはブッダ亡き後で、その教えを弟子たちが発祥の地インドから各地に伝播したためである。その中で、北方へチベットを経て東部の中国、朝鮮半島、日本にまで伝わったのが大乗仏教である。その大乗仏教が広がっていくのと同時に、肉食の禁止が広がった。大乗仏教の戒経『梵網経』には、四十八軽経の一つとして「禁肉食戒」があげられている。

こうした変化は伝播の過程における戒律の変化によるものである。宗教が広範囲に信者を獲得する過程は、最初は誕生の地で異端とされた教えが教義として時代性や地域性の特徴を取り込みながら普遍化していく過程である。仏教では元々、1日2食を食事の戒律としていたが、北方での厳しい気候に合わせて身体を維持する必要から、食事を朝昼晩の3食とした。その代わりに食事内容に制限を設け、修行の一環とした、という。また、別の説では、仏教が伝播する際に、食のために農耕を承認したことを食の戒律化の起源とする。この説では、仏教が中国に伝わった際に、食事のために農耕を行う必要を迫られ、それを認める替わりに食事に厳しい戒律を設けたとする。本来、仏教に帰依するため仏門に入ることは、世俗から離れ、違う世界に入ることである。これが出家といわれる。出家することは狩りや漁をしたり、農耕をしたりする日常生活と一線を画すことである。そこで仏教では、托鉢を行い、喜捨として食を得ることが基本となる。しかし、中国では托鉢という習慣がなく、食のためには自給自足で農耕を行う必要に迫られた。それは仏教の教えからは、土地を耕し、虫を殺し、自然の流れを意図的に変える労働行為であり、戒律で禁じられた行為であったからである。そこで、そうした行為を修行の一環に組み込み、その代償として肉食を禁じたという。

これらの説はいずれも、戒律を破る代償として肉食が禁じられたとする。その

他にも、布教の過程で先に見たバラモン教の食物観が社会的に勢力を強め、教義に組み込まれた、とする説などがある。こうした複数の説のうち、どれが真実であるかは現在、確証はえられない。しかし、これらの説からわかることは、肉食に対する禁忌は、元々はブッダの教えそのもののからではなく、仏教が普及する過程で組み込まれた戒律だということである。これは、仏教がそれぞれの地域の風習に影響を受け、戒律を変化させていったことを示している。

こうした変化を重ねながら、仏教は東に伝播し、やがて、公的には6世紀半ば、朝鮮半島から日本に渡ってきた。いわゆる仏教伝来である。そのとき、仏教の教えとともに精進料理が日本にもたらされた。

（3） 日本における肉食禁忌の成立

日本への仏教の伝播は、食においては宗教的禁忌とともに伝わった。その仏教が伝わる以前は、日本で肉食は禁じられていなかった。それが仏教の影響により、国家的な禁止に転じていく。この肉食への禁忌に関する日本での正式な禁令は、天武天皇による勅令である（675年）[2]。この禁断令に先立ち、稲の干害や水害を防止する祭祀の規定が定められていることから、この勅令は農耕儀礼のために狩猟での殺生を禁じたものだと考えられる（原田、2010）。

こうした古代律令国家における、殺生の禁止としての肉食の制限は、国家体制の設立と密接に関わる。日本が国家としての集中権力体制を築く中で、それまでの狩猟と農耕に対する政治的、経済的な見直しが図られ、それが肉食の禁忌につながっていった。その主要な要因は、稲作を経済活動の基礎においたことである。稲作による米は、その保存性の高さから最重要視され、水田開発が各地で行われていった。倭からヤマト王権を経て日本に至る国家創生と、稲作の拡大は期を一にしている。国家は稲作による租税徴収を行い、経済基盤を築き、軍事力を蓄え、勢力を拡大することに重点を置いた。こうして、日本では稲作を中心とする食のヒエラルキーが構築されていく。こうした統治機構を維持するため、肉を穢れとする禁止令を出し、稲作を中心にする戦略がとられた。この穢れという思想は、神道からきている。それが仏教の戒律と結び付くことで肉食の禁忌が制度化していった。

ただし、このような統治施策が様々な社会階層に広まるまでには時間がかか

る[3]。それが民衆の間に普及していく上で説話が大きな影響を果たした（原田、2010、pp.106-108）。仏教の布教活動として説話を通じ民衆に繰り返し伝えられたのは、動物を助けた者が報いられ殺生し肉食をした者は地獄に落ちる、というメッセージであった[4]。肉食禁止という制度は、このように人々の意識に刷り込まれていった。この結果、日本では狩猟そのものが特殊な行為とされ、屠畜などの処理自体が穢れたものと見なされるようになっていく。

このように、日本では仏教の戒律と神道の穢れの思想がつながって肉食の禁止が社会全体に普及していった。精進料理が日本で発展してきた経緯を考える上で、こうした日本の肉食への社会的禁忌が、奈良時代から明治の開国まで存在したことを捉える必要がある[5]。このような日本の社会的な禁忌を背景に、仏教の戒律を守る食事として精進料理は成立し発展していく。

第2節　日本における精進料理の展開

（1）精進料理の成立と発展

精進料理は修行に携わる人にとっての食事という意味を持つ。元々、平安時代に精進料理とは、粗末な食の代名詞として認識されていた（熊倉、2007、p.48、原田、2010、p.140）。それが時代を経て、野菜や穀類、海藻を用いて工夫をこらした料理に進化していく。やがて精進料理は、野菜料理の妙を創造し、寺院を離れ広がっていった。そうした経緯を捉え、以下に見ていく。

精進料理が野菜料理として成立していったのには、中世以来の京都の寺院の興隆により僧侶達の生活が向上したことが影響している。これと同時に、技術と生産力の発達による農耕の拡大や、海外から相次いで様々な野菜が日本にもたらされたことも影響し、精進料理は次第に進化していく。それは精進料理が粗食から、野菜料理として独自の分野を築き、発展していった変化を示す。

このように、精進料理が発達する最大の契機となったのは、鎌倉時代に禅宗が日本にもたらされたことである。その禅宗をもたらした一人が、日本から当時の南宋にわたり、帰朝後、日本で曹洞宗を広めた道元禅師であった。道元禅師は『典座教訓（てんぞきょうくん）』と『赴粥飯法（ふしゅくはんぽう）』を記し、料理を準備する作法や食事をいただく際の心構えを説いた。典座（てんぞ）とは禅寺で食を司る役割を担う役僧のことである。こ

のように、禅寺では食事を準備することと、それを食べる行為が修行の一環として明確に規定された。このことによって、修行としての食という精進料理の支柱となるコンセプトが成立する。

また、同時代に活躍した栄西禅師も同じ禅宗の流れを汲む臨済宗の日本における開祖である。栄西禅師は喫茶の習慣を日本に持ち込み、抹茶と禅のつながりを深めた[6]。なお、茶の文化はやがて千利休というある種のコンテクストデザイナーにより茶の湯として芸術に高められ、懐石を生みだしていく（第9章「懐石料理のスタイルデザイン」参考）。同様に、精進料理では、禅宗の寺院で料理の作法や技術が発展し、料理としての洗練を重ねていった。

こうした精進料理の発展が、調理方法と作法の両面から後の日本料理に与えた影響は大きい。例えば懐石で主客同一をコンセプトに、儀礼に則った作法を型として重視することには、精進料理の食礼の捉え方の影響が見られる。

このように、精進料理は、魚介類や肉類等の禁忌としての料理という位置から、禅宗の影響によって修行における食事という意味へコンテクスト転換する。この結果、精進料理は、料理法や、食礼による様式等、様々な面でその後の日本料理の発展に大きな影響を与えていくことになる。

（2）精進料理の普及

それでは、禅宗の影響とともに発達した精進料理が、寺院における修行としての枠組みを越えて、僧俗を問わずに広く普及したのはなぜか。

一つには、後々、法事として葬儀に取り入れられたためである。代表的な例として、浄土真宗においては四十九日の法要の間は喪に服し、肉食や魚を避けることを精進日と定めている。さらに、こうした風習から精進料理を専門に提供する店が生まれたことが普及を押し進めていった。

日本における法要とは亡くなった人を弔う儀式をさす。このような葬儀を中心とした儀式は本来、仏教の行事にはない。仏教では、悟りに達しない間は生まれ変わり転生し、修行によって悟りに至り初めて往生し成仏すると説く（小室、p.208、p.227）。つまり、仏教では本体死は本質的な断絶を意味しない。それが日本では祖先供養と結び付き、葬儀が仏教における重要な儀式になった。そこには仏教が伝来する以前に存在していたアニミズム的な世観が影響している。日本

で葬儀が重要な意味を持つようになったのは、それが魂を送り出し再びこの世に迎える儀式として認識されたからである（小坂井、1996、p.194）。精進料理は、こうした儀式に取り込まれて僧俗の区別を超えて普及していく。

そうした影響から、現在精進料理は2つの流れを形成している。1つは修行僧自らの食事という面と、法要を中心に発達してきた精進料理の専門店における食事という面である。特に、後者から精進料理は料理の一分野として発展し、人々の生活の中に取り込まれていった（鳥居本、2006、pp.245-246）。

その代表的な例が禅宗を通じて渡来した豆腐である。今でこそ伝統的な日本食と思われている豆腐だが、元は中国より伝わり精進料理の食として発展したものである。その豆腐をはじめ、精進料理が生み出し、中国から日本に伝わり発展した食品として、他にも高野豆腐やこんにゃく、そしてひじき等がある。

このように、精進料理では様々な野菜や豆類、海藻などを加工し食材とする。それは、現在のように、加熱処理をせずに生野菜をサラダとして食べる習慣がなかった中国や日本においては、限られた種類の食材に手間をかけ工夫し様々なバリエーションを生み出していった。こうして、精進料理は、技術を駆使し食品の加工技術を発展させていった。

さらに、精進料理の発達の最大の特徴は、野菜の茹でものの工夫である。野菜を茹でて味をふくませる調理には、アク抜きや水煮などの手間のかかる下処理が必要になる。こうした茹でものを食事の主役にしたのが精進料理である。

これが野菜料理の妙を精進料理が創造したとされる理由である。このように、精進料理は戒律と禁忌の制約の下に工夫と技法を重ねて料理を発展させてきた。こうした調理方法や食材が、やがて寺院から一般の生活の場に広がっていく。そして、精進料理が本来持っていた宗教的な禁忌という性格は後退し、肉や魚を使わない野菜料理の別称となっていった（熊倉、2002、p.174）。こうして精進料理は粗末な食事でなくなり、修行としての意味は薄れ、料理として独自の文化を形成し、一般の食生活に広がっていった。

（3）精進料理の特徴

さて、精進料理が一般の食生活に広がっていったということは、精進料理の特徴が受け入れられたことを示す。その特徴は、味そのものが淡白という点であ

る。その淡白さは、素材を活かすという精進料理の理念に基づく。精進料理ではそのもの自体の味を知るため、味付けを抑え素材の持ち味を強調する。また、素材の無駄をださずに使い尽くす。そのため、様々な調理方法を組み合わせて調理する。これが五法、五味、五色の組み合わせである。五法とは煮る、生のまま、焼く、揚げる、蒸すという5つの調理方法であり、五味は醤油、酢、塩、砂糖、辛みの味を指し、五色は赤、緑、黒、黄、白の色彩を指す。その五法、五味、五色の技法や工夫を駆使し料理を仕上げる点に精進料理の特徴がある[7]。これらの技法は、穀物の加工による新たな食材を生み出していった。また、季節毎の野菜を用いてその時の季節感を料理に反映させることを重視する。

　こうした精進料理の特徴が懐石や京料理に影響を与え、日本の食文化の伝統になっていく。やがて江戸期になると、料理本が数多く刊行され、その中に精進料理は不可欠な存在としてとりあげられている。

　さらに、精進料理はそれぞれの宗派や流儀に合わせて、各々のスタイルを形成していく。例えば、鎌倉と京都の禅寺ではだしの取り方から特徴とする主菜までそれぞれ異なっている。このように、精進料理は、日本の風土に適応し、変化し発展していった。

第3節　精進料理のブランドデザイン展開

（1）「心の料理」としての精進料理のブランド

　本章では、これまで精進料理の背景と歴史を概観してきた。ここから、日本料理の潮流の一つに精進料理が位置づくことを確認した。それは、戒律による禁忌として仏教を信仰する人のための料理に留まらず、食材の制約から工夫を重ね野菜料理の分野を築き、日本の伝統的な食としてのブランドを獲得した。このように、精進料理は、宗教的な戒律による粗食から、日本文化を体現する料理へコンテクスト転換し普遍性を持った。そのことで、中国から仏教とともに伝わった出自が薄れ精進料理は日本文化を代表する食と捉えられるようになった。

　それは、精進料理が宗教的禁忌を超え、日本料理の伝統に位置づく食の様式として展開してきたことを示している。これらは第1には豆腐やこんにゃくなど様々な食材を伝え発展させ普及させてきた。第2に、その技法を駆使した調理

方法が日本料理に大きな影響を与えた。さらに、食材や調理方法以上に、精進料理が日本料理に大きな影響を与えたのは修行として食を捉える視点である。それは、道元禅師が精進料理の作法を「法をして食と等ならしめ食をして法と等ならしむ」としたことである。それは仏法における精神性と食を不可分なものとし、戒律による禁忌としての食事から食事自体を修行へとコンテクスト転換させた。それは、食事が食というモノであると同時に、行為としてのコトであることを示す。精進料理が時として「心の料理」と呼ばれるのは、こうしたモノではないコトとしてのコンテクスト性に由来している。

（2）健康食としての精進料理のブランドデザイン

こうした精進料理において現在着目される大きなブランド要素は、健康である。先進資本主義国と言われる国々では、人々の関心がこころと体の健康に集まり、健康と食に対する自然志向がブームになっている。

これは、現在の近代医学とは異なり伝統的な自然と身体の調和を重視する視点のあらわれである。近代医学は、身体を機械のイメージで捉えて病理に対する分析的・局所的な対処を行う。それに対して、伝統的な医学では身体の調和を重視する（小坂井、1996、p.199）。それが、伝統的な食や生活スタイルを見直す動きとなって現れる。そこでは現在の肥満の増加や高血圧、高コレステロールなどの健康問題は、食生活の欧米化に起因すると捉えられる。この改善方法として、近代化が進む前の伝統的な食や暮らしを取り戻すことに目が向けられる[8]。

こうした動きは、近代化に対する伝統への回帰を示す。それは資本主義の発達が現状の様々な問題に結び付いていると捉える。ここからの脱却のために、西欧型の先進資本主義国となる前に存在した精神性や社会の価値をあらためて見直す（例えば、中谷、2011）動きとなる。これが例えば、日本の和の心や伝統的な自然観である。その顕れとして、自然を重視し季節感を大事にする和食や精進料理への着目となる。肉食中心の西欧的な食事を動物性タンパク質と脂質の多い栄養過多の食事と捉え、これに対し、自然と健康の調和として日本の伝統的な食が見直される動きが生まれた。

さらに、そこに手軽で便利な加工食品が増えたことに伴う食の安全や安心への関心が重なってくる。資本主義による経済効率性の重視が安価で手間をかけず食

べられる利便性の追求となり、それが食品添加物や製造工程の異物混入、そして食品偽装などを生み出した。こうした食の流れは市場経済至上主義と分業主義を進展させ、食の効率化と合理化を推し進めていく。食は近代的な工業システムとテクノロジーによる工業生産物となり、食物は他の工業生産品と変わらず大量に消費される、文字通りモノとなる。

マクドナルド化といわれる（Rizer, 1993）、こうした食のモノ化の流れに対抗し、イタリアを起点に始まった運動が、スローフード運動である（Petrini, 2007）。この運動では近代化によって失われつつあるその土地の伝統的な食文化や食材を見直し、現在の食生活の中に取り戻すことを理念として掲げていた。やがて、このスローフードという言葉は、イタリアから欧米や日本など、近代化が進んだ先進資本主義各国へと広がっていった（第4章「スローフードのスタイルデザイン」参照のこと）。

このスローフードのコンセプトが「おいしい、きれい、ただしい」であり、それを体現する食事として精進料理を捉えることができる。それは、現代のシステム化した食事に対して、時間と手間を惜しまずに食材一つひとつの持ち味を引き出す点に違いがある。さらに工業生産品のように大量生産し消費される食とは違い、作る側がこころを込め修行として料理に取り組む点で大きく異なっている。これがスローフードのコンセプトと呼応する。つまり、近代的なシステムとは反対の位置に精進料理がある。そのことが精進料理を他にない料理として広範囲にアピールするブランド化の要素となる。その根底には、自然との調和をはかり、大きな循環としての生態系とともに存在するという精進料理の思想がある。

（3）精進料理のブランドデザインのコンセプト

このように、自然と共生する料理と捉えることが、精進料理のブランド化の要素となる。これはスローフードの戦略のように、地域独自の食の文化として、地域（region）に拘ることでグローバルへの展開につながる。

しかし、他方でスローフード運動の根底には、過去に回帰する復古色の強い前近代的な特徴がある（中西、2007、p.234）。それは、現代の急速な変化に対し、かつての時代を懐古し理想化し、伝統と自文化を他より優れたものとする意識に陥りやすい。これが保護主義に向かい極端化すると他文化の排斥に結び付く。

近代化の進展とともに失われていく地域の食の伝統というストーリーは、グローバル化の急激な展開に潜在的な不安を感じている人にとっては馴染みやすいストーリーである。そこに健康というキーワードを重ね合わせると、かつての伝統的で健康な食文化が近代化によって失われつつあるというストーリーが成立する。前近代性や伝統を特徴とする精進料理はそのストーリーに合致して日本の食文化を象徴する食と成りやすい。

　しかし、菜食を中心にすることが健康な食を示しているとは必ずしもいえない。人が土地に定着し農耕を開始した時代から、さらに遡れば狩猟と採取によって食料を得ていた時代が長く続く。農耕が始まるのはおよそ１万年前であり、その前の260万年前から人類は野生の動植物を食べて進化してきた。その当時は、人類の食生活において肉食は欠かせないものだった。むしろ、伝統から捉えると、穀類などによる菜食を中心とした食事は人類にとって比較的新しいもので、むしろ肉食を中心とした食事が、自然と共生したバランスのよい健康的な食事ということになろう。実際に、北極のイヌイットやアフリカの狩猟民の生活の調査から、肉食こそが現代の様々な病気を防止するための食事であると主張する研究者もいる（Gibbson, 2014, pp.40-52）。

　こうした説に対する反論もまた多くあり、ここでは菜食と肉食のいずれが健康かを論じる意図はない。これらの説を取り上げたのは、実は健康と食が社会的な意味を持つ抽象的な概念であることを示すためである。健康は一般的には肉体的、精神的に満たされ、かつ社会的にも充足した状態のことを指すとされる。だが、それは客観的に捉えることは難しく、主観に依存する[9]。また、伝統への回帰ということ自体が曖昧で抽象的な概念である。伝統が何か、何を根拠とするかは見方によって異なっている。

　このように、精進料理のブランドにおける健康とは、宗教的戒律による菜食や伝統にあるのではない。また、何を食べるかという食事のモノ自体が重要なのでもない。自然との共生と循環の中で、コトとして食事を捉え、こころを込めて料理をつくり、それをいただく点に精進料理のブランド性が見いだせる。

　その歴史を見れば、精進料理は、常に新たな工夫を重ね、独自の加工食材を生み出し料理自体を変化させてきた。それは、心を込めて料理をすることも修行であり、一心に食べることも修行であるという"行じる"姿勢から生まれている。

すなわち、精進料理にはこころとしての精神性とかたちとしての料理の様式が相互に呼応し合う点に精進料理のコンセプトが見いだせる。こうして、これが宗教の戒律の食事や野菜料理という分野を超えて精進料理の伝統を築いてきた。

元々、精進料理の精進という言葉は善を行うように正しく努力する意味を持つ。しかし、それは自らの身体の健康維持が主目的ではない。これは心と身体のバランスを保つため修行に励むことである。これが精進料理の手間を惜しまず調理に工夫を重ね、淡い味覚で自然の素材の持ち味を生かす技法に結び付く。これは自然との調和と身体とこころの調和を重視する。それはコトであるコンテクストとモノとしてのコンテンツを調和させ一体化させることである、といえる。このように、精進料理のブランド性とは、身体とこころを繋ぎ、環境との共生を目指す点にある。

おわりに

現在は、食だけでなくこころや健康自体が商品化され消費される時代である[10]。健康な食とは何かという問い自体が、何かを食べること、または食べないことで健康になれるという発想に基づき、近代的な思考の枠組みにとらわれている。この問いは、モノとコトを分けて捉え、モノにより自らの健康というコトを得るという意識を前提とする。しかし、健康とはこころと身体が調和した状態であり、特定のモノからは得られない。

このように捉えると、精進料理が示すスタイルの特徴は万物が自然の循環の中に存在するという点にある。そしてその前提に立ち、日々自然からの素材に手間をかけ活かし、味わい、身体に取り込み生きる。これが道元禅師の「法をして食と等ならしめ、食をして法と等ならしむ」という教えである。精進という言葉に込められた意味は、こころと身体をつなぎ生きる糧として食事をつくり、いただくことである。これが修行に励むことであり、これが心と行動を善に近づけていく教えを示している。

さて、宗教が普遍宗教として展開していく際には法としての戒律を設け、それを教団内のルールとして他との違いを際立たせる。これによって門徒の一体化を生みだしている。これが食など様々な行動上の禁忌が設けられる理由の一つでも

ある。

　精進料理も元々は仏教における戒律として生まれ、これが日本に伝わり肉食などを禁止する食事として僧院を中心に展開していった。しかし、精進料理には、宗教的な禁忌による料理という範疇を超えた一つの分野を築き発展してきた歴史がある。これからブランドとして展開していくためには、精進という言葉に込められた、こころと身体を繋ぐというメッセージ性にあらためて着目することが大事である。

　本章では、今後の精進料理の展開の可能性に着目し、ブランドデザインについて考察を行った。筆者としては、本章の試みがこれからの精進料理の食としてのブランド発展の一助となることを期待したい。

注
1) イスラム法はイスラム教内においてはシャーリアと呼ばれる。
2) 牛・馬・犬・猿・鶏の一定期間の狩猟を禁じたもので、肉食を禁じた訳でない。
3) 厳密には肉食そのものを禁じている訳ではなく、禁止の期間を区切り狩猟や漁業を禁じたものである。文献等からは、仏教伝来後の中世においても、それまでと同じく肉食は広範に行われていたことがわかる（原田、2010、p.105）。
4) その代表的な説話集が『今昔物語集』や『日本霊異記』などである。
5) 戦国時代、武士層は狩猟を行い、それが儀式として鹿狩りや鷹狩り等として伝わった。また、山岳地域を中心に、狩猟の歴史は存在し、厳密な意味で肉食の禁止を徹底していた訳ではない。しかし、奈良時代以降、一般に肉食が広く普及するのは、明治維新後の時代以降となる。
6) 元々、熱帯および亜熱帯で生育する茶の木が中国に伝わり、茶を飲む習慣として日本にもたらされたのは遣唐使の時代に遡る。それが広く普及したのは鎌倉時代である。こうした禅の文化の流入は、当時、宗がモンゴルの侵攻によって滅亡し、大陸から多くの禅僧が日本に亡命したことが大きく影響している。
7) 精進料理の特徴が、中国や台湾の精進料理で特徴的なもどき料理を生む。これは肉や魚を用いずに、植物性の素材を用い、動物性の食物に似せた料理をつくることである。それは湯葉やこんにゃく、椎茸やキノコ類を使い、アワビのスープやエビなどの食感やかたちを再現する。その代表例が大豆を用いた雁もどきだ。
8) 例えば『粗食のすすめ』（幕内、2003）などがある。
9) 食における健康において「医食同源」という言葉がよく用いられるが、この言葉自体は、近年日本で造語として創られた言葉である。それが急激に普及したのは1990年前後からのことである。それはバブル経済の発展と崩壊と同期している。

10) 現在、健康食品は、サプリメント、栄養補助食品、健康食品等の売上げによる大きな市場を形成している。これらの健康食品以外にも、健康をキーワードにした商品やサービスは数多く存在している。まさしく健康ブームと言える。これらは飲む・食べると良くなるとは明確に PR しないが、体験談をとりあげ、「こんなによくなった」とアピールすることで、健康に不安を抱く多くの消費者を惹きつけ、莫大な利益を上げている。

参考文献

阿部慈園（2009）「仏教と食事〜「食事観」の変遷」阿部慈園編（2009）『精進料理入門』大法輪閣

熊倉功夫（2002）『日本料理文化史』人文書院

熊倉功夫（2007）『日本料理の歴史』吉川弘文館

小坂井敏晶（1996）『異文化受容のパラドックス』朝日新聞社

小室直樹（2000）『日本人のための宗教原論』徳間書房

鳥居本幸代（2006）『精進料理と日本人』春秋社

中西晶（2007）「物語を構築する力」原田保・三浦俊彦編『スロースタイル』新評論

中谷巌（2012）『資本主義以後の世界』徳間書房

平塚実堂（1985）「精進料理の心」藤井宗哲編（1985）『精進料理辞典』東京堂出版

幕内秀夫（2003）『粗食のすすめ』新潮文庫

原田信男（2010）『日本人はなにを食べてきたか』角川学芸出版

Bibbson, Ann（2014）*The Evolution of Diet*, National Graphic, September, 2014, pp.40-52

Petrini, Carlo（2007）*Buono, pulito e giusto*（石田雅芳訳（2009）『スローフードの奇跡〜おいしい、きれい、ただしい』三修社）

Rizer. G（1993）*The McDonaldization of Society*, Pine Forge Press;（正岡寛司訳（1999）『マクドナルド化する社会』早稲田大学出版部）

第5部

具体編Ⅳ　ローカルブランドに見るスタイルデザイン

第13章

京風料理のスタイルデザイン

青山忠靖

はじめに

京風、あるいは京都風という語感が醸す文脈に昔日の輝きはみられなくなってきている。かつて一世を風靡した京風ラーメンのチェーン店が、九州ラーメンや家系ラーメンといった文脈の台頭の陰で衰退していったように、京風はもはやナショナルブランドとしての勢いと精彩を欠いている、とも推察できるからだ。

ただし、この京風という語は、イメージ先行型のコンテクストともいえる。昭和50年代に京風ラーメンの一大ブーム[1]が全国的に広まった時でさえ、肝心の京都ではそうした流れに冷ややかな視線を向けていた。実際に京都ラーメンと呼ばれる京都近郊で供されているラーメンは、濃厚なスープとこってりした味付けが特徴的であるのに対して、京風ラーメンはあっさりした薄口の醤油味でまとめられたものであり、京都人からみても対極的な存在であったからだ。

いわば、京風ラーメンとは、京都とはまったく関係の無いところで、京都であればこうした味付けであろうという曖昧なコンテクストを想定とした、架空の食文化ともいえるだろう。

それゆえ京都に住む人たちからすれば、安易な京風という商業的な語の使われ方に好ましくない感情を覚えた、とも考えられる。

京風あるいは京都風といった枕詞のついた料理には、この京風ラーメンのように実体のない、すなわち京都には存在しないものが多々ある。

逆説的にいうならば、京都という語のブランド的価値は食文化においてそれだ

け高い価値を有している、あるいは有していた、ともいえるかもしれないのである。ただし、安易な文脈的解釈によって京都あるいは京風といったコンテクストが、当の京都人すら知らない間に劣化してしまったという事実も一方では存在するのである。

このように、食文化におけるコンテクストとは、曖昧さと無秩序によってその存在価値を急落させてしまう危険性を常に内包している。そうした危機を回避させていくためにも、コンテクストデザインという概念は重要なものとなるのである。

本章では、京都という一地方の食文化的なコンテクストが日本料理の代表的存在となる変遷を辿りつつ、京都料理というコンテクストの本質的なものに迫るものとする。

第1節　京都料理のコンテクスト的な本質

（1）山間の地の郷土料理というコンテクスト

そもそも、日本料理は京都から発祥した。あるいは京都の真似をして日本料理が醸成されていったという考え方が底流にあることは認めざるをえない事実であろう。

原田信男によれば、日本料理の流派としては藤原四条中納言山蔭[2]を祖とする四条流がその元祖にあたるものとしている（原田、1989）が、料理に関する文献的な根拠は皆無に等しい、ともしている。藤原山蔭は包丁と真魚箸と呼ばれる箸のみを用いて一切手を触れることなく見事に鯉をさばいた、とされているが、中世ではこのように魚を扱う調理人を庖丁人と呼び、料理内容よりは庖丁人によるこうした芸能がパフォーマンスとしてもてはやされた（原田、1989）。この事実は他方で、調理方法や味付けが未発達ゆえにパフォーマンスに頼らざるをえなかった時代的な背景も語っている。

四条流は、現在では四条流包丁道として伝わっている。包丁流派としては、他にも大草流、園部流、生間流などがあるが、こうした流派は確かに京都の地を起点としてはいるが、一般の食膳の料理のために存在したものではなく、あくまでも公家や上流武家の儀礼的な膳のためのパフォーマンスを司る役目を果たしてい

たにすぎない。いわば包丁を持った神官である。したがって、このような権威的な庖丁道が現在の京都料理を完成させたとも言い切れるものではない、と考えられる。とはいえ、各包丁流派の成立と、禅院から発生した精進料理が発達し現在の日本料理の原型が形作られたのは室町期であり、その中心となったのが京の町であることに間違いはない。

京には公家衆と呼ばれる伝統的な貴族階級が存在したが、鎌倉時代以降、こうした貴族階級は獣肉食を仏教的な罪の意識と神道的な穢れの問題から嫌う傾向が強まった。

そのため、タンパク源としては魚鳥を用い、調菜と呼ばれる穀類や野菜を使用した精進料理を中心とした料理が貴族階級から一般庶民へと伝播するようになった。とくに豆腐を使った料理が室町期の京都では盛んとなる。

　二本刺してもやわらこう　祇園豆腐の二軒茶屋（村田、2005）

これは室町後期の俗謡（村田、2005）であり、当時、祇園に2軒あった茶屋で出す豆腐の田楽のことを詠んだ歌である。豆腐の田楽とは角切りの豆腐に甘味噌を塗り香ばしく焼いた後に串に刺して売ったもので、当時の町衆にとっては祇園の花見には欠かせない定番のメニューでもあった。2軒の茶屋のうちの1軒である柏屋は、その後江戸期には中村楼と店の名も改めて現在でも存在[3]するが、そこからもわかるように豆腐田楽売りは日本でも最も古い飲食形態店舗である。串に料理を刺して客に供するというスタイルは、現代の日本においても焼き鳥や串揚げなど枚挙に暇がないが、その原型ともとれるものがこの豆腐の田楽刺しなのである。

昭和期の冬の定番料理として、鰤大根というものがある。ひとことでいうならば、これは鰤と大根の炊き合わせとも表現できるが、この魚と野菜の炊き合わせという手法は京料理の代表格でもある鯛カブラの変形ともとれる。この鯛カブラは江戸時代、それも恐らく明石の鯛が流通し始めた元禄期以降に考案されたものと思われる。

近世における日本料理の大転換としては、魚網漁等の技術革新が進んだことによって、魚料理の主役が淡水魚の鯉から海水魚の鯛へと移行[4]したことが挙げられる（原田、1989）。

とはいえ、それは短い時間内に急激に起こった変革ではなく、天正年間から寛永年間にかけてゆっくりと確実に広がったムーブメントといえるだろう。

　鯛カブラは、瀬戸内から陸路あるいは水路によって京都に流通した鮮度のやや落ちる鯛の臭みを、京野菜である聖護院カブラと炊き合わせることで臭みを消した、極めて繊細で洗練された料理でもある。出汁は昆布を使用するが、鯛カブラの変形バージョンともとれる鰤大根は、関東では鰹出汁と濃口醤油で味付けられる。大根は鰤の臭みを消すとともに、鰤の旨味を吸い取る効果をあげるが、これは鯛カブラの聖護院カブラと同じ役割を果たしている。鯛カブラは、このように鰤大根の原型ともいえるのである。

　昆布出汁をベースとした魚と野菜の炊き合わせという料理手法は、鮮度がやや劣化した具材の臭みを抑え、旨味をさらに引き出す知恵のレシピともいえるが、山間の地である京都ならではの工夫がそこにある。

　山間の地が多い日本では、海に面して開けたごく一部の場所を除けば概ね京都が有する自然的な条件下にある、といってもよいだろう。そうである以上、鮮度の高い海産物は手に入りにくい。例えば、マナガツオという魚はクセがあって食べにくく、他の地域ではなかなか定番として食されないが、京都では、マナガツオを西京味噌とも呼ばれる白味噌に漬け込むことで保存を効かせ、その臭みも消すことでポピュラーな食とさせている。

　あるいは、身欠き鰊といった独特の調理法も発達したが、こうした工夫と知恵が近世にかけて各地に伝播したのである。

　京都料理の本質とは、関西の山間の地に根ざした一地域の郷土料理（村田、2005）に過ぎないが、その創意工夫と深い知恵が多くの人々を魅了させたのである。今なお人々が京都料理といったことばに何らかの魅力を感じてしまう要因とは、恐らくそこにあるものと考えられる。したがって、京都料理とは、日本料理において源流に近い存在ではあるが、それは国民料理と呼ばれるものではなく、あくまでも郷土料理の一つとして位置するものと、ここでは定めることにする。

（2）ことば遊びのコンテクスト

　京都料理は形、つまり見た目と見栄えを重視する。味と見栄えは表裏一体であり、公家社会や宮中といった貴族階級の振る舞いを見ながら醸成された料理文化

の風土的な特性ともいえる。他地域にとって、そうした美的な姿勢は洗練された文化として模倣の的となったのである。ではその美的な価値観とはどのようなことに根ざしたものなのだろうか。

京都料理を代表する菊乃井の調理人である村田吉弘は、そうした美意識の起点を自然との共鳴として捉えている（村田、2005）。自然と自身の共鳴とは、公家社会の伝統的文化である詩歌の世界に通じるものであり、京都料理にはそれゆえに、ことばによる意味的な価値も見栄えを構成する重要な要素となるものと、考えられる。

おばんざい[5]、と呼ばれる料理の名称がある。

例えば、大根と揚げの炊いたんは、京のおばんざいの代表格です、というような京都弁の文章を雑誌などで目にするが、このおばんざいということばが、実際に使われ始めたのは昭和40年前後といわれている。

おばんざいは単なる総菜の意味であるが、そもそも京都人は総菜のことを単におかずとシンプルに表現することが多い。とはいえ、このおばんざいは、東京では気の利いた京都の小料理として他の一般的な総菜やおかず以上のブランド的価値を発揮している。

同様に、京都人が単に、カブラ、青唐辛子、塩辛納豆と呼んでいた日常の食材が、聖護院カブラ、田中唐辛子、大徳寺納豆と、マスメディアによってある種のブランド化が進んだのも近年である。

ここからもわかるように、極めて日常的な食を見栄え良く整えることばの術こそが、京都料理の郷土料理としてのコンテクスト的な本質なのである。

(3) 融合化で広がる京都料理のコンテクスト

伝統を重んじるかの錯覚を覚える京都料理ではあるが、実は融合化も盛んである。前述の四条流はすでに1,200年以上の伝統を誇るが、そもそも日本料理は鎖国という枠内で極限ともいうべきところまで発達をみたが、それは純粋培養に近い伝統的な食事体系を基礎とした価値観のもとで展開されたものであった（原田、1989）。

早い話が、米、魚鳥、野菜、穀類、肉といった食品に対する感覚が、千年以上にわたって変化のない大枠の中で磨かれていったのである。その間に、京都料理

だけが持続的な優位性を常に維持し続けていたわけではない。坂東の禅院で進化した精進料理という味付けの技術を吸収し、西国からは素材を段々に重ねて蒸し上げる見栄えの手法（博多と呼ばれる技法）を取り入れるなど、京料理は各地の料理からさまざまな融合を試みていったのである。

　化政期から天保期にかけて、日本独自の料理文化は最高潮にあったが、その時点ですでに流行文化の盟主としての京都料理の地位は江戸に明け渡された状態にあった。

　京都には公家社会という貴族的な文化的社会が存在したが、閉鎖的社会ゆえに流動性に乏しく、何よりも経済的な力を有していなかったために、文化的な活況は勢いを失いつつあった。京都社会は、ある意味で継承的な文化環境に染まりつつもあったのである。

　他方の江戸では、特権的都市民層、非特権的都市民層、都市下層貧民層からなる階層のうち、中堅の武士や町人から構成される非特権的都市民層の層が厚く、彼らが一種の知識人社会を形成していた（原田、1989）。彼らは通とか粋といった極めて独善的で観念性の高い料理流行文化を築いていったが、こうした遊びの料理文化といったトレンドに京都は乗り遅れていったのである。

　さらにいうならば、料理文化がそうした論理的なものに裏打ちされない観念的な遊びの世界へと変質したことは、日本料理全体がすでに末期的な状況を呈していたともいえる（原田、1989）。飛躍するが、現在、各地の郷土料理がB級グルメとして再生産される状況も同様に末期的な様相と考えられるかもしれない。

　明治維新、さらには敗戦を経て、伝統的な日本料理は苦しい対応を強いられていくことになるが、京都料理もそれは同様であったといえよう。むしろ、京都料理は激動の時を自らが融合化を図っていくことで新たな途を開いたとも、いえるのである。

　日本における肉食の普及は、穢れの思想が強かったために、体を養うべく滋養の法として広まった（原田、1989）。有名な話としては福澤諭吉の『肉食之説』[6]の出版が普及に一役買ったなどの説もあるが、京都での肉食の普及はむしろ進んで独自の発展を遂げている。

　かえって京都料理の肉食への姿勢は、他の地域と較べてもむしろ貪欲でもあったといえるだろう。牛肉、豚肉はもとより鹿肉なども積極的に取り入れたから

だ。

　面白いのは、肉食に関しても京都ではことば遊びがたくみな点にある。

　京都では伝統的に鴨肉料理が多いが、鴨ロースという、まるで肉の部位をそのまま命名したような料理がある。鴨ロースの名を口にしたとき、京都人の多くは、けったいな名前やろと、半ば自嘲気味に嗤うが、これも料理の質と独創性に対する自信の裏返しであろう、とも受け取れる。

　この鴨ロースとは、鴨の胸肉の表面を軽く炙り、脂がのった内面の赤身を蒸し煮にした後にレアの状態で食するものであるが、このロースとは肉の部位を指すものではなくロースト（roast）が語源となっている。つまりフランス料理などにある鴨肉のローストが京都風にアレンジされたものである。もちろん、味付けは酒、醤油、砂糖、和芥子と京都の伝統的な調味材を使用したものである。付け合わせには、あっさりと京人参や南瓜などが供せられるが、鴨肉のしつこさが京野菜の風味で消され、後味を良くする。

　同様な料理に鹿ロースと呼ばれるものもある。これは鹿肉のロイン[7]と呼ばれる部位の表面を、フライパンでよく焼き焦げ目をつけた後にやはり蒸し煮を施し、それをレアで濃口醤油と溶き和芥子で食すものである。付け合わせにはやや濃厚な栗の甘煮などが使われる。

　フランス料理の鹿肉のローストは、非常に歯応えのあるもので、それなりのクセが味には伴うが、京都料理では蒸し煮という伝統的な手法を応用することで、実に鹿肉が柔らかく味わい深いものになっている。肉はやや淡白な風味なので、こってりとした栗の甘煮もそれに良く合う。鴨ロースも鹿ロースも晩秋の京都肉料理の代表的なものであるが、見事な和洋の融合振りといえるであろう。ここまで完成度の高いアレンジ料理は他の郷土料理の追従を許すものでない。

　フランス料理を想起させるものは、何も肉料理に限ったものではない。蒸しものと呼ばれる伝統的な京都料理にもそうした融合がなされているからだ。

　白子の蒸しものは、その最たるものである。一見すると、それはまさにスープと見まごうが、裏濾しされた白子と汲み上げ湯葉は、ほぼクリームスープのような味わいを醸し出す。純然たる和の素材のみを使用しているが、見た目とテイストとともに、従来の日本料理の枠を超えた斬新さが光るものと思われる。

　さらには、アンコウの胆と聖護院カブラの輪切り煮を添えた、フォアグラのテ

リーヌを思わせるような、アンコウの胆とカブラの博多蒸しと呼ばれる逸品もある。これはフランス料理の技法を凝らしたような新しいレシピだが、淡口醤油を用いた和の素材がみごとに新しい切り口で料理されていることがわかる。

　白子蒸しにしても、アンコウの胆蒸しにしても、特別な店で供せられる特殊な料理ではない。ポピュラーとはいえないまでも、気の利いた小料理屋で何気なく酒のあてとして味わえるところが、京都料理あるいは京都の料理人の懐の深さと考察できる。

　これほど高度に洗練された外部の料理と郷土料理の融合は、おそらく日本国内の他の地域でもみることはできないものと思われる。それほどまでに、伝統と研ぎすまされた技、あるいは確かな舌によって育まれてきた京都料理は、圧巻の編集能力の高さをみせてくれるのである。

第2節　イデアとしての京料理

（1）現代料理と伝統料理の定義

　この章が主題とするのは、伝統料理としての京都料理の文脈がどのような変遷をたどり、どこへ向かおうとしているかを述べるかにあるが、ここで伝統料理という語に注目してみたい。伝統料理という用語は、学術的に議論し尽くしたものといえるかやぶさかではないが、ここではとりあえず次のような意味的解釈で使用していきたいと考える。

　伝統料理と対にあるのが現代料理である。現代料理とは、覇権的な国民料理として世界を席巻したフランス料理の文脈を色濃く反映させながら、19世紀のアメリカ合衆国で生み出された大量生産と大量消費を基調とした資本主義生産システムに組み込まれた料理文化である。現代料理は人々の適合（fit）を媒介として、瞬く間に全世界に普及し、この瞬間にも無限の膨張を続けている。そうした現代料理に対して世界各地で地域に根ざして個性豊かな味覚を熟成させてきた料理が伝統料理なのである、とここでは定義するものとする。

　伝統料理は、各々が有する微妙な味感覚が、市場主義の原理、すなわち均一的な欲望の商品化により画一化され、より無難なものへと編集されてきた。血の滴る羊の生肉をこねてモンゴル遊牧民が味わった肉料理が、世界的市民料

理としてブルジョワジー料理のプロセスを経て、マクドナルドのハンバーガーへと集約化されていったように、伝統料理は急速に解体され幾度かの再編集化を施されていくのである。

その一方で、人々の適合（fit）に合致しなかったものは破棄されていく。

京都料理の祖ともいえる有職料理[8]などがその典型といえよう。無味の素材である干物や穀類、あるいは焼き物を、小皿に盛った僅かばかりの塩と酢のみで味付けを行って食すという、素朴かつ自然への崇拝にもつながる、ある意味で人間の傲慢さを微塵も感じさせない神聖ともいえるこの食のスタイルは、今やまったく京都においてさえも忘れ去られている、といっても過言ではないだろう。有職料理の席では、供されたものに対して、旨い、不味いといった味に関する感想を述べてはならない鉄則がある。

不味いといった穢れのことばは、自然への冒涜につながるものと考えられているからだ。

伝統料理には、このような高い精神性とともに、極限的なまでに食材そのものの味覚を突き詰めるという姿勢が込められることが多いが、そうしたものは現代料理の編集段階において、人々への適合に叶うか否かという視点のみから破壊・解体されてしまうのである。

（2） 小京都と呼ばれるイデア

イデア（idea）とは、目に見える形・姿・空間物を指し示すが、理想的な美の姿といった意味も含まれる。例えば、都市のイデアといった語には、夢想的な創造物としてのユートピア的なものや、歴史的な観点といったものが、さまざまなかたちとして顕在化されていく。そうした意味で、京都は日本において、さまざまな視点や相（時代・地域・意匠）からイデアの考察が最も深い都市の一つといえるであろう。

戦国期から近世にかけて、数々の絵師の手によって各種の洛中洛外図屛風が描かれてきたが、これは京都という地が、天子が居住する特別な都市として人々の憧憬の的であったことを示すものでもある（伊藤、2010）。天子とは日常から超絶した存在でもあり、そうした存在に連なる文化を持った別格なる都市は、いかに商いが栄え、活況を呈した町であろうとそれを凌駕することはできなかったの

である。
　戦国期には、各地に小京都が乱立するが、これも京都という憧憬的かつ夢想的な都市イデアが群雄割拠を成した各地の武将たちの脳裏にイメージされたからに他ならない、と考察できる。群雄たちは、自らを恐れ多くも、擬似天子として振る舞うことで雛の地に京を模した空間構造物を意匠したのである。
　戦国期の小京都ムーブメントは、その後も姿やメッセージを変えながら、京都ブームとしていく度となく日本の社会史に影響を与えることになる。そこに京料理が何らかの関連性を伴ってくるのは当然のことではあるが、日本料理の本来あるべき姿として、一種のユートピア的な幻想としてのイデアが語られる機会も多いものと、思われる。
　我々が大なり小なり京都料理に抱くイデアは、それが顕在化したものであれ、潜在的なものであれ、このような歴史的かつ経験的な認識を経た小京都の残像が無意識下に交錯している、とも考えられる。
　小京都的料理はあくまでも模倣であり、現実の京都料理そのものとはまったく異なるものであるが、我々はそこに日本料理の模擬的な伝統の正当性を嗅ぎ取ろうとする姿勢を、無意識のうちに希求して止まない。
　むしろ、京風料理のイデア的文脈は幾重にも積層されてしまい、そのなかで京都料理のイデアは勝手に生成・変成・消滅を繰り返し、それを我々自身が気づいていない、とも考えられるのである。この章の冒頭でも述べた京風ラーメンの盛衰などは、まさにこの生成・変成を経て、いまや消滅へと辿っているのである。そこには当然のごとく、現実の京都料理は存在しない。あるのは夢想的な京風料理という虚しいイデアだけなのである。
　京風と呼ばれる文脈の氾濫の背景には、京都だからこそ成り立つことができるこうしたイデアの存在が影響を与えているものと、考えられる。そしてこのイデア的なムーブメントは、確実に消滅の途をたどっている。

（3）現代料理として確立化された京都料理

　京風という、イデア的なコンテクストに依存した食、あるいは食のビジネスは生成・変成・消滅を繰り返すことになるが、一郷土料理としての京都料理は常に時流にかなったコンテクストの中で語られることが多い。

時流にかなうということは、すなわち生活者にとっていつの時代においても連続性を有した適合（fit）を与えていることに他ならない、と考えられる。

つまり、こうした事実は、京都料理が一地域の郷土料理という伝統料理に属するにもかかわらず、現代料理として拡大再生産されているという解釈にもつながる。

いいかえるならば、京都料理とはすでに郷土料理といった地理的な属性や、伝統料理という歴史的な属性をも超越した、一つの食のカテゴリーとして存在するといっても過言ではあるまい。

京都料理界の中心的人物でもある村田吉弘は、謙虚に京都料理を一郷土料理と位置づけているが、京都料理はすでに現代料理として資本主義生産システムに組み込まれているのである。

それでは、その京都料理とはいったいどのようなものなのか。

もちろん、それは一言では言い表すことは難しいが、コンテクストから考察する限りにおいては、それらは魚、野菜、あるいは肉といった素材を切る、ゆがく、漬ける、さっと焼く、裏漉す、といった細かい技を経て、煮る、炊き上げる、焼き上げる、蒸し上げる、の所作を繰り返し、生姜や柚子を絞り、彩色を施したかのように盛りつけられることが基本となる。

一般的な郷土料理と較べて、所作の数は極端に多く、入念な下ごしらえと複雑な煮炊きと焼き、蒸す、を要する。たとえば、鯛カブラに要する調理のプロセスは図表13-1にもあるように、主要プロセスは6であるが細かい所作は20近くにもなる。

また、博多と呼ばれる技法のように、異なる食材を幾層にも連ねて炊き上げるといった複層的な味付けを供する術などは、独特なものとなっている。

その一方で、レシピに関する詳細な形式知化されたデータは少なく、大半は膨大な暗黙知の中、すなわち料理人たちの頭の中にある。外部に発信される情報は極めて限られたものとなる。つまるところ京都料理とは、完結した世界観を持つ食の一つのジャンルとして、すでに完成されたものなのでありながら、実体はかなりミステリアスなものでもある。それゆえに現代料理としての認識が弱いものとも考察できる（図表13-1）。

図表 13-1　鯛カブラの調理プロセス

上段が主要な調理のプロセス。下段の小文字はそれぞれのプロセスに伴う所作をまとめたもの。

プロセス1
鯛の中骨を薄塩してさっと焼き、敷き昆布をして出汁をひく。
・中骨抜き
・薄塩する
・さっと焼き
・敷き昆布出汁ひき

プロセス2
昆布を引き上げると同時に、皮をむいて適宜庖丁したカブラを入れ、柔らかくなるまで煮る。
・カブラ皮むき
・適宜庖丁する
・やわらか煮する

プロセス3
いったんカブラを取り出し、酒を加えてさらに煮詰める。
・煮切り酒：沸騰させ完全にアルコール分をとばした清酒を加える。

プロセス4
鯛の中骨を引き上げて、濃口と味醂で調味し、カブラを戻してなじませる。
・調味する
・カブラをなじませる

プロセス5
上身にして薄塩した鯛を加え、さっと火をとおす。
・上身にする
・薄塩する
・火通しさせる
・型を残す
・八方地を用意する
・針柚子する

プロセス6
器に盛り、ゆがいて八方地につけ、固く絞った菊菜を添える。針柚子を天盛りにして鯛の身に載せる。
・盛る
・ゆがく
・菊菜しぼり
・天盛りする

出所：村田吉弘（2005）『京料理から』柴田書店、p.56をもとに筆者が作図。

第3節　京都料理のコンテクスト的考察

(1) 京都料理の記述による優位性

　京都料理が現代料理として隆盛を極めることができた理由とは何であろうか。もちろんそれは高い料理の技術に他ならないが、もう一つの理由としてはマスメディアを介しながら、料理という対象物を巧にことばに変形させたことが挙げられるであろう。

　それは、バルト（Barthes）[9]のことばを借りるならば記述である（Barthes, 1967）。記述と対になるものは画像、すなわち写真である。つまり、料理を味わうことはできないまでもすでに画像として顕在化されており、記述はそれを補う機能を担うことになる。

　記述の機能は限定的ではあるが、そのためにかえって独自のものとなりやすい。京都料理の場合は、多くの場合料理人による記述が多いのだが、彼らの膨大な暗黙知を基にしたその語りなり記述がシンプルであるがゆえに、読み手の知覚

機能を知的理解の一定レベルに不動化させるための表現力に富んでいるともいえる。

村田吉弘の代表的な料理作品として、〈まぐろのたたき寄せ〉という逸品がある。〈まぐろ〉と〈たたき寄せ〉は、音感の語呂としては耳心地が良いがよほど料理に精通しない限り意味的理解は難しい。いわば知覚としては不明である。

しかし、画像を見れば具体的なものが理解できる。それは、まぐろの赤身がハンブルグステーキのように円盤状に固められたものであり、我々はそれを見ることによってたたき寄せが、まぐろの身を包丁でたたき寄せたものであることが暗黙の内に認識できる。

とはいえ、記述がなければこのイメージの意味が確定しない。ゆえに、記述は重要であり知的理解のレベルを定めるための機能を果たすのである。

村田はここでは次のように述べている。

まぐろの赤身と中とろの部分を、筋をよけてスプーンでこそぎ取る。刃たたきし、峰で軽く潰す。型に入れて円盤状に整え、器に盛る。あたり胡麻、おろし山葵、濃口、味醂を合わせ、だしでゆるめたたれを周囲にかける。5ミリ角に切って冷水にさらした葱を天盛りにする（村田、2005）。

重要なのは、赤身も中とろも一緒くたに、文字通りたたき寄せられる点にある。さらにはたれも混ぜ合わせて食するという大胆さである。江戸風の、赤身は赤身だけで、とろはとろだけで山葵7、紫（醤油）3の心づもりの割で味わうべしというような、通や粋といったセオリーの概念をあえて否定する姿勢は骨っぽい。

さらに読み手は、こそぎ取る、刃たたき、峰で軽く潰す、という技を擬似的に認識する。こそぎ取るとは、丹念に身を剥がす動作を指し、刃たたきとは、赤身ととろ身を滑らかに刃で刻みまぶすことであり、峰で軽く潰すということは、庖丁の背を使いながら、すなわち混ぜ合わせる所作である。

記述の意味はけして確定するものではないが、京都の料理人たちの記述は、読み手の知的理解が最良になるようなレベルへの機会を与えてくれている、とここではあえて考察したい。京料理は小技の宝庫でもあるが、読み手は画像とともに、針打ち[10]、八方地で洗う[11]、骨切りする[12]、おかあげ[13]、色紙に切る[14]、煮こごらせる[15]、和えごろも[16]、清い湯する[17]、といった独特の技ことばに出

会い、体験したわけでもないが、知覚としてあるレベルでその技の数々を知的理解するのである。京都料理には、こうした料理人たちの暗黙知の技ことばとも呼ぶべき語が多い。

　形式知化された書籍などには記述としてそうしたことばが列挙されるが、結果としてそれは読み手の知覚を一定のレベルまで上げ、さらにはそのレベルに不動化させることにも成功した、ともいえるのではないだろうか。

（2）京都料理のコンテクスト的構成

　京都料理と一言で括られることも多いが、村田吉弘は京都料理を、おばんざいをはじめとした昔から続く伝統的料理、昭和時代（戦後）に考案された料理、外国の手法に刺激された料理の3つに大別している。

　これはプレゼンテーション技術の一つであるホールパート法[18]を用いた説明手法にもつながるが、京都料理という全体像をわかりやすく時代区分的に整理した考え方である。

　伝統的料理は、いわゆる京都人がかつておかずと呼んだものであり、鯛カブラ、マナガツオの味噌漬け、カブラ蒸し、大根と穴子の炊き合わせ等の庶民的な料理が並ぶ。

　基本は炊き合わせと呼ばれる手法を使ったシンプルなものがベースとなっており、伝統的京都料理の大枠ともいうべき範囲内に行儀良く収まっている。

　昭和的料理としては、豆腐を使った揚げ物、豚角煮、たこ煮、くじら汁などの揚げ物や煮物料理が続く。鴨ロースなどの肉料理もここに含まれる。素材や手法がこのレベルでは多岐に渡っており、郷土料理的な大枠からはすでに外れていることがわかる。

　外国の手法に刺激されたものは、やはりフランス料理の影響が強いものとして、伊勢海老料理や牡蠣料理、あるいはアンコウのフォアグラ風料理などが挙げられている。素材・手法ともに、より手が込んだものとなり、すでに創作的な料理の範疇ともいえる。

　スッポンの煮こごりなども、明治以前の昔からあるように思われるが、実はフランス料理のコールドコンソメの影響を受けて考案された料理であり、実は平成以降のものである。すなわち、これは四半世紀を未だ経ていないのである。

村田によれば、京都料理は出汁に関する考え方が保守的であり、フランス料理や中華料理に較べて数段遅れている[19)](村田、2005)、ともしている。和食は世界的に注目を浴びているが、けして技術的に先進的なポジショニングを占めているわけではない。

また村田は、一般的に京都料理は素材の組み合わせに対する先入感が強すぎるために、柔軟さにかけ、結果的に冒険的な試みができずにいる（村田、2005)、とも指摘している。これも日本料理全体にいえることかもしれない。京都料理というコンテクストには、大まかに伝統料理・現代料理として再生されたもの・京風イデアの3つが混在しているが、コンテンツである料理の一つひとつがどれに相当するものかを考察する場合、その分別は難しいものと思われる。

（3）反文人趣味という気骨のコンテクスト

京都には雅（みやび）ともいうべき文化的コンテクストがある。何よりも天子を始め公家衆という殿上人らが織り成した文化が雅という文脈で遺されているからだ。

一方、徳川時代以降政治的な中心地となった江戸（東京）には、粋や通（つう）といった文化的なコンテクストがある。実のところ、この雅と粋・通との差異は、料理文化における文人趣味の介在と非介在の差異でもあると、この章では考察する。

原田信男によれば、日本料理の牽引役都市でもあった京都がその座を江戸に引き渡す時代的背景には、両都市の経済力の逆転時期が重なっている（原田、1989)。

その時期は概ね文化・文政期であるものと想定するが、経済力がいかなる影響力を両都市の料理文化に及ぼしたかといえば、それは出版メディアの江戸における隆盛が要因と思われる。この文化文政期に、江戸では比較的高額な商いをする酢屋や鰻屋をはじめ、蕎麦屋などの売り歩き商いの増加が拡大したが、なかでも名料理亭と呼ばれた八百膳の繁栄振りは比類なきものともいえた（原田、1989)。

この八百膳が出資先となり、江戸芝神明前の版元である和泉堂屋市兵衛によって文政5年に『江戸流行料理通（えどりゅうこうりょうりつう）』が出版されると、たちまちこれは京・大阪さらには長崎でも評判を呼ぶことになる（原田、1989)。この時期、江戸の版元は都市としての経済成長をバックに、出版ビジネスをリードしていたからだ。

当時の八百膳の店主である栗原善四郎は、この書の著者も兼ねる程の文才と機

敏な商才に長け、文人墨客とも幅広い交流があったとされており、さまざまな文人や画家[20]がその後八百膳のために筆をとることになる。彼らは八百膳の料理法（通の料理）や心得（粋な態度）を書籍というメディアを介して全国津々浦々へと伝播させていったのである。

出版メディアを介した文化人たちによる一種のパブリシティ効果を狙ったこの八百膳の試みは、江戸（東京）の料理文化の普及のための定番ともなる。

古くは池波正太郎[21]、最近では太田和彦[22]の『居酒屋大全』に至るまで、江戸（東京）発信の料理文化はこうした文人趣味に支えられてきたといっても過言ではない、と思われる。

他方の京都では、北大路魯山人[23]らが大枠での京都料理を語ることはあっても、あからさまで俗っぽい文人趣味の文脈に対しては、否定的とまではいわないまでもマイナーな反応を示す傾向が強い[24]。

江戸（東京）料理が指向する通・粋に対しては、対極の存在として無知と野暮が存在する。つまり批判するべき対象がそこには常に在るという事実が認識されている。しかもその認識は文人もしくは文化人と呼ばれる人たちが下すのである。かつての八百膳のように資本力と文化的影響力を行使し得ない小規模な料理人にとっては、そうした文人（文化人）に否応無く媚びる姿勢が身に付くのである。

その点で京都の料理人の精神は、媚びたらあかん、理にかのうことを考えろ、当たり前のことをする（村田、2005）といった考え方に、大なり小なり影響を受けている。

仮に粋だの通だのと言い出したらどうなるか。どこかにいらっしゃるかもしれない野暮好みのお客様を否定することになるかもしれない。あるいは料理そのものに関して興味の稀薄な人たちに対して失礼な行為をとるかもしれない。だからこそ、他人様を批判するのではなく、己の信ずるところを行くのみ、との心情を強く持つのである。

良い物を良い物と見極める力とは表面的な褒めことばで表せるものではない。何気なさ、あるいはさりげなさの中から感じ取る態度さえあればよいのであり、京都料理を含めた京都文化の水準の高さとは、すでにそこに空気として凝縮されている。

おわりに

京都料理のコンテクストとは曖昧である。京都料理とは、日本料理そのものでもあるという考えすらある。では日本料理とは何か？　ということにも行き着く。解はあるのだろうか。それは恐らくない。現代料理と呼ばれる領域の中には確かに和食（日本料理）が存在する。

しかし、それらの大半を占める料理が京都とは無関係に進化したものであることも明白である。天婦羅、鰻の蒲焼き、にぎり寿司、焼き鳥、蕎麦、豚カツ、すき焼き、しゃぶしゃぶ、といった和食を代表する料理の内で京都発祥のものなどない。鮒寿司が寿司の源泉かもしれないが、にぎり寿司はまったくの別種と考える方が正しいと思われる。

確かに、和食が世界遺産に認定され、ユネスコの会場では炊き合わせや魚の杉板焼きなどの京都料理が供せられたが、村田吉弘の言説にもあるように京都料理は保守的で柔軟性にも欠けている。実のところ、文化的には黄昏ともいうべき時期を迎えているのである。

京都料理もしくは京都の料理人が、世界的な現代料理への進化に向けて本気でグローバルな人たちの舌に受け入れられる、あるいは適合を遂げるためには、さらなる多様化に向けた心の準備が必要となるのである、とここでは考察するものとする。

注

1) 京風ラーメンチェーン店としては、「あかさたな」などが代表格とされる。主に東京首都圏と中京圏を核として展開した。現在では勢いをなくしている。
2) 藤原山蔭（824年〜888年）：平安時代前期の公卿。清和天皇の側近として仕えた後に、光徳天皇の命により新たな庖丁流派である四条流庖丁式を起こし、始祖となる。
3) 中村楼に伝わる伝承であり、文献的な確証が存在するものではない。
4) 同時に海水魚の干物や塩漬けが普及し、それまでの主要なタンパク源であった鮒にとってかわる動向も存在した。
5) 正式には番菜と書く。番は定番の番であり、菜は総菜の菜を表す。いわゆる定番的な総菜の意味として関西地方で使われていたことばである。

6) 明治3年に福沢諭吉は腸チフスを患ったが、このときに福沢は築地牛馬会社の牛乳を薬用として用いた。快復後に福沢はこの会社の宣伝文として『肉食乃説』を執筆したとされている。
7) 背の部分の良質な肉の部位を指す。
8) 古代より平安期にかけて宮中で食された料理。焼き物は鮒を素材とし、干物はカエルなどを用いた。味付けの技法が未発達な時代であったので料理は小皿に用意された塩と酢で各自が好みの味付けを行った。
9) Roland Barthes, (1915～1980)：フランスの言語学者、文芸評論家。主要な著書に『モードの体系』(1967) がある。
10) 材料に含まれる余分な酸味を抜くために、針でまんべんなく表面を刺すこと。これによって味が素材に染み込みやすくなる効果もある。
11) 八方地は材料を煮炊きするのに用いられる基本的な合わせ出汁のこと。この場合は材料を八方地にくぐらせることを指している。
12) 小骨の多い魚に用いる下処理の方法。はもや、あいなめに用いられる。
13) ゆでたものを笊に取って、さましておくことである。
14) カブラや大根などの野菜を正方形に薄く切ること。しきしにきる、と発音する。
15) ゼラチン質の多い魚や肉を煮た煮汁を冷やし固めることである。
16) 和えものを作るときに材料と混ぜ合わせる合わせ調味料のこと。
17) きよいゆする、と発音する。一度茹でたものを、再度水を変えて茹で直すこと。
18) 全体像を整理するために、全体をいくつかの特徴あるパート部分に分けて全体像を再構成していく手法である。
19) 野菜料理を作る場合でも、京都料理では野菜から出汁をとるという行為を良しとしていない。出汁は昆布という固定概念に未だ縛られている。
20) 『江戸流行料理通』の書には葛飾北斎などが挿画を入れている。また文人としては菊池五山などが序文を寄せているなど当代の著名文人・画家がこぞって参加した。
21) 池波正太郎 (1923～1990)：戦後を代表する時代劇作家、歴史小説家。主な作品に『鬼平犯科帳』や『真田太平記』などがある。食通としても有名である。
22) 太田和彦 (1945～) グラフィックデザイナー、アートディレクター。資生堂宣伝部を経た後にアマゾンデザインを設立する。2003年より東北芸術工科大学教授を務める。1990年に『居酒屋大全』を発表する。同書は版を重ねファン層も根強い。
23) 北大路魯山人 (1883～1959)：陶芸家、画家。書道家と多彩な顔を持つ美食家。また料理家でもあった。京都出身で京都料理をこよなく愛した。
24) メディアへの露出を好まない店や料理人の比率が東京よりは高いといわれている。

参考文献

原田信男（1989）『江戸の料理史』中公新書、pp.144〜193

村田吉弘（2005）『京料理から』柴田書店、pp.13〜243

吉田伸之・伊藤　毅編（2010）『伝統都市①イデア』東京大学出版会、pp.71〜93

Barthes, R.（1967）*System de la mode*, Editions du Seuil, Paris（佐藤信夫訳（1969）『モードの体系』みすず書房）pp.25〜30

第14章

江戸前料理のスタイルデザイン

庄司真人

はじめに

　今や、寿司は世界的な食事として言ってよいであろう。アメリカのスーパーマーケットに行けば、手軽にパック寿司が手に入る。日系のスーパーマーケットはもちろんのこと、カリフォルニアなどの西海岸や、ニューヨークなどの大都市でもみられるSUSHIこそ、江戸前寿司をオリジナルとして全米でブームになった日本食の一つであると考えられる。欧米各地には、SUSHI Barも多く展開し、回転寿司チェーンも増えている。日本だけでなく、世界各国で食べることができる日本食として寿司は位置づけられる。

　我が国は四方を海に囲まれており、魚介類を古くより食べていた。日本各地に存在する貝塚をみれば古代からの魚介類と日本人との関係がわかる。この貝塚と呼ばれる古代の人類のゴミが捨てられた場所には、土器や石器の残骸や獣の骨に加えて、貝殻や魚の骨が残っている。古代の人々の食べ物として魚が身近な存在であったといえる。

　現代においても同様である。スーパーマーケットに行けば生鮮三品と呼ばれる魚（鮮魚・水産）、肉（精肉・畜産）、野菜が一定の売り場を占めている。これら商品は日常的に購入される商品であり、購買頻度も高い。また、概ねほとんどのスーパーマーケットにおいて、魚は一定の売り場面積を持っており、売上に大きく貢献する。

　魚になじみのある我が国においては魚料理を元にした郷土料理が多く存在す

る。たとえば、昆布のダシをもとにぶつ切りにしたサケと野菜を土鍋で煮込んだ「石狩汁」、生イカに米・もち米を詰めている「イカめし」、魚のあらをつかった「ザッパ汁」、新鮮な青魚（アジなど）を使った「なめろう」「くさや」、ぶりと大根を煮た「ぶり大根」、鯖のなれ寿司である「鯖寿司」、薄切りにしたふぐの刺身である「てっさ」、たこを用いた炊き込みご飯である「たこめし」など多くの魚介類を用いた郷土料理をあげることができる。

　本章で取り上げる江戸前料理も、江戸前寿司（にぎり寿司）、天ぷら、ウナギの蒲焼きという魚介類を素材としているものである[1]。さらに江戸前料理には佃煮や浅草のりを加えることができる（藤井、2010）。いずれも江戸の海からとられた食材を元にした料理である。

　本章では、江戸前料理を取り上げ、日本各地、そしてグローバルに展開したことに関して、コンテクストの視点から分析するものである。江戸前というローカルの地名から取られた料理が、食文化としてスタイルとして展開していることに関して考察する。

第1節　江戸前料理

（1）江戸前とは

　江戸前は、いうまでもなく、現在東京と呼ばれている場所の昔の地名である江戸の前という意味である。江戸前には、大きく2つの意味があるとされる。1つは地域としての意味であり、もう1つはスタイルとしての意味である。『大辞泉』によれば江戸前とは

> 1　《江戸の前の海の意》江戸の近海。特に、芝・品川付近の海をさす。
> 2　江戸湾（東京湾）でとれる新鮮な魚類。銚子・九十九里浜産と区別していった。
> 3　人の性質や食物の風味などが江戸の流儀であること。江戸風。江戸好み。

と定義しているように、地域としての場所と産地および江戸の流儀としてのスタイルとして江戸前が使われていることになる。

　地所としての江戸前について確認しておこう。江戸前が何処になるのかについては広く東京湾とする考え方と江戸の内海や前海に限定される、という考え方が

図表 14-1　東京湾の概略図

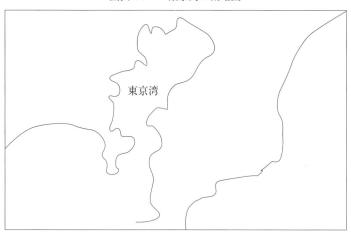

（筆者作成）

ある（図表 14-1）。

　このように江戸前は、「江戸の」という意味がある。江戸は、徳川幕府の政治の中心地として 17 世紀以降大きく発展した都市である。そして、大政奉還の後も東京と名前を変えて、日本の政治の中心地であり、現在は世界的な経済の中心地の一つである。

　江戸時代から江戸は大幅に人口が増加し、政治や経済の中心地であったことで大勢の人々の生活を反映させる必要が出てくることになる。この江戸の食卓を支えたのが、江戸前料理であろう。江戸の近海でとられた新鮮な魚や江戸近郊でとられる野菜を料理するものである。

（2）江戸前料理としての寿司、天ぷら

　江戸前料理の代表格としてあげられるのが江戸前寿司である。第 2 章でも述べたように、アメリカの消費者行動のテキストには日本では生魚を食べると指摘されている。これは、生魚をアメリカ人が食べることに慣れていないことを意味するものである。それにもかかわらず、ヘルシーということで sushi は人気を集めている。もちろんカリフォルニアロールのようにかまぼことアボカドをいれるものもあるが、サーモンやマグロなども使われている。寿司の文化がグローバルに

展開していることになる。

　海外で知られている、もしくは売られている寿司は、江戸前寿司と呼ばれるものである。現在の主流となっている寿司は握り寿司とも呼ばれる江戸前寿司であるが、寿司にはこの他になれ寿司と呼ばれるものもある。なれ寿司は塩と米飯で魚を乳酸発酵させている食品であり、日本各地に存在する郷土料理である。

　江戸前寿司は本来、江戸湾でとられた魚介類を使用した寿司のことであるが、近年ではより広義ににぎり寿司を中心に提供される寿司のことを指す[2]。江戸湾は、古くより豊富な魚介類が育つ天然の漁場であった。アジや鯖、鯛、カレイなどがとれ、新鮮なうちににぎりとして提供することができる場所的な特徴があった。

　にぎり寿司は、酢飯を軽くまとめ、その上に魚介を乗せて握るものである。マグロやカツオ、アジ、ヒラメといった魚の生身の他に、エビやたこ、シャコのような魚介類もにぎり寿司として提供される。いくらやウニのような柔らかいものは、海苔を使った軍艦巻きが用いられる。これら江戸前寿司で用いられる食材のことをタネもしくはネタと呼ばれる。

　にぎり寿司は職人の技術が問われる食となる。左手にタネを持ち、右手で寿司飯（シャリ）をとり、軽くまとめる。わさびを人差し指でとってそれにタネをのせ、左手の親指と右手の人差し指で寿司を形作ることが行われる。日本では職人が直にシャリとタネを持つことで、タネの大きさに合わせたシャリを作り上げることになる[3]。江戸前寿司にはにぎりの他に海苔巻きも作られる。海苔を巻いた巻物のことであり、古くからあるかんぴょう巻きのほか、マグロを巻いた鉄火巻き、キュウリを入れたカッパ巻き、たくあんなどのお新香を入れた新香巻きなどがある。

　天ぷらも代表的な江戸前料理であり、さらには代表的な日本料理となっている。卵を溶いた汁を小麦粉に合わせたものを衣として、タネと呼ばれる魚介や野菜につけ、それを油で揚げて調理するものである。タネに使われるのは江戸前でとれた魚となる。車えび、穴子、キスのような魚が用いられ、ていねいに下ろし、下ごしらえをすることで天ぷらとして調理されることになる。

　このような天ぷらの限定ができたのは江戸時代といわれている（小松、2009）。この背景には江戸前でとれる新鮮な魚が、安く流通したことが大きく関係してい

るのである（小松、2009）。

　江戸前料理としてあげられるものとしてウナギがある。江戸前とはもともとはウナギに対してつけられたと言われている。江戸城に近い隅田川や深川に住むウナギを江戸前と呼び、それが江戸前の由来であるとされている。まさに江戸城の前にある川からとれたということであろう江戸前のウナギに対して、利根川などの遠方から運ばれているウナギは旅ウナギと呼ばれていた。「江戸前」のウナギは上物として扱われたとされている。とれた場所によって差別化されるというところから、江戸前のウナギは江戸時代の地域ブランドと考えることができよう。

　ウナギの代表的な調理方法として蒲焼きがある。ウナギを開き、タレをつけて焼き上げたものであり、ウナギ専門店も多く存在する。ウナギの調理には時間がかかり、また技術もいる。「串打ち三年、割き八年、焼き一生」といわれるように、ウナギの蒲焼きは大変難しく、江戸前の職人の技が光る食となっている。

　現代においてウナギと言えば、土用の丑の日に食べるものとして食品小売業や印象業では提供されている。江戸時代の発明家である平賀源内が考え出した、ともいわれている。夏のウナギの売れ行きがよくなった店主が平賀源内に相談したのが由来とされているものである。これには諸説あるが、土用の丑の日というのが、一つのプロモーションの標語として考えられる。

第2節　江戸前料理に関する歴史的・地理的考察

（1）政治の中心としての江戸

　先述したように、江戸前には地域としての意味とスタイルとしての意味がある。このいずれにおいても歴史的な背景を確認しておく必要がある。江戸は日本の歴史の中でも重要都市として中世以降発展してきた。江戸の発展に大きく寄与したのは徳川家である。江戸幕府の初代将軍である徳川家康はもともと東海地区に拠点を置いていた。松平広忠の嫡男として三河国（現在の愛知県東部）に生誕した徳川家康は、織田信長との同盟関係を構築してから東への勢力を伸ばし、駿河国と遠江国（現在の静岡県）、甲斐国（現在の山梨県）、信濃国（現在の長野県）と三河国を勢力範囲に収めた。豊臣秀吉が天下を治めたころ、浜松城[4]から駿府城へと本城を移していた。徳川家康の本来の勢力範囲は東海地区であった。

この徳川家康が拠点を江戸に移すきっかけとなったのは、豊臣秀吉による小田原征伐である。天下統一を目指す豊臣秀吉にとって小田原城を居城とする北条氏の征伐は重要なものとなり、1590年に北条氏は降伏することになる。天下統一を果たした豊臣秀吉は、徳川家康の所領を北条氏の旧領であった関東へと移した。江戸氏あるいは太田道灌として知られる太田資長が開発した江戸を徳川家康は関東へと移り住んだ時に居城とすることになる。ここから江戸が大きく発展を遂げることになる。

　徳川家康が移り住んだ時の江戸は山や坂が多く、平地を確保するのが難しい地域であった。徳川家康は山を削り、平地の確保を図ろうとする[5]。現在の新橋付近から皇居近辺まであったとされる日比谷入り江の埋め立てを行った。このような土木作業と継続的な埋め立てによって江戸は広がっていくことになる。

（2）江戸の発展

　この広がりがさらに加速するのは江戸幕府の存在である。1600年に関ヶ原の戦いで石田三成率いる西軍に勝利した徳川家康は、1603年に征夷大将軍に任命され、幕府を江戸におくことになる。当時の日本において、幕府は実質的な政権を意味するものであったため、江戸が政治の中心地ということになった。

　幕府の政治の中心地となった江戸は、将軍の居城としての江戸城（現在の皇居）があり、将軍の部下となる旗本や御家人が所在する都市であった。また、徳川家に服する大名の屋敷が作られるようになる。政治都市として多くの武士とその家族の生活を支える商人や職人も大勢江戸に住むようになると一大都市として成長を遂げるようになる。

　江戸が日本各地に影響をもたらした一つとして、大名の参勤交代制度がある。徳川家光のころに始まったこの制度は各大名が所領である国元だけでなく、江戸にも住まなければならないという制度であった。この制度が作られた背景として最もよく語られるものに、大名の経済力を落とすために行われたというものがある。徳川幕府が約260年続いたのは、大名に力をそいだ各制度によって反乱の余裕がなかったことであるとされている。その代表的な制度が参勤交代である。

　参勤交代は地方と中心都市である江戸を結び付けたものであり、大名によって文化的な交流が行われていた。しかし、江戸時代、庶民の移動はほとんど許

されていなかった。日本各所に関所が設けられ、自由に人の行き来が許されていなかった中で、参勤交代は江戸の文化が地方へと普及する一つのきっかけであった、と考えられる。

　江戸は、18世紀初頭には人口が百万人を超え、世界有数の大都市として発展を遂げるようになる。人口が増加するようになるといわゆる衣食住が問題となる。

第3節　江戸前料理というコンテクスト

(1) 江戸前スタイル

　これまで江戸前の歴史的視点から場所としての江戸を強調してきたが、江戸前という場合、スタイルとしての意味も存在することになる。本来は江戸城の前でとれた食材を新鮮なうちに、おいしくいただくというものであった。産地でとれた上物の素材を職人の手によって作られる料理となっている。これまで検討してきたとおり、にぎり寿司にせよ、天ぷらにせよ、ウナギの蒲焼きによせ、新鮮な食材と職人による調理が必須なものとなっている。

　江戸前が江戸で生まれるのは歴史的な必然性があるといえよう。江戸が日本各地から来た多くの地域の出身者を集めた都市となってくる。江戸時代には、藩が300程度あったとされる。中には水戸藩のように江戸に常に詰めておかなければならない藩もあったが、多くは国元と江戸での二重生活を求められていた。まさに江戸時代の江戸は多国籍都市であったといえるのである。それに加えて、江戸には征夷大将軍の直属の部下としての旗本と御家人がおり、これらの生活を支える町人（商品や職人）が存在することになる。

　江戸は江戸時代から成長したという新興都市として考えることができる。人数が多く、歴史が浅い都市として、歴史が古い上方といわれる関西とは対比した文化が発展することになる。江戸時代の文化として元禄文化と化政文化があるが、これは町人（職人、商人）が育んだ文化であった。

(2) 食文化としての江戸前

本書では食文化を取り上げているが、食の文化も上方と江戸で対比されることになる。江戸前は競合関係のあった上方との対比の中でその特徴が浮かび上がってくるものである。これは現代においてもそのようにいえるであろう。前章で取り上げた京と比べると江戸前は庶民的というイメージがあるかもしれない。文化の対比において指摘されるように、元禄文化は洗練された上方の文化であるのに対して、江戸を中心とした化政文化は庶民文化を発展させることになる。

味覚も上方と江戸では対比されることになる。現在でも同じように関東の味覚と関西の味覚がよく議論されるように、濃さや醤油など味の違いが異なることはよく指摘されている。

特に、江戸の食文化はファストフードともいうべき、早くて安いが基本であった（大久保、1998; 中江、2007）。江戸前寿司はその代表格となり、屋台で提供されたり、立ち食いとして提供されたりすることによって手軽に食べられるものとなったのである。

しかし、もう一つの要因として職人による調理ということもあげられる。つまり新鮮な食材の味を引き出す職人によるていねいな仕事が江戸前料理に含められていると言うことになるのである。

ていねいな仕事ということが江戸前料理のコンテクスト転換に重要な働きを持ってくることになる。つまり、江戸前のスタイルが広く普及することによって、江戸という場所から離れることが可能となったのである。現在でもそうであるが、中心地である東京で流行した文化が地方へと波及することがある。江戸前が普及するのは、料理でもなく、場所でもないスタイルの普及ということになると考えることができるのである。

江戸前でとれる食材によって調理されたものがコンテンツとなる。今でも多く

図表14-2　江戸前のコンテクスト

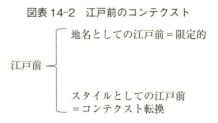

の料理店が存在するが、昔ほど江戸前で食材がとれるわけではない。現在では、江戸湾でとれた食材というよりも、世界各国でとれた魚介や野菜を利用した江戸前料理は、コンテンツというよりも調理のスタイルや料理人の技術というコンテクストが強調されるようになる。

おわりに

　本章では、食文化スタイルの中でも江戸前を取り上げた。江戸前は単なるローカルブランドではなく、グローバルに展開する日本の食文化に大きく影響を与えている。寿司や天ぷらは代表的な日本料理であるが、江戸前料理として手軽に食べられるものとして提供されていた。

　江戸前は地域としての意味が存在していた。それは江戸城の前としての場所のことであり、その付近でとることができた魚介類という産地としての意味である。近年では、地域ブランドについて盛んに議論され、「地名＋商品名」という地域ブランドの議論が盛んに行われている（原田、2013; 原田・三浦、2011; 坪井、2009）。さらには地域団体商標のように地域における知的財産としてその価値を高める動きもここ数年取り組まれていることになる。江戸前はまさに地域ブランドとして、出発した事例として特徴付けることができよう。

　江戸前のスタイルがさらに発展するのは、職人の技術が関係する。美味しいにぎり寿司は誰もが作れるものではない、寿司職人と呼ばれるように、修行を積んだ高い技術力を持つ職人によって作り出されることになる。天ぷらも同様であり、ウナギも同様である。江戸前スタイルは、職人の技が重要となる。

　職人の技を強調することによって、スタイルとしての江戸前は日本各地に普及するとともに、海外でも見られることになる。特ににぎり寿司は、日系人が住むアメリカ合衆国やヨーロッパ、さらには東アジアで普及する中で、日本食の代表格として、発展することになる。

注
1) ただし、天ぷらは魚介類だけでなく、野菜も素材となっている。また、江戸前料理としては寿司、天ぷら、蒲焼きに加えて、佃煮と浅草のりを加えることもある。
2) にぎり寿司を最初に考えたのは華屋与兵衛であると言われている。
3) ただし、回転寿司チェーン店では、専門の機械を導入し、機械によってシャリ玉が作り出されるようになっている。
4) 浜松の地域キャラクターが「出世大名家康くん」となっている。このマスコットは、浜松城を17年間拠点としていた徳川家康をモチーフにしているものである。
5) 坂の多さは東京の特徴でもある。古代からの江戸の特徴を踏まえた著書として中沢新一氏による書籍『アースダイバー』(中沢、2005)がある。

参考文献

大久保洋子(1998)『江戸のファーストフード:町人の食卓、将軍の食卓』講談社
小松正之編(2009)『江戸前の流儀』中経出版
中江克己(2007)『お江戸の意外な商売事情:リサイクル業からファストフードまで』PHP研究所
中沢新一(2005)『アースダイバー』講談社
原田保・三浦俊彦(2011)『地域ブランドのコンテクストデザイン』同文舘出版
原田保(2013)『地域デザイン戦略総論:コンテンツデザインからコンテクストデザインへ』芙蓉書房出版
坪井明彦(2009)「特産品のブランド戦略」『明大商学論叢』第91巻第3号、pp.765-776
藤井克彦(2010)『「江戸前」の魚はなぜ美味しいのか』祥伝社

第15章
沖縄料理のスタイルデザイン

河内俊樹

はじめに

　日本でも有数の観光地である沖縄は、周知の通り、日本列島最南西端に位置する地域である。沖縄県は、地理的には、九州から台湾までの琉球弧のほぼ南半分を占め、気候の観点においては、日本で唯一の亜熱帯地域に属すことから、一年中温暖な気候に恵まれている。それゆえに、われわれが観光に訪れると、本土[1]とは違った南国特有の風や雰囲気に触れることができ、またそこでの食事においても、本土とは違った特徴あるものを食することができる。したがって、このようなまさに"ハレ"の消費経験をすることができることが、観光地としての魅力を存分に高めている、と考えることができよう。日々の生活からの開放を求めて、定期的に沖縄を訪れる人も少なくないと言う。

　沖縄の食文化を考えるにあたっては、亜熱帯地域ならではのコンテンツとしての食材について考察していくとともに、沖縄という土地や地域が持つ固有のコンテクストを分析することが極めて重要である、と考えられる。「沖縄の特徴的な『食』は、その地理的環境と歴史的な背景、伝統的な信仰そして人々の食に対する意識などによって形づくられたもの」(尚、1995、p.11) として認識される。

　本土から遠く離れている沖縄は、地理的・歴史的な関係を基に、昔より日本(大和)や中国、そして東南アジアの影響を受けて、独自の文化を構築していった。食文化や料理においても同じく、周辺地域の料理方法を巧みに取り入れることによって、沖縄の気候や風土に適する独特な食文化を発展させていった。この

ことについて、沖縄料理は、「郷土料理というよりは、むしろ民族料理ともいえるほどの内容を持っている」(新島、p.22)、と指摘する研究者もいる。

したがって、以上の認識に基づき、食文化を形成するコンテンツとコンテクストについて、食材をコンテンツとして捉え、そして、その食材が沖縄という土地で利用されるに至った経緯、および、食文化を形成するに至った沖縄固有の歴史的・文化的・社会的背景をコンテクストとして捉え、考察をしていくことにしたい。

第1節 沖縄に特徴的な食材とその活用法

本節では、沖縄料理においてよく利用される食材について、紹介していくことにする[2]。現在伝わっている沖縄料理（琉球料理）の源流を辿ると、「宮廷料理」と「庶民料理」という2つの料理形態に辿り着く。宮廷料理とは、「琉球王朝時代に首里の宮廷や士族階級の中で発達した」（外間、p.133）料理であり、中国料理と日本料理の影響を多分に受ける形で、琉球独特のもてなし料理として洗練させたものである。現在の沖縄料理には、この宮廷料理の流れを汲むものが少なくないという。一方、「庶民料理」は、中国との交流による歴史的な影響を受けながらも、交易を通じて得た食の知識をもとに、限られた食材を用いて、日々の生活の知恵と工夫によって育まれた家庭料理、と捉えることができる。

(1) ンム (芋)

庶民料理において主食として食されていたものに、「ンム（ウム）」（芋）がある。これは、本土で言うさつまいもの系統にある芋[3]のことであり、沖縄の食生活の歴史は、ンムを抜きにして語ることができない、と言われている。貧しい農家の基本食はンムである。ンムを主食にして、ンムの葉や茎の煮物や汁、若干の保存食を食す程度であった。昭和初期の那覇の家庭では、年間を通じて一汁一菜が基本であった。中頭や国頭などの農村では、ンムや雑穀飯を主食に、一汁程度の膳であったようである。

農家では、シンメーナービ（大鍋）に1日分のンムを炊くことから毎日の生活が始まる。ンムに頼り、ンムに明け暮れる、と言っても過言ではない。そして、ンムの皮も重宝された。ンムの皮は家畜の飼料として役立ち、養豚の発達に大き

な貢献をもたらしたと言う。また、ンムクジ（さつまいものデンプン）も貴重な保存食となった。沖縄は亜熱帯地域であり、高温多湿で、しかも年に数回も台風に見舞われてしまう。したがって、ンムクジは台風の時の非常食として重宝し、どこの家にも蓄えられていたのである。このような気候的背景があるからこそ、貴重な食材に対して、何から何まですべてを食べ尽そうと、工夫に工夫を重ねた料理を心掛けるような食文化が形成されていくことになった、と認識することができる。

（2）豚肉と肉食文化

沖縄料理の特色と言えばまず「ワー」（豚）が挙げられるほど、また、沖縄で肉と言えば豚肉を指すほどに、沖縄の食文化では豚肉が深く浸透している。豚肉料理が発達した理由としては、気候が温暖で養豚に適したこと、ンムなど安価な飼料に恵まれたこと、中国との国交が長かったこと、救荒用家畜として重要な役目を果たしていたこと、などが挙げられる。ところが、一昔前の庶民料理において豚肉が登場するのは、ハレの食事の時のみであり、高嶺の花であった。

仏教の影響を受け、四つ足の肉類を禁じた日本（大和）の食文化と異なり、食に対する宗教的禁制がほとんどなく、食するものに偏見や差別感がなかった沖縄では、古くから精進料理が存在せず、肉食文化が栄えていった[4]。沖縄では、「豚一頭を余すところなく食べる」とか、「豚は鳴き声以外すべて食することができる」とか言われるように、豚という貴重な食材を大事に利用し尽くす文化がある。また、豚肉を食べることにより、悪霊から身を守ることができる、という古くからの言い伝えも残っている。豚は、庶民料理としては貴重なハレの食事であったことから、何から何まですべてを大事に利用し始末しようと、決して無駄にすることのないように、工夫に工夫を重ねていった。したがって、豚の脚・足、面の皮、耳、心臓、腎臓、肺臓、などの内臓や血液を巧みに料理にするのが、沖縄の豚肉料理の最大の特徴だと言える。代表的な料理としては、「足テビチ」[5]「ラフテー」「ソーキ骨のお汁」[6]「中身の吸い物」「ミミガー料理」[7]「ジューシー」[8]などが挙げられるが、いずれにしても、本土の豚肉料理には見られない部位を食材として利用したものが多い、という特徴が見られる。

また、豚の脂身も無駄にすることはなかった。豚の脂身も、自家製の食用油脂

を作るために利用されている。各家庭では、豚の脂肪を加熱法で抽出し、アンダガーミ（油脂入れ陶器）に保存して利用されている。炒め物にしたり、味噌汁に入れたり、また火傷・切傷などの塗布薬にと、実に用途が広いために、豚の脂身は重宝されている。

（3）ヒージャー（ヤギ）

ヤギも沖縄では重要な家畜で、民衆に親しまれている家畜タンパク源である。ヤギは、草だけで飼育することのできる手間のかからない家畜ということで、どこの農家でも飼われていた。そして、ヤギ料理は「ヒージャーグスイ」（ヤギの薬）と呼ばれ、風邪や冷え性を治し、疲労と冷えを取る薬膳料理として食されてきた。とりわけ農村においては、栄養補給源としても大いに役立っている。農作業終了後や家屋の竣工時、棟上げ時などに、ユイマール[9]の成員や大工に、ヤギ料理を振る舞う習慣がある。また、ヤギ肉は、屠殺したらなるべく早く食べる方が良いとされ、大勢集まって一度に食べる習慣がある。シンメーナービ（大鍋）に長時間煮込んだ熱々の「ヒージャー汁」[10]を、大勢で賑やかに食すると夏負けをしない、と言われている。他にも主な料理として、「刺身」[11]「チーイリチー」[12]などがある。

現在では、ヤギの飼育数が減少傾向にある一方で、依然としてヤギ肉の需要が高いことから、外国から毎年200tものヤギ肉を輸入したり、また県外から数千頭の生体ヤギを移入したりして賄っている（渡邉他、p.434）。

（4）沖縄豆腐

およそ2000年も前に中国で発明されたと言い伝えられている豆腐は、中国との交易があった沖縄では、随分古くから作られていた。豆腐は、沖縄の食生活に欠かせない食べ物であり、全島津々浦々まで多様に食されている。まさに豆腐の島と言えるほどである（新島、p.329）。

沖縄の豆腐は2種類あり、「沖縄豆腐」と「ゆし豆腐」がある。沖縄豆腐は、堅めの木綿豆腐である。1丁の重さが約1kgと、並みの豆腐の3丁分はあるかと思われるほど大きく、また栄養価（タンパク質）も、普通の豆腐に比べて1.3倍と高い（西大、p.44）。一方、ゆし豆腐は、本土で言うおぼろ豆腐に似た寄せ豆

腐である[13]。沖縄県民の豆腐摂取量は全国平均の2倍近くで、昔は手造りの豆腐や味噌がほとんど毎日食されていたと言う（尚2004、p.146）。

　沖縄豆腐を使った代表的な料理に、「チャンプルー」がある。これはインドネシア語で「混ぜる」という意味で、豆腐と野菜を炒めた料理のことである[14]。沖縄豆腐は、堅めの木綿豆腐であることから、炒め物に適している。またその他にも、東洋のチーズと称され珍味として有名な、「豆腐よう」[15]がある。これは、沖縄で最も特色のある豆腐の発酵食品である。

（5）沖縄の野菜

　沖縄は亜熱帯地域に位置することから、とりわけ沖縄在来の野菜も多い。南国の太陽の下で育つ野菜は育ちがよく、また筋が太くて濃い緑色をしている。したがって、生野菜を食べる習慣がなく、ほとんど火を通してから食すことになる（新島、p.330）。先に紹介したチャンプルーは、その代表例である。沖縄野菜の代表的な食材としては、ゴーヤー（苦瓜）、ナーベラー（へちま）、フーチバー（よもぎ）、島ラッキョウ、紅芋、野菜パパイヤ、など様々な種類がある。

　沖縄の野菜は、「島野菜（シマヤサイ）」とも呼ばれている。これは、沖縄における伝統的農産物のことを指しており、沖縄県ではこの伝統的農産物を、「健康長寿県として注目される沖縄において、戦前から導入され、伝統的に食されてきた地域固有の野菜」[16]と定義している。またこの伝統的農産物に対しては、戦前から食されていること、郷土料理に利用されていること、沖縄の気候・風土に適合していること、という3つの条件を挙げている[17]。

（6）魚

　沖縄は意外なことに、海に囲まれた環境にありながらも、魚料理があまり発達してこなかった。これは、海流の関係で捕獲量が少ないことに加え、気候的に鮮度が保ちにくかった、ということが、大きな理由である（金城、pp.315-316；新島、p.324）。沖縄の魚は珊瑚礁魚が多く、赤・青・黒・黄とこれらの色を組み合わせた色鮮やかな縞模様が多い。また、沖縄には大きな川がないことから、川魚もほとんど獲れない。

　魚料理においては、汁物や刺身などが多く、魚の焼き物はほとんどない。沖縄

の魚は暖海で育つために、脂身が少なく大味だからであろうか、魚の煮付けにおいても、油で炒めてから煮る、という独特な調理方法を用いる。また、魚は、汁物や刺身以外では、天ぷらや唐揚げにして食すのが一般的であり、これらは、淡白な味に対して脂気を補う、という意味が込められた調理法である。それゆえに、沖縄の天ぷらは衣が厚くフリッターのようなものである。おかずとしてはもちろん、おやつとしても日常的に食されている。

(7) 海藻類

他方、海藻類に目を向けると、モズク、アーサ（ひとえぐさ）、モーイ（いばらのり）、海ブドウ、などの沖縄固有の海藻類が多くあり、それらは本土でも知られているものが多い。その他にも多くの種類の海藻が食されており、海藻を使用した郷土料理も多い。

また、特筆すべきことに、クーブ（昆布）はその消費量が日本一である。昆布は、もともと沖縄の海では採れず、昔から遠く北海道の良質な長昆布を移入することで利用してきた。特に、昆布は豚肉料理には欠かせないものであり、古くより昆布が、日常食や行事食、および常備食としてよく食されてきた。地元の産物ではないにもかかわらず、消費量が多く、沖縄独特の昆布食文化を創り上げている点は、際立った特徴として認められる（渡邉他、p.219）。

第2節　沖縄の共食文化と行事食

沖縄は、島国に由来するためであろうか、"共食"の文化が発達していった、という特徴がある。"共食"というキーワードを基にしてみると、沖縄では昔から、人々が集い飲食を共にする文化が根付いている、と認識することができる。さらには、人々が同時空間に居合わせて「ユンタク」[18]することの"場"を非常に重んじていることも確かである。このことは現在でも、沖縄の夏の風物詩として定着している「ビーチパーティー」[19]などにおいて顕著に見られるし、日常的にも、友人・知人・近隣住民らと夜遅くまで、飲食をしたり宴をする光景が頻繁に見られることでも理解ができる。

このような文化は、古くは「モウアシビー」にも見られていた。モウアシビー

とは、「沖縄の諸村落において第二次世界大戦前まで行われた青年男女の夜間野外での集団的交遊の一形態」(渡邉他、p.515)である。「モー」とは原野のことを指し、それに「毛」という字を当てて、「毛遊び」と表記するのが通例である。通常これは、男女が車座になり、三味線の上手い男性と歌の上手い女性を真ん中にして、歌舞を楽しむ形をとる(渡邉他、p.515)。男女が集って酒を飲み、歌い踊るモウアシビーからは、多くのカップルが誕生したと言う(鈴木、p.164)。

　ところで、こういった共食の文化は、伝統的な信仰文化と結び付く形で、「行事食」の文化として発展させていくことになった、と捉えることができる。沖縄は「守礼の国」と言われるように、神々を信じる価値観を重視し、特に祖先崇拝を重んじ、また沖縄独特の神観念を持ち合わせている[20]。例えば沖縄では、「アニミズム」[21]や「シャーマニズム」[22]を基盤とする独自の信仰が根強く残っているし、また「来訪神信仰」[23]も根づいている。沖縄で最も根強く守られているのは、位牌と墓に関する祭祀であり、年中行事の約6割は、祖先の霊への報恩感謝の念と祖先との心の交流、共生の喜びを表す祖霊祭りである(尚2004、pp.140-141)。このような信仰や祭祀が、行事として培われ伝承されていく中で、独自の食文化も発展させていくことに繋がっていったのである。

　沖縄に限らず、日本には古来より、特定の日に食べる"決まりの料理"というものがある。いわゆる「行事食」である。祭事や行事に必ず登場する料理であり、その料理が顔を見せないと行事も祭りも盛り上がらなくなってしまう。沖縄の行事は、本土に存在しないものもあり、また、本土とは違う供え物や食事が登場する。代表的には、祭祀の供え物に肉類が利用される、という特徴がある。本土の祖先祭祀の場合には、精進料理を原則とするため肉料理を供え物として用いることはないが、沖縄のそれにおいては、むしろ肉料理を供え物として用いるのが一般的である。

　沖縄の年中行事において特に代表的なものは、「清明祭」(シーミー)である(奥田・杉原、1999a、pp.111-113)。「清明祭」とは、旧暦3月の「清明の節」に行う先祖供養行事のことを言う。これは、約200年前に中国から伝わって来た行事である。清明祭は、お彼岸の墓参りのようなものだが、文字通り、清浄かつ明潔で、祖先の墓を掃除して祖先の霊を迎え、心身ともに清められる日である。祖先への崇拝心の強い沖縄では、墓を母胎とした一族一門のつながりが深く、重

要な祭りの1つとなっている。今日行われている清明祭は2種類あり、門中（始祖を共通にし、父系血縁によって結び付く集団）ごとに行う「神御清明」（カミウシーミー）と、各戸別に行う「御清明」（ウシーミー）がある。「神御清明」は遠い祖先の霊を祀るもので、門中やハラ（沖縄本島地域で、同一祖先から出た男系血縁集団）とつながりがあると考えられている古い墓を墓参りする、先祖供養の行事である。そして、「御清明」とは、各戸別に行われるもので、餅や豚肉その他の料理を重箱に詰めたものを携えて墓参りをし、親類縁者は、それぞれ他にも菓子や果物、御香代を持って集まり、楽しい半日を過ごすものである。「神御清明」は一部でしか行われていないが、「御清明」は春のレクリエーションとして盛んに行われている。沖縄では、こういった親類縁者が先祖供養のもとに一同に会し、祭祀行事ごとに決められた行事食を共に食す、という食文化が今も残されている。

第3節　戦後における食文化の変容

　さて、本節では、戦後の食文化の変容について考察を行っていくことにする。沖縄は、伝統的な食文化が残されている一方で、様々な歴史的背景の下に、食文化もまた変化をさせていった、という経緯がある。沖縄の文化を象徴する言葉として「チャンプルー文化」という言葉が存在するが、この言葉はまさに、様々に流入してくる文化の波の中で、既存の文化と流入してくる文化とを融合させ、新たな文化を誕生させている、ということを表す象徴的な言葉として存在している。

　沖縄の言葉で、「世」（ユー）という言葉がある。これは、「権力者の政治的支配の体制やその期間など」（渡邉他、p.359）を意味する言葉であり、第2次世界大戦後に生まれた、いわば時代区分を示す言葉である。沖縄（琉球）の歴史は、中国、大和（江戸〜昭和にかけての日本）、アメリカ軍、戦後日本、というように、直接的・間接的に支配を受けてきた歴史的背景が存在する。この「世」という言葉はまた、世替わりの歴史として、外部勢力に翻弄されてきた庶民の感性から生み出された言葉として存在しているものでもある。そこで、琉球・沖縄において中国と交易・外交関係あった時代、すなわち中国へ朝貢を行っていた琉球王国時

代を「唐の世」(トゥのユー)、そして、1879 (明治12) 年の廃藩置県による沖縄県設置以後の沖縄戦に至るまでの時代を「大和世」(ヤマトゥユー)[24]、それから、1945 (昭和20) 年から1972 (昭和47) 年までのアメリカ軍支配下にある時代を「アメリカ世」(アメリカユー) として時代区分がされている。

　これらの3つの世のうち、アメリカ世においては、とりわけ大きな文化変容を伴うことになった。第二次世界大戦後の沖縄は、軍事植民地的社会と多民族的社会という二重構造的社会を形成していた (渡邉他、p.14)。したがって、アメリカの文化と沖縄固有の文化とが融合していった、特徴的な時代として認識することができる。「アメリカ世は、異文化を受容し、チャンプルー文化 (混合文化) 化した時代的特徴」(渡邉他、p.14) を示している、と指摘する研究者もいる。

　以下では、このアメリカ世の時代において生まれてきた食文化に焦点を当てて、古くより肉食文化が栄えていった沖縄において、アメリカの統治下に置かれる中で、食文化がどのように変容していったのか、ということについて見ていくことにしたい。

(1)「ポークランチョンミート」の定着

　アメリカの統治下においては、戦後の混乱期において、大量の物資がアメリカから流入した。もちろん本土においてもその状況は変わらないが、沖縄においてはその規模も大きく、また直接統治が長く続いたということもあり、アメリカの食文化による影響は、本土とは比較にならないほど大きかった、と考えられる (小池、p.68)。

　アメリカ統治下時代の沖縄は、配給制度が敷かれていた。この配給制度によって、日用品や食料品などが無償配布されたのであるが、この中に含まれていたものとして、「ポークランチョンミート」が存在した。このポークランチョンミートとは、「ミンチした豚肉を保存が利くように加工し、四角い缶詰に詰めたものの総称」(渡邉他、pp.463-464) である。これは、1930年代に、アメリカ軍が戦地へ携帯するための携帯食料の1つとして開発されたものである。その後、第二次世界大戦後に、配給物資として沖縄に導入されることになったのであるが、伝統的に豚肉に対する食習慣を持っていた沖縄では、貴重なタンパク源として、そもそも定着する土台や脈絡があった、と考えることができる。

現在では、沖縄のスーパーマーケットにおいて、デンマーク産を筆頭に、アメリカ産、中国産、オランダ産など、15～20種類以上のブランドが販売されている（渡邉他、p.463; 松田他、p.39）。また、沖縄県内では1社が、このポークランチョンミートの生産を手掛けている。日本に輸入されているポークランチョンミートは、2004年1月～12月までの1年間で、その輸入量は7,445t余り、金額にして26億2,500万円余りである（松田他、p.39）。それらのうち約9割が沖縄で消費されている。

今では、沖縄県内どこのスーパーマーケットやコンビニエンス・ストアにおいても、おにぎりやお弁当の中にポークランチョンミートを使った商品が必ず販売されており、「ポーク卵おにぎり」[25]はその代表的な存在となっている。沖縄料理においては、家庭でも飲食店や食堂でも、定番食材として日常的に利用されており、例えばゴーヤチャンプルーをはじめ、みそ汁の中の食材としても利用されている。

（2）「ファスト・フード」の定着

第二次世界大戦後、27年間にわたりアメリカ統治下にあった沖縄では、本土に先駆けいち早くファスト・フード店が登場した、という経緯がある。1963（昭和38）年、日本初のファスト・フード店として、北中城村屋宜原に「A&W」第1号店がオープンした。本土で初のファスト・フード店の登場が、1971年に東京銀座三越にオープンした「マクドナルド」であることから、約8年前には沖縄にファスト・フード店が登場したことになる。

ハンバーガーやチキンといった肉類を中心としたファスト・フードのメニューは、伝統的に肉食（獣肉）に対する食習慣を持っていた沖縄では、むしろ積極的に受容されていった、と捉えることができる（金城・田原、p.173）。1963年に登場した「A&W」を皮切りに、1972（昭和47）年に「ケンタッキーフライドチキン」が登場し、その後、1976（昭和51）年に「マクドナルド」、さらに同年「シェイキーズ」が沖縄進出を果たしていった。これらの中で、とりわけケンタッキーフライドチキンについては、金城氏らによって、興味深いエピソードが紹介されている（金城・田原、p.176）。それは、本土でオープンした1～3号店（ドライブインタイプの店舗）は失敗に終わっているのに対して、沖縄では成功

した、というエピソードである。このドライブインタイプの店舗スタイルについては、沖縄は戦時中に鉄道路線が崩壊し、主要交通機関が自動車やバスとなっていたことから、消費者にしてみれば、ドライブインタイプの店舗の方が買い物効率が良かった、ということが推察される。

ところが、このエピソードにおいて特に注目すべきことは、沖縄においては、アメリカ統治時代からアメリカの食文化に触れる機会が多く、そのこと自体がチキンの唐揚げ料理を受け入れる下地を創っていった、という点である。沖縄で肉と言えば豚を指す状況の中で鶏肉が受け入れられたこと自体、ある意味、食文化に対する相当程度の文化変容が起きた、と言っても過言ではない。しかし、沖縄では、アメリカ統治時代から、アメリカ軍家庭のメイドとして働く沖縄婦人がいたり、また各種パーティーや料理講習会などにおいて、アメリカの食生活に接する機会が多かったと言う。そのような背景があったからこそ、アメリカ人の人気メニューであったチキンの唐揚げ料理は、沖縄県民の食生活の中へ取り込まれていく脈絡が創り出されていった、と考えられる。本土においては馴染みが薄く嫌厭されたものが、沖縄ではアメリカ文化に対する接触があったがために、食生活の一部として抵抗無く受け入れられ、食の文化変容が起こった、という事実は、興味深いエピソードである。

(3)「タコライス」の登場

また、アメリカ統治下時代に流入してきたものとして、その他には「タコス」が挙げられる。タコスとは、テクス・メクス料理（あるいはメキシコ料理）を代表するものであり、いわゆる、メキシコ風アメリカ料理（アメリカ南部の料理）を代表するものである。タコスは、トウモロコシの粉を利用したトルティーヤ（フラワー・トルティーヤ）、あるいは、コーンを利用したコーン・トルティーヤの中に、トマト味のピリ辛ソースで炒めた牛挽肉（豚肉や鶏肉が使われることもある）や、レタス、トマト、チェダーチーズを挟んだ料理である。

一方、本題である「タコライス」とは、このタコスをヒントにして生まれた料理である。具体的には、ライスの上に、タコスで使われる具材を乗せた料理のことを言う。これは、金武町キャンプハンセンのゲート前に広がる飲食店街「新開地」にある「パーラー千里」という食堂で、1984年に生まれた料理である。

この料理が生まれた背景について、次のように紹介されている。

> 「タコライスの歴史は1980年代、沖縄のとあるレストランで始まった。その地元レストランのオーナーが、アメリカの軍人たちのためにタコライスを作ったと言われている。1980年代、アメリカは景気後退に直面していた。軍人たちはたくさん食べたくても食費を切り詰めなければならなかった。そこで美味しく、手ごろな価格で、そして量もたっぷり入った料理を提供するためにオーナーが作り出したのがタコライスだったのである。そのため、タコライスはアメリカの軍人たちの間で大きな成功を収めた。その後に、タコライスは地元の人々の間でも、安価でアメリカ風な料理として大きな評判を得た。このようにして、タコライスは1980年代以降沖縄中に広まっていった。」[26]

本節の冒頭にて「チャンプルー文化」という言葉を紹介したが、このタコライスという料理は、沖縄が持つチャンプルー文化を表す例として、特に有名である。タコライスは、テクス・メクス料理（あるいはメキシコ料理）をベースに、沖縄という土地が持つ固有のコンテクスト（事情）を融合させながら、新たな沖縄料理として登場させたもの、と認識することができる。タコライスは、スーパーマーケットやコンビニエンス・ストアのお弁当として売られているばかりでなく、今や学校給食でも提供されている人気メニューとなっており、登場以来、沖縄料理を代表するものとして、全国的にも認知されている。

近年では、タコスからタコライスが生まれたように、またタコスと既存料理との融合が生まれているようである。例えば、タコライスをドリアに変化させた「タコライスドリア」、そして、カレーにタコスの具を乗せた「タコカレー」、また、沖縄そばのトッピングとしてタコスが利用されるなど、タコスをベースとしたさらに新たな料理・メニューが登場してきている。

おわりに　沖縄の食に対する考え方とその意識
―もう1つのコンテクスト―

沖縄は、周知の通り、"長寿社会"あるいは"長寿県"として全国的に知られているが、それらを支えてきた要因として、沖縄の食材が持つ栄養学的成分に目が向けられる傾向にある。例えば、もろみ酢、マース（塩）、ウッチン（ウコン）、

シークヮーサー（ヒラミレモン）、などは、メディアに健康食材として度々取り上げられ、注目されてきた。特にこれらは、1990年代以降の沖縄ブームに乗っかる形で、沖縄長寿県を支える食材として紹介されてきた。現在においても、メディアによる取り上げられ方は、基本的には変化がない、と見受けられる。

　沖縄が長寿社会であることの本質は、沖縄の食材が持つ栄養学的成分のみにあるのではない、と考えることができる。沖縄はもともと、その自然環境によって食材に恵まれない土地であったことから、食材を大事にし、工夫を重ねることによって、食材をできる限り有効に使う食文化を育んできた。それと同時に、食事に対する向き合い方も育んできた、と言っても過言ではない。沖縄の長寿者達は、毎日口にする食べ物のことを、「クスイムン」とか「ウジニー」とかいう言葉を用いて表現することがある（尚2004、p.138）。「クスイムン」とは、「薬になる物・食べ物」という意味であり、「ウジニー」とは、「体を補う食物」という意味である。沖縄では、お年寄りが他人をもてなす時に、「これは滋養になるよ」とか、「これは体にいいから」など、効用を説きながら食べ物をすすめる。また、滋養になるものを食べた時には、「ヌチグスイなたん」と言う。「ヌチグスイ」とは、「命の薬」という意味である。すなわち、「ヌチグスイなたん」とは、命の糧になるものであったこと、滋養・栄養がある食べ物であったことを意味し、それが転じて、美味しかった、ということをも意味するのである。このような言葉が示しているように、沖縄の食に対する姿勢としては、食べ物が体を作り、食べ物で体の調子を整える、すなわち、「医食同源・薬食同源」という思想を有していることが理解される。

　このことは、ことさら食を薬として構えている訳ではなく、それが日常的な意識の中に存在していることを表している（西大、p.47）。尚氏は、次のように指摘をしている。「旱魃や台風などに度々見舞われた苛酷な自然環境に加えて数多くの島々から成る沖縄では、薬餌効果を優先する『養生食』が食の知恵として生み出されて育まれた。これらは日常の生活に密着したもので『命ドゥ宝』いわゆる命は宝であるという思想を基に『医食同源』の意識を大切に受け継いできたものである」（尚1995、p.13）。

　沖縄が食文化として持つ、食材を余す所なく大切に使用し"いただく"という食に対する姿勢、そして「ヌチグスイ」という言葉に象徴されるように、医食同

源・薬食同源という、食（あるいは食材）に対する向き合い方やその思想が通奏低音としてあることを、今一度認識することが必要である。これらの食に対する姿勢や思想そのものが、沖縄に独特な料理や食文化を生み出したのであり、またその食に対する姿勢や思想そのものが、結果として長寿社会を生み出した、と考えることができよう。したがって、このような沖縄の食に対する姿勢や思想そのものを、いま1つの沖縄固有のコンテクストとして認識することができるのである。

注

1) 「本土」は、鹿児島以北の日本を指す表現として特に一般化した用語で、学術論文などでも、沖縄と他府県との比較をするときに用いる用語である。同義としては、「ナイチ（内地）」「ヤマトゥ（大和）」「他府県」「県外」という表現もある（渡邉他、p.529）。
2) 本節は、主に次の文献を基に記述をしている（尚 1995、尚 2004、金城、新島、外間）。
3) 本土でいう「さつまいも（甘藷）」は、本来「琉球いも」ともいうべきものである、という指摘がなされている。さつまいもは、鹿児島では「琉球いも」とも呼ばれている。さつまいも伝来の起源を辿ってみると、野国総管が1605年に中国から導入し、その栽培法が沖縄全島に広まり、それがさらに薩摩に渡っていった、という旨の記録が残されているようである（新島、p.327）。
4) 沖縄で肉食文化が栄えていった理由については、次の文献に詳しく紹介されている（外間 p.137）。
5) 下ゆでした豚足に、昆布、だいこんや冬瓜、厚揚げ等を加えて、塩、しょうゆ、泡盛、生姜汁で味付けをして、弱火でとろけるような食感になるまで煮込んだ料理である（奥田・添田 1998b、p.36）。
6) ソーキとは、骨付きあばら肉のこと。昆布と一緒に煮込んだコクのある料理（新島、p.328）。
7) 豚の耳皮、顔皮でつくる和え物。こりこりとした歯触りがクラゲに似ており、酒の肴に最適である（新島、p.328）。
8) ジューシーとは、米に豚肉を入れて、豚のゆで汁（豚煮出し汁）を用いて炊き込む、沖縄風炊き込みご飯である。豚の三枚肉の他に、きざみ昆布などが入り、塩、しょうゆ、みりん、酒などで味つけをする（奥田・添田、1998b、p.36）。
9) 沖縄における労働力交換の習慣のこと。直訳すると「結い回り」である。地縁・血縁を通じて、数戸の農家で行う（渡邉他、p.533）。
10) ヤギ肉のスープで、ヤギの肉や骨付き肉、内臓、脂肪を大鍋に入れて2～5時間煮込み、食塩で味付けしたあと泡盛を入れ、臭いを消すためにフーチバー（よもぎ）やンジャナ（苦草）を入れたものである（渡邉他、p.434）。

11) 皮付きの赤肉や睾丸に生姜醤油を加えて食す（渡邉他、p.434）。
12) 臓物と血を、葉野菜や根菜類と炒めた料理のことである（渡邉他、p.434）。
13) 豆腐を作る過程で、型箱に流し込んで固める前の豆腐と湯の混ざった状態のものである（尚 2004、p.146）。
14) もともとチャンプルーとは、豆腐をこんがりときつね色に油で炒めた後に、野菜を使って、豚肉やかまぼこなどのあり合わせのものを入れて炒め、塩・こしょうで味付けをしたものである。具材として、ゴーヤー（苦瓜）を入れれば「ゴーヤーチャンプルー」、マーミナ（もやし）を入れれば「マーミナチャンプルー」、タマナー（キャベツ）を入れれば「タマナーチャンプルー」、というように、加える野菜の名で料理名が付けられることになる（尚、2004、p.146、奥田・添田、2001、p.66）。また豆腐以外の食材を利用したチャンプルー料理としては、ソーミン（素麺）を入れた「ソーミンチャンプルー」や、麩を入れた「フーチャンプルー」などがある。
15) 豆腐を2〜3日陰干しにして、それを米麹、紅麹、泡盛につけて発酵させたもので、沖縄ならではの珍味である。発酵によって、熟成されたまろやかさに包まれた、とろけるようなコクが広がり、チーズに似た味わいが生まれる（奥田・添田、2001、p.66）。
16) おきなわ伝統的農産物データベース「伝統的農産物とは？」
http://www.okireci.net/dentou/index.php?dispatch=pages.view&page_id=5
（閲覧日：2013年11月29日）
17) おきなわ伝統的農産物データベース「伝統的農産物とは？」
http://www.okireci.net/dentou/index.php?dispatch=pages.view&page_id=5
（閲覧日：2013年11月29日）
18) ユンタクとは、一般的には「おしゃべり」のことを指す。おしゃべりと言うと否定的な含意が現れてくるが、ユンタクという言葉は、交友の確認や情報交換の機会として積極的な意味で捉えられている。したがって、このユンタクという言葉には、「おしゃべり」という言葉では表現できない社会的機能も含まれている、と考えられている（渡邉他、p.524）。
19) ビーチパーティーとは、海岸で行う飲食会のことである。夏季になると毎週末のように、家族や親戚、友人・知人、学校や職場、など様々な単位や規模で、長時間にわたるバーベキューを堪能している。
20) 神観念とは、「人間を超越した能力をもった存在（神）に対する人々の観念」である。沖縄の人々は、自然界をはじめ日常生活においても人々の暮らしを支える竈（火の神（ヒヌカン））、便所（フールの神）、井戸（カーの神）、屋敷、など森羅万象に神の存在を感じ、日頃から感謝の心を忘れずに祈りを捧げている。また、このような信仰心は、グスク時代からウタキ（御嶽）をはじめとする様々な聖地が存在することを見ても理解される（渡邉他、pp.99-103、p.139、pp.305-308）。
21) アニミズムとは、自然界のあらゆる事物は、具体的な形象をもつと当時に、それぞれ固有の霊魂や精霊などの霊的存在を有するとみなし、諸現象はその意思や働きによるものと見な

す信仰のことである（尚 2004、p.140）。
22) シャーマンに関する定義は多様であるが、一般的に、日常とは異なる意識状態（トランス）において神や霊など超自然的存在と直接的に交流し、その過程で託宣や口寄せ、病気治癒などを行う民間巫者のことをいう（渡邉他、pp.256-258）。
23) 来訪神とは、外界から地域社会に、期日を定めて訪れ来る神のことである。来訪する神によってその地域社会や家々に豊穣や祝福がもたらされると考えたり、住民に何らかの教訓が与えられたり、厄払いを行ったりする習俗が伴っている。沖縄における来訪神伝承の特色は、どこから神が訪れ来るかが伝えられており、その場が他界観や神々の原郷への観念などと密接に結び付き、神観念を越えて世界観を形成していることである。来訪神は、森や山、海彼、海底、地底、などから訪れると考えられ、実際に仮面・仮装した来訪神がこうした場から現れたり、こうした場で神の出現を歓待する儀礼が行われたりしている（渡邉他、pp.549-550）。
24) 詳しく述べると、この大和の世は、次の２つの時代において認識することができる。すなわち、17 世紀に初頭に、薩摩藩による実質的な支配下に置かれた後の琉球王国の時代と、いま１つは、沖縄の施政権が日本に返還された 1972（昭和 47）以降の現代に至るまでの時代である（渡邉他、p.530）。
25) 焼いたポークランチョンミートと卵を、おにぎりの中に挟んだもの。若い世代を中心に人気のある、おにぎりの定番商品である。
26) 新田大樹「沖縄とメキシコのチャンプルー」金武町商工会『OKINAWA 金武町 TACORICE 世界一 746』パンフレット
http://www.kin.cc/downloadkinfiles/tacorice.pdf（データ取得日：2013 年 11 月 20 日）

引用・参考文献等

泉敬子・田端ふじ子・舘野陽子（1978）「郷土料理の研究（第 4 報）― 沖縄の行事食について ―」『文教大学紀要』第 11 巻、文教大学、pp.101-107

上江洲菊子（1988）「人の一生と食べ物」日本の食生活全集沖縄 編集委員会（編）『日本の食生活全集 47　聞き書 沖縄の食事』農山漁村文化協会、pp.341-358

奥田弘枝・杉原陽子（1999a）「沖縄の年中行事と行事食に関する研究（第 1 報）」『広島女学院大学生活科学部紀要』第 6 号、広島女学院大学生活科学部、pp.99-124

奥田弘枝・杉原陽子（1999b）「沖縄の年中行事と行事食に関する研究（第 2 報）」『広島女学院大学生活科学部紀要』第 7 号、広島女学院大学生活科学部、pp.77-92

奥田弘枝・添田麻記子（1998a）「沖縄における海藻料理と食文化」『広島女学院大学生活科学部紀要』第 5 号、広島女学院大学生活科学部、pp.129-153

奥田弘枝・添田麻記子（1998b）「沖縄における豚肉料理と食文化」『伝統食品の研究』第 19 号、日本伝統食品研究会、pp.32-40

奥田弘枝・添田麻記子（2001）「沖縄における伝統料理と食文化 ― 豆腐・ごーや・さつまいもの 3 大食材 ―」『広島女学院大学生活科学部紀要』第 8 号、広島女学院大学生活科学部、

pp.63-79

金城清郎（1988）「沖縄の自然、生業と食の素材」日本の食生活全集沖縄 編集委員会（編）『日本の食生活全集47　聞き書 沖縄の食事』農山漁村文化協会、pp.305-320

金城須美子・田原美和（1995）「沖縄の食にみる米国統治の影響（第一報）── 外資系洋風ファーストフード（米国型）の導入と受容 ──」『琉球大学教育学部紀要　第一部・第二部』第47集、琉球大学教育大学、pp.173-180

小池敦（2009）「文化資本と文化イノベーション ── 沖縄の食を事例として ──」『文化経済学』第6巻第3号（通巻第26号）、文化経済学会、pp.63-76

坂本正行（1993）「沖縄の食文化　清明祭」『食の科学』第190号、光琳、pp.78-80

尚弘子（1995）「沖縄の養生食と食文化」『Vesta』第23号、味の素食の文化センター、pp.11-18

尚弘子（2004）「沖縄の食文化」『GYROS』第5号、勉誠出版、pp.136-149

鈴木信（2001）「長寿地域沖縄の風土け、生活習慣」『日本老年医学会雑誌』第38巻第2号、日本老年医学会、pp.163-165

新島正子（1988）「沖縄の食とその背景」日本の食生活全集沖縄 編集委員会（編）『日本の食生活全集47　聞き書 沖縄の食事』農山漁村文化協会、pp.321-340

西大八重子（1999）「長寿を支えた沖縄の食材と調理法」『FOOD Style 21』第3巻第7号、食品科学新聞社、pp.43-47

外間守善（2008）「沖縄の歴史と食文化」『沖縄学』第11巻第1号、沖縄学研究所、pp.128-142

松田伸子・宮城重二・岩間範子（2006）「沖縄県の長寿のかげりと食文化・生活史の変遷 ── 肉食・豆腐・海藻の文化と社会生活を中心に ──」『女子栄養大学紀要』第37巻、女子栄養大学、pp.37-45

安井大輔（2011）「コンタクト・ゾーンにおける食文化の表象 ── 沖縄・南米文化接触地域のエスニックフード・ビジネスから」『コンタクト・ゾーン=Contact zone』第4巻、京都大学人文科学研究所人文学国際研究センター、pp.190-214

渡邊晶・君羅満（1999）「沖縄の長寿と食」『FOOD Style 21』第3巻第7号、食品科学新聞社、pp.26-29

渡邉欣雄・岡野宣勝・佐藤壮広・塩月亮子・宮下克也（編）（2008）『沖縄民族辞典』吉川弘文館

第16章
名古屋料理のスタイルデザイン

青山忠靖

　はじめに

　名古屋に旨いものはない。これは名古屋人が自虐的に語る文脈（大いなるコンテンツの総和としてのコンテクスト）でもある。おそらく30年程以前は名古屋人の多くがこうした台詞を口にしたのでないかと思われる。
　しかしながら近年、名古屋人は名古屋メシという文脈にグルメとしての活路を見いだしつつある。あるいはそのような気分に浸る場面が多くなったのではないだろうか。
　では名古屋メシとはいかなるものなのかと一言で説明するならば、名古屋というニッチな文化的経済的環境が独自に進化させた、あらゆる料理ジャンルを含めた庶民料理である。
　それは文化的な伝統に裏打ちされたレアなレシピともとれるが、そこにおける文化的伝統の時系列的な尺の長さがあまりにも短いために伝統料理の範疇に納まり切れないという事実もある。つまるところ、名古屋メシと呼ばれるものはトリッキーな単品の料理コンテンツであり、それ以下でもそれ以上のものでもないのである。
　名古屋メシとは、B級グルメと呼ばれるカテゴリーに属する個別の料理（コンテンツ）の集合体であり、コンテクストとして語るにはあまりに物語性が稀薄であり、エピソードメイクどころのはなしではない。
　本章では、名古屋メシと呼ばれるB級グルメの台頭と、おそらく急速に迎え

第 16 章 名古屋料理のスタイルデザイン

ることになると思われるその衰退への途を論じながら、多くの地方料理が抱える問題の本質を論じていくものとする。

第 1 節 名古屋メシの台頭

（1）取るに足らない名物の歴史

　名古屋の名物的な食といえば、きしめん、味噌カツ、味噌煮込みうどん、どて煮、小倉トースト、そして外郎(ういろう)などが挙げられるかもしれない。
　このような料理コンテンツの内で、全国的な国民食となったものはあるだろうか。
　長崎を代表する麺料理でもあるチャンポンは、ファミリーレストランにも採用されているように国民食としてのポジショニングを確立しているが、きしめんはそうした存在には程遠いと思われる。味噌煮込みうどんも同様であろう。
　群馬県高崎市を発祥とするソースカツ丼は、首都圏内や関西圏において普及しつつあるが、味噌カツにそうしたトレンドはみられない。
　名古屋に本店を構えるコメダ珈琲の全国的な進出によって、小倉トーストの存在が全国的な知名度を獲得したが、普及という点からは否定的な見解に落ち着くと思われる。同様に、1 日中食すことができる盛りだくさんのモーニングセットも、その他の地域の喫茶店のメニューとして影響を与えているとは考えにくい。
　美濃、尾張、三河の伝統的な料理といえば鮒味噌が有名であるが、淡水魚を食する習慣が薄れてきているために、もはや一般的とはいえないと思われる。
　しかしながら、かつては素焼きにした鮒を半日以上かけて煮込むのに使われた赤味噌が、後世ではこのようにどて煮や味噌カツ、味噌煮込みうどん、味噌おでんなどのベースとして用いられている点は興味深いと感じられる。名古屋食文化に占める味噌の役割は、想像以上に大きいものと考えられるからだ。
　尾張徳川家は御三家の筆頭雄藩でもあり、名古屋城下は規模の大きい城下町ではあったが、食文化に関するかぎりにおいては取り立てて特徴のない郷土料理しか残されていない。
　江戸料理の概念的特徴である粋や通といったものや、京料理の精神を貫く雅といったある種のコンセプトを名古屋料理はとくに有しているわけでもない。ま

た大阪のように、一工夫をこだわり抜くといった料理人の姿勢が格別に強い、といった風土もない。いってしまえば、どこの地域にもあるような、他地域の人たちからみれば取るに足りない名物とも考えられるのである。

(2) ブランドとして確立された名古屋コーチン

取るに足りないとまで言い切られてしまった名古屋名物食であるが、ブランド化に成功したものもある。名古屋コーチンと呼ばれる地鶏ブランドである。

名古屋コーチンの歴史は古い。廃藩置県後に禄を解かれた旧尾張藩士らによる飼育事業を祖とする名古屋コーチンは、比内鶏、薩摩地鶏と並ぶ日本三大地鶏の一つとまで評価されていたが、昭和中盤以降はブロイラーに押され、やや苦戦が続いた時期がある。

ただし、昭和戦前期以前は名古屋コーチンのブランド力は全国的に浸透しており、鳥刺し、とり鍋は、名古屋コーチンの代表的料理としてそれこそ名古屋食文化を代表するものであった、ともいえよう。

とくにとり鍋は味噌仕立てではなく、鶏ガラから出汁をとったスープがベースとなっている。また、山葵と少なめの醤油で食す鳥刺しは、「とりわさ」[1]に進化して、現在では高級焼き鳥店などを中心に全国的な普及をしている。

鶏肉を示すことばに、かしわと呼ばれる表現があるが、このかしわは羽が茶褐色である名古屋コーチンがネーミングの由来であり、昭和戦前期には日本の鶏肉の中心的銘柄でもあった（大竹、2011）、ともいわれている。

いわば名古屋コーチンは日本の鶏肉の最高級ブランドでもあったのである。似たような鶏の種として三河地鶏と呼ばれるものもあるが、名古屋コーチンとは別物である。

名古屋コーチンは繁殖性も強く卵を多く産むために、かつては厚焼き卵などの卵料理が名古屋食文化の一翼を占めていたが、現在ではあまりこうした卵料理は飲食業界において盛んではない。名古屋のマイナー的な名物でもある卵とじラーメンなどに、そうしたかすかな伝統を感じ取ることができるかもしれない。

名古屋コーチンの最大の特色は、ギュッとしまった身のコクに尽きるが（大竹、2011）、そうした差別化を図るために名古屋コーチンは一般的な鶏の飼育期間の2倍近い時間をかけて育てられている。だが、それが同時にコストのかかる

要因ともなり、戦後アメリカからブロイラーが輸入されると、名古屋近郊の養鶏業者は廉価なブロイラーの飼育へと切替えを促進させた。この背景には、ブロイラーを素材とした戦後の焼き鳥ブームが影響を与えたものとも推察できる。ちなみに名古屋コーチンの串焼きは戦前には存在しなかった。

こうした動向の変化によって昭和40年代中盤には名古屋コーチンの生産自体が途絶えるが、一部飼育業者の地道な努力によって、平成期以降は徐々に復活を果たすことができた（大竹、2011）。

いずれにしても、名古屋の飲食業者による名古屋コーチンへの注目が高まることは日本全体の食文化にとっても喜ばしいことであると考えられる。

（3）名古屋メシの登場

名古屋メシとは何か？ 誰が名付けたのか？ こうした問いに対しては明快な解が用意されている。まず名古屋メシとは名古屋地区で独自の発展をした料理全体を指す。

名古屋メシは系統付けるとすれば次の5つに大きく集約される。

1 味噌をベースとした伝統的なもの
　味噌煮込みうどん、味噌カツ、味噌串カツ、味噌カツ丼、どて煮、味噌おでん、とんちゃん（豚ホルモンの赤味噌だれ焼き）
2 鶏肉をベースとしたもの
　名古屋コーチン関連料理、手羽先唐揚げ
3 イタリア風麺料理をベースとしたもの
　イタリアンスパゲッティ（ナポリタンの鉄板焼き）、あんかけスパゲッティ、インディアンスパゲッティ（カレー味のスパゲッティ、濃厚なドライカレーにパスタが絡む）
4 アジア風麺料理をベースとしたもの
　台湾ラーメン、台湾まぜそば、ベトコンラーメン、きしめん、コロ（冷やしきしめん）、マヨネーズ入り冷やし中華そば、海老おろし（海老てんぷら入り冷やしおろしそば）、カレーうどん

5 喫茶店メニューをベースとしたもの
 小倉トースト、モーニングセットのサービス、せんじ（煮詰めた砂糖シロップをかけた、濃厚な甘味を放つかき氷）

まさに堂々たるB級グルメのそろい踏みともいえるであろう。共通していえることはどの料理も非常に味付けが濃厚でクセが強いところにある。

味噌をベースとした名古屋メシは、名古屋市内の居酒屋では標準的なメニューとなっているが、創業100年を迎えるような老舗居酒屋のメニューには記されてはいない[2]。

つまるところ、比較的に歴史が古いとされている味噌ベースの名古屋メシですら、半世紀前後以前の発祥に過ぎないのである。

名古屋メシというネーミングの由来も実は新しい。2001年頃に名古屋で居酒屋店グループを経営している株式会社ゼットンの創業者である稲本健一が、東京進出に当たって名古屋料理をアピールするために命名したのが始まりである。

第2節　名古屋食文化の歴史的なコンテクスト

（1）　文化的な都市でもあった近世の名古屋

尾張名古屋は城で持つ、という江戸時代中期からの歌謡フレーズ[3]がある。これは尾張名古屋に大きな城ができたので、これからは繁栄するだろう、というポジティブな解釈が一般的になされているが、おそらくそれは表向きともいえる半ば公的な解釈としての弁明であり、実際には町の実力以上に城が大きいという揶揄に近い皮肉が込められたものであろう、とも推察できる。

文化文政期には三都とまで呼ばれた、江戸、大阪、京都の繁栄振りに対して、名古屋は東海道と中山道の要所を占めていたという地政学的な意味からも、政治的あるいは文化的な影響力をそれなりに有していたものと考えられる。

とはいえ、その存在感は九州の博多や長崎と較べてもやや地味であったために、上述にあるような揶揄を受けたのではないであろうか。地味とは具体的にいうならば、消費の度合が少ないという意味合いをもつ。

消費の度合が少なかった理由とは、三都や九州の有力都市と較べた場合、町人

の上位層を占める大商人の数が相対的に乏しかったことや、それに比例するかのように、知識人社会を形成することが期待された中堅の武士や町人の層が薄かった、といったことが考えられる。それに対して江戸や大阪ではそのような層を中心とした非特権的都市民層が中核をなしており（原田、1989）、彼らの消費行動が都市経済を牽引していた。

　徳川幕藩体制化の諸都市では、富裕な商人で構成される上位町人層（特権的都市民層）の間で遊びとしての食文化が形成され、それらが中堅武士町人層（非特権的都市民層）に伝播され、中堅層は出版物というメディアを生み出し、さらにその読者層ともなったために、食文化は増幅されたという発展のプロセスが見いだされる（原田、1989）が、名古屋は規模的にそうした流れに乗りにくかったという解釈が推察される。

　したがって、名古屋はそれなりの大都市ではあったが、文化的なリードを果たすだけの人的な資源がやや不足していたという感は否めない、とも考えられる。

　料理屋の誕生は、ほぼ元禄期といわれている（原田、1989）が、その当時の店舗形態は料理茶屋と呼ばれるものが主流であり、鰻屋、蕎麦屋、寿司屋などの専門料理屋の登場は文化文政期まで時を待たねばならない。

　メニューもほぼ単一のものが中心であり、奈良茶飯と呼ばれる淡い煎じ茶と塩で炊いた飯にさらに濃い茶をかけて食すものが主でもあった（原田、1989）。

　京都の茶店ではさらに焼き豆腐（一種の田楽豆腐）なども売られ、大いに人気を博していたとされている。

　また人口流入の大きかった江戸では、長屋住まいの借家人層（都市下層貧民層）がうどんやそばきりなどの煮売り商売（行商）を行ったという元禄期の記録もある（原田、1989）。

　大阪ではすでに元禄年間に、酒楼と呼ばれる居酒屋の祖ともいうべき飲み屋がすでに生まれている（原田、1989）。これは大阪料理文化の高い創意性の賜物ともいえる。

　こうした時代的な動向は地方へも波及していった。したがって名古屋においても、中山道や東海道の街道沿いに茶店などが立ち並んだ、という推測は成り立つものと思われる。

　名古屋市中区葵に店を構える鰻店の老舗であるなまず屋は、発祥が文政年間と

されているが、元来は中山道沿いにある料理茶屋であったと称している。

名物がなまずの蒲焼きであったことから、なまず屋の屋号を用いたともいわれているが、蒲焼きという料理手法が広まったのが、その創業の時期（文化文政期）に重なることからも事実に近いものと推定される。

天明年間（1780年代）の江戸の人口は120万人を数え、大阪は41万人、京都は37万人程度の人口を保持していたが、名古屋の城下においても10万人程度が居住していた（原田、1989）とされている。世界的にみても同時代の10万人規模の都市は大都市と呼ばれるカテゴリーに属するものと考えても良いであろう。

10万人規模の都市であれば、様々な階級や身分の人たちが混ざり合い、江戸や大阪において構成されたような階層社会の縮小版が創出されていたはずである。

したがって、やや階層の下位に属する人々によって煮売り商売（行商）が行われていたとしてもそれは当然のこと、と考えられる。

つまるところ、名古屋という町は徳川幕藩体制化にあって、江戸・大阪・京都に次いで巨大な都市圏を城下の周囲に形成していた、という事実を認識する必要があるだろう。

名古屋を巨大な田舎と形容する文脈をしばしば耳にするが、名古屋は近代以前においてすでに国内有数の大都市として存在していたのである。

元禄期を過ぎ、享保年間に入ると百姓町人の暮らし振りは大きく変化を遂げる。暮らし向きに余裕のある庶民層は芸事を習い、奢侈にはしり、華美な器や吸い物専用の椀がこの時期から用いられるようになる。

江戸後期における都市部の読書人口は想像以上に多かったが、特出するべきは名古屋城下長島町の貸本屋であった大野屋惣兵衛の存在である。

大野屋惣兵衛は明和4年（1767年）に貸本屋を創業し、その蔵書は21,000冊にも及ぶとされるが（原田、1989）、これだけの規模を有する貸本業者は当時としても稀である。

現存する蔵書目録には『和漢精進料理抄』『豆腐百珍』『料理通』など、計35種の主要な料理本が網羅されている（原田、1989）が、これにはかなりの資本と労力が費やされているものと考えられる。重要な点はそうしたニーズが名古屋という都市に存在したことである。当時の名古屋でいかに書籍を通じて料理文化

がもてはやされたかが、うかがえるものとここでは推察する。

(2) モータリゼーションと名古屋食文化との関連性

　第一節でも述べてきたように、明治以降から昭和の戦前期にかけて名古屋食文化を代表したものといえば名古屋コーチンに尽きるといっても過言ではあるまい。
　こうした名古屋コーチン調理の伝統を引き継ぐ老舗店では、お造り（鶏の刺身）、椀もの（つくね団子の汁煮）、焼き物（かしわ肉の焼き物）、煮物（かしわ肉の旨煮）、ご飯ものと汁、香の物、菓子といった膳ものがコースで現在でも供せられるが、この一連の流れこそが江戸中期に完成された日本料理の基本的なスタイルでもある。
　しかし、昭和戦前期まで続いていたこの料理文化的なスタイルは、戦中戦後の混乱期を経ることによって途絶えてしまったとも考えられる。
　連合軍による徹底的な空爆を受けた名古屋都心部は壊滅的な破壊を受け、城下町特有の武家屋敷街や商家街のコンテクストを残していた旧市街地は焼き尽くされた。
　多くの老舗店も灰燼の中に消えていったが、これに変わって終戦直後より台頭したのが名古屋名物とまでいわれた屋台店である。
　ピークの昭和30年代後半には800軒以上の屋台が営業し、栄の広小路通をはじめ上前津、大曽根、熱田神宮前などが屋台街としてにぎわった（大竹、2011）とされている。
　こうした屋台で自然発生的に発祥し、独自の進化を遂げていった料理が味噌ベースの名古屋メシである。
　名古屋メシを産み落とした母体ともいえる屋台の存在は、やがてモータリゼーションの拡充とともに車道の拡張や歩道幅の確保といった理由によって1973年には営業禁止となる。多くの屋台店は資金力の不足から、一般的な店舗への転業を諦めたといわれている（大竹、2011）。これが面積規模の小さい立ち飲み屋や居酒屋が名古屋に少ないといわれる理由（大竹、2011）であるとも考えられる。
　すなわち、暗黙知で顧客とのリレーションを構築していた屋台店の様々なノウハウが、このような事情によって断絶してしまった、とも推察できる。
　おそらく、この1973年を境として名古屋の食文化を支えていたナイトライフ

が大きく後退したことは間違いないのではないだろうか。

　都心部の呑み屋が激減した一方で、クルマ社会となった名古屋ならではの居酒屋スタイルが生まれる。いわゆる郊外型居酒屋である。特徴は広大な駐車場を擁することで（大竹、2013）、マイカーでの来店を前提とした居酒屋は明らかに問題があるのだが、1980年代当時はこれが当たり前のこととして受け入れられていた（大竹、2011）。

　こうした居酒屋の経営は一定規模の資本力を必要とするために、経営母体は名古屋地場の外食総合企業の出資店が多かったが（大竹、2011）、メニューに関してあまり強力なローカル色を出してはいなかった。したがってそこで名古屋メシに通じるものが発祥した訳ではない。

　つまるところ、郊外型居酒屋店は2004年の道路交通法改正の時期[4]に至るまで繁栄を極めたが、名古屋独自の食文化に大きな貢献を果たしたとは言い難いと思われる。

（3）名古屋メシのカンブリア期

　名古屋メシが爆発的な繁殖と進化を迎えるのは、2005年の愛知万博の開催前後の時期である。まさに名古屋食文化が爆発的な繁殖を迎えたカンブリア期ともいうべき時代であり、名古屋メシブームは全国的にも広まったといえるであろう。

　名古屋人気質はやや複雑であり、大阪人のようにアイデンティティを全面に押し出すような傾向を嫌い、名古屋ローカル色をもろにさらけ出すような姿勢は好まない。

　したがって、東京から来た客人を、いきなりとんちゃん専門店やどて煮に誘うような真似はしない。以外と見栄っ張りなところもあるのである。

　実際にバブル期には、格好だけをつけたような内容の伴わないお洒落な店が名古屋でもウケた（大竹、2011）が、その背景にはそうした名古屋人の気質が見え隠れする。

　これには自らの文化に対する自信の無さの裏返し、という作用が働いていたのかもしれないが、愛知万博時に巻き起こった名古屋メシブームはそうした名古屋人の積年にわたるコンプレックスを払拭するようなパワーが発揮された、あるいは本来の地方人としての気質を目覚めさせた、とも推察できる。

愛知万博というイベントによる地域経済活性化の施策は、当時の小泉内閣の経済政策の好調振りにも支えられ、名古屋の人々の意識と食文化に大きな変革をもたらした。

1つは、名古屋の人々が名古屋メシという自分たちの食文化に対して、アイデンティティを持ち始めたということであり、もう1つはそのような気分の盛り上がりを背景に地元企業が強力な名古屋ローカル色を打ち出した飲食店展開に乗り出したことだ。

手羽先唐揚げの元祖といわれる「風来坊」チェーンや、「世界の山ちゃん」のようなある意味ベタな大衆的居酒屋グループが、全国的な展開を積極的に進めたのもこの時期である。

豊田産業は、豊田自動織機系列の資本力を活かして、2002年より居酒屋「月の雫」を全国的に展開していたが、愛知万博開催時期と前後して「どて家」という居酒屋を名古屋市内にオープンさせた。店の売りは、もちろん名古屋メシを代表するどて煮である。

やぶやグループは、とんちゃんの七輪焼きを目玉とした、まさに名古屋メシを体現したようなホルモン焼き居酒屋であるが2000年代の名古屋メシブームに乗り、現在では東京にも進出している。

正当的なものとしては、名古屋コーチンをはじめとした本格派の焼き鳥を専門に扱うチェーン居酒屋として鳥開グループが挙げられるであろう。

この「鳥開」は2002年にオープンしたが、ここも現在では東京に2店舗を構えている。やや高めの料金設定が、東京では逆にウケている。

一方名古屋人は総じて吝嗇であり、居酒屋にしてもひとり3,000円以上を支払うことをためらう（大竹、2011）とまでもいわれている。

そういった地元ユーザーの本音ともいえるニーズに徹底的に応えるべく、超低価格居酒屋市場を切り開いた居酒屋「ニッパチ酒場満点どり」を、2010年に出店したイデックスグループの存在も大きいであろう。

このイデックスグループはゼットングループと並び、90年代以降の名古屋の外食シーンをまさに牽引してきたが、これらの居酒屋を中心としたチェーン展開を図る中規模のグループ企業こそが、まさに名古屋メシのカンブリア期を創り上げてきた、といっても過言ではあるまい。問題は、なぜそうした中規模の地場企

業グループが、揃って名古屋メシとしいう市場に殺到したのか、という理由にある。

第3節　名古屋メシはどうなるのか

（1）名古屋メシを育んだ独特の資本主義のスタイル

米国のエコノミストであるボーモル（Baumol, W. J.）らは、資本主義のスタイルを下記の4つに分類した（Baumol, 2007）。

・政府が特定の産業を支援する国家資本主義
・少数の寡頭的財閥（olirarch）に富が集中する資本主義
・重要な経済活動が大企業に集中する資本主義
・小さな革新的企業が重要な役割を担う起業家資本主義

日本の資本主義社会はここで示されているように、概ね重要な経済活動が大企業に集中する資本主義社会に属するもの、と思われる。

ここで、あえて概ねとしたのは、大企業の経済活動の隙間を縫うように、小さな革新的企業がそこかしこで重要な役割を担う起業家資本主義の萌芽が、むしろ地方で胎動しているように感じられるからである。

愛知万博の開催と前後して、名古屋においてもワタミグループなどを中心とした大手居酒屋チェーンの進出が本格化した（大竹、2011）が、そうした大手グループは目抜き通りに100席以上の大規模店を展開しつつ様子見をした（大竹、2011）。

名古屋のナイトライフ市場の開拓という重要な経済活動が、いわば大企業に集中するという典型的な傾向が、ここに見受けられるとも思われる。

大手企業が様子見をした理由とは、名古屋がその他の大都市と較べて居酒屋の数が少ないからだともいわれている。人口10万人あたりの居酒屋店舗数を全国順位に落としていく場合、全国47都道府県ランキングで愛知県は33位と低迷している（大竹、2011）。

つまるところ、名古屋を核としたこの地方では酒飲み文化があまり発達してい

るとはいえないようだ（大竹、2011）という現実が、一方では認識されたのである。

しかし、こうした見方は歴史的なコンテクストを見誤っている。かつて名古屋には800店舗を超す屋台が軒を並べ、そこでは名古屋メシの元祖ともいえるレシピと食文化が豊かに醸成されていたのである。しかも、そうした豊かなナイトライフ文化を名古屋人はモータリゼーションという呪縛の元に自らの手で葬り去った、という歴史もある。

見栄っ張りな名古屋人は、都市景観という見栄えの良さと、モータリゼーションというアメリカ的なライフスタイルへの憧れから、屋台という名古屋食文化の本丸的な存在を破棄してしまったのである。結果として、名古屋人は郊外型居酒屋店という他地域ではあまりお目にかかれない中途半端な店舗業態を拵えたが、これらは食文化に対して大きな貢献を果たすことはなかったのである。

とはいえ、屋台で培われた食文化は消えてしまった訳ではなかった。

今池や堀田界隈などの、繁華街から少しそれたような、そこかしこの小さな数少ない居酒屋店舗で、ひっそりと限られた人たちの間で愉しまれていた名古屋メシの伝統とコンテクストは、潜在的なニーズとして水面下で燻り続けていたのである。

ボーモルらは、経済成長の要因が既存の労働と資本の増加率だけではなく、それらをいかに効率的に市場と組み合わせるかといった市場の力との適合を重要視しているが、ここでいう適合とは、生活者のニーズを先取りし新たなビジネスを生み出す起業家の力に依存する（Baumol, 2007）、ともしている。

こうした説を応用した視点からみると、まさに名古屋の中規模居酒屋グループの経営層たちは、名古屋メシに関する水面下のニーズを深堀し、新たなビジネスをこの2000年代に創出したとも推察できる。いわば、小さな起業家資本主義社会が名古屋で実現したのである、ともいえる。大竹は、大規模な居酒屋店舗を全国的な大手が抱え込み、中規模以下の店舗を地元チェーン資本が押さえるという棲み分けが確立している状況を、名古屋ならではの企業文化（大竹、2011）として評価している。なぜならば多くの地方小都市では、中規模の地場資本のチェーン店が多数乱立しながらも叩き合うことなく共存していくことが不可能に近いからだ。

軍事産業が集結し、生産体制の系列化がすでに昭和戦前期より進んでいた名古屋地域では、戦後の自動車産業の勃興とともにそうした傾向がさらに加速されていったが、系列下の中小規模の企業間では、系列内における不必要な競合を避けるために互いに共存できる関係作りをより強化した、という歴史がある。つまり、名古屋ではしたたかともいえる業界内の横つながりで、荒波ともいえる激動の時代を生き抜いてきた企業DNAが、さまざまなカタチであらゆる業種業界に息づいているのである。

　大企業や同業他社と共存しながら、自らのポジショニングを確立するために功名に立ち回る、という名古屋の中小規模居酒屋の経営スタイルは、市場をシェアしながら利益をコツコツと積み上げていく先人企業家たちの伝統に則ったものといえるかもしれない。

　こうした独特の経済的土壌と経営スタイルがあるからこそ、彼らは名古屋メシというB級グルメを単なるブームで終わらすことなく、食の産業として定着させることができたのである、とここでは推察する。

（2）　名古屋食文化から学ぶこと

　ブランドというものは、ある意味で鮮度が重要となる。したがって、一度破綻してしまったブランドを再生することは非常な困難を伴うことになる。これは、かつてのブランド食でもあった名古屋コーチンにもいえることである。

　名古屋コーチンは、育成期間が通常の倍の時間を要するというコストの高さが仇となり1970年代には事実上途絶えてしまったが、復活後にそのブランドをかつてのように再生することにはつながらなかった。現在では純系名古屋コーチンとして再ブランド化が図られているが、かつての名声とは隔世の感がある。名古屋メシ旋風が巻き起こった時期に、名古屋コーチンもブームに乗るべきではあったが、コストが枷となったのか、その勢いに便乗することはなかった。

　結論からいえば、名古屋では終戦後から現在に至るまで、無意識の内に伝統的な食文化のスタイルを破棄しながら新たなスタイルを模索していたことに他ならない、と考えられる。

　こうした傾向は名古屋だけの問題ではない。多くの地域や都市で、食文化の伝統や形式が安易でチープな模倣された食文化に侵されている。

（3）収穫逓減を迎える名古屋メシ

　現在、名古屋では大小20あまりにものぼる地場の居酒屋チェーングループ（大竹、2011）が市内を中心に凌ぎを削っている。さらに小規模な市場参入者と全国的な大手資本を入れれば数千もの飲食業者が狭い市場でシェアを競っているのである（図表16-1）。

図表16-1　名古屋の主要な居酒屋企業グループ

企業グループ名	名古屋市内店舗展開数
栄太郎	名古屋市内に4店舗を展開。愛知県内に7店舗を展開
我楽多文庫	名古屋市内に6店舗を展開
イデックス	全国展開。「やぎや」等の店舗名
素材屋	名古屋市内に9店舗を展開
ゼットン	全国展開。拠点を東京に移転する
やぶや	全国展開。20店舗を展開
DATZグループ	名古屋市内に6店舗を展開
昭和食堂	名古屋市内に23店舗を展開
じんまるグループ	名古屋市内に4店舗を展開
や台や	名古屋市内に29店舗を展開
SORAグループ	名古屋市内に12店舗を展開
創三舎グループ	名古屋市内に10店舗を展開

　かつて屋台店舗が市内から閉め出された当初は、一気に火が消えたような状態であった名古屋の盛り場は、居酒屋や飲食店で溢れかえっている。

　しかしながら2000年代の後半には、名古屋メシというキャッチコピーで充分な集客が予想できた飲食店舗も、2010年代の半ばを迎える現在では勢いを失っている。

　名古屋メシは収穫逓増期の盛りを越え、いよいよ収穫逓減期に向かいつつあるともいえよう。名古屋飲食店舗関係者の、本気の実力が試される時期が来たのである。

　大竹敏之は名古屋の居酒屋の特徴（大竹、2011）として次の項目を挙げている。

・手羽先、味噌串カツ、どて煮が3本柱

- ビールの売上が圧倒的に多い
- ホッピーを置いていない店が圧倒的に多い
- 他府県の業者は地場の不動産業者から悪い立地の物件を紹介されて失敗する
- 地場飲食店業界内の横のつながりが強い
- そのために似たような店が一気に増える
- カッコいい店が長続きしない
- ちょっと垢抜けない店が妙にウケる

　こうした項目から推察できることは、メニューが固定化している、それに伴ってアルコール飲料も固定化している、地域全体で余所者を受け入れない閉鎖的な傾向にある、差別化するよりは同質化を求める、あまり自己を強く主張しない、といった姿勢が強いということであろうか。全体的に保守化している傾向もうかがえる。
　名古屋メシは味付けが濃厚なために、日本酒は合わない。とくに名古屋の地酒はやや甘口なので合いづらい。したがってビールが増えるのであろうが、店としても瓶ビールや生ビールを販売する方が経営効率的にも良いという利点がある。
　余所者を受け入れない閉鎖的な傾向は、率直にいうならば名古屋地域経済のガラパゴス化が促進しているということに他ならない。
　文化（あるいは文化的生産）とは、中心的、周縁的、都市的の3つの主要なタイプで構成される（青山、2012）。中心的な文化とは東京を指す。それに対して周縁的な文化とは中心的な文化を享受し、それらを積極的に受け入れたり、あるいは差別化・同質化を試みたりする文化である（青山、2012）。名古屋は都市的な文化圏に属する地域である。
　都市的な文化とは、それぞれの都市部のみに整備された特殊な環境と特定の生活者を対象とした文化を指す（青山、2012）。都市的な文化（あるいは文化的生産）の特徴は、本質的に他者との差別化あるいは、文化的な新規性・独創性といったものに最大の価値と成果を求めている（青山、2012）点にあるものと考えられる。これは都市的な地域が知識集約型の経済へとシフトしていることが最大の理由と推察される。
　他方、伝統的な産業形態に依存している周縁的な地域の生活者は、差異化よりも

むしろ同質性に向けての指向性が強く働く（青山、2012）。こうした同質性への無意識な指向行動は文化活動においても知らずして手本を訴求し、それが模倣への途をたどることになりやすい（青山、2012）。地方食文化のB級グルメブームは、まさにそれが当てはまる。名古屋メシが一時的に巻き起こした旋風も、こうした周縁的な文化の特徴が垣間見えるのではないだろうか。

収穫逓減とは、現代的な表現を借りるならばレッドオーシャンを意味する。新たな参入者にとって名古屋の飲食市場は供給過多による旨味のない市場といえる。ただし、それは居酒屋市場の名古屋メシというカテゴライズされた市場に限定されたものでもある。

仮に新たな変革者が、名古屋メシを凌ぐような料理コンテンツをこの特殊な市場に持ち込んだとすれば、一気に新しい市場が創出され、名古屋メシはたちまち名古屋人たちの指示を失っていく可能性もある。問題は、それを名古屋人自らが行うか否かにかかっているのである。

おわりに

名古屋人は、明治以降自らの手で新たな食文化を起こしながらも、それらをまた自らの手で破壊しながら、ある意味で迷走を繰り返した挙げ句に、名古屋メシというB級グルメに自らの食文化におけるアイデンティティを確立した。このB級グルメが一過性のブームに終わらず、小さいながらも地域経済の一翼を占めることができたのは、挑戦的な地元起業家たちの努力の賜物でもある。

しかし、その起業家たちの多くが、今や活動拠点を名古屋から東京へとシフトさせている。もはや、名古屋という都市には、地元の先進的な人たちにとって魅力のないものになってしまったのか、という思いが胸をよぎる。

多くの地方や地方都市から、有能な人たちが大都市圏に集まって来る。これはやはり周縁的文化圏がもたらす文化的な弊害（同質性への過度な依存）によるものではないかと、疑うことも否めない。つまり、出る杭は叩かれまくられる運命にあり、有能な人材はそれを嫌って中心的な文化圏や都市的な文化圏へと逃走するのである。

名古屋はもちろん、都市的な文化圏に属する地域である。とはいえ、4大都市

圏の中ではいち早く文化的な周縁化が進んでいるのではないかと思われる。文化的な周縁化とは中心的な文化に対する従属化を意味し、文化的な生産能力も劣化していくことを指す。

名古屋メシは、一時的な文化的発信を行うことには成功したといえよう。だが、名古屋メシの一つとして、全国的な食として定着したものはない。かろうじて手羽先唐揚げがゆっくりと指示を拡げているが、この手羽先唐揚げですら実際には名古屋人の手になるオリジナル料理ではない。

名古屋メシという地域オリジナル食を検証しながら、つくづくB級グルメと呼ばれる料理コンテンツが底の浅いものだと痛感させられた。そこには何らのエピソードメイクすらないのである。

おそらく、名古屋メシはひっそりと、今後も名古屋地域で継承されていくだろうが、それが全国的な指示を受けることにはならない、と思われる。そして、多くの地域で半ば強引に生み出された数々のB級グルメ料理の大半も、名古屋メシと同様な運命をたどることになるだろう。なぜならば、B級グルメには京都料理や江戸料理のような奥行きのコンテクストが見えないからである。

B級グルメとは、所詮コンテンツの単なる集合体に過ぎないものなのである。

注
1) 軽く茹でたささみ肉を軽く炭火で焼き、その身に山葵を塗り付けた焼き鳥のレシピである。
2) 明治40年創業の老舗居酒屋である「大甚本店」（名古屋市中区栄1-5-6）のメニューには名古屋メシに属するものはない。伝統的な、かしわ旨煮がある。
3) 伊勢音頭と呼ばれる江戸時代中期に歌われた俗謡の歌詞にあるとされている。
4) 郊外型居酒屋店の売上は30％以上の減となり、多くの店舗が閉店するか、外食レストランへの業態変更を余儀なくされた。現在では郊外型居酒屋店という業態はない。

参考文献
青山忠靖（2012）「中心的あるいは周縁的運命からの編集」原田保編著『地域デザイン戦略総論』芙蓉書房出版、pp.32〜34
大竹敏之著（2011）『名古屋の居酒屋』リベラル社、pp.44〜80、pp.143〜144
原田信男著（1989）『江戸の料理史』中公新書、pp.144〜193
Baumol. W.J.（2007）"*Good capitalism, Bad capitalism*" Yale University Press（田中健彦訳（2014）『良い資本主義悪い資本主義』書籍工房早山）pp.85〜125

第17章

長崎料理のスタイルデザイン

山田啓一

はじめに

　長崎の食文化について書くという宿題をいただいたとき、まず頭に浮かんだのは「和魂洋才」という言葉であった。和魂洋才とは、「日本人が伝統的な精神を忘れずに西洋の文化を学び、巧みに両者を調和させること（大辞泉）」とされているが、元来は和魂漢才を西洋に応用したものとされる（大辞泉）。和魂洋才にせよ、和魂漢才にせよ、長崎は、両者を取り込んで独自の食文化を形成してきたといってよい。確かに、長崎の食を代表するものとして、「カステラ」「ちゃんぽん」「卓袱料理」などをあげることができ、和魂洋才あるいは和魂漢才というコンセプトが長崎の食文化を表すキーワードとして使えそうである。
　しかし、このテーマについて研究を進めるうちに、長崎という「まち」をより大きなコンテクストで捉えなければならないことに気がついた。それは、長崎が15世紀後半に始まった大航海時代のアジアのグローバリゼーションの主役の一つであることである。この文脈で捉えていかないと、なぜ洋才なのか、あるいは漢才なのかが説明できないからである。したがって、本章ではまず、長崎の地勢について述べたあと、アジアのグローバリゼーションに言及し、その中で長崎が演じた役割について検討することとしたい。そのうえで、長崎の食文化について考察を行い、長崎の食文化のブランディングを試みることにしたい。

第1節　長崎の地勢

　長崎市は、東経129.5256°、北緯32.4459°に位置し[1]、年平均気温摂氏約17度[2]と比較的温暖な気候をもつ、人口43万6千人[3]のまちである。長崎は、最西端の地域に属しており、東アジアおよび東南アジアの各都市とも近く、また天然の良港であったために、1570年に開港以来、アジアの都市との交易が盛んに行われてきた国際都市の一つであった（図表17-1、および17-2）。

図表17-1　アジアの中の長崎

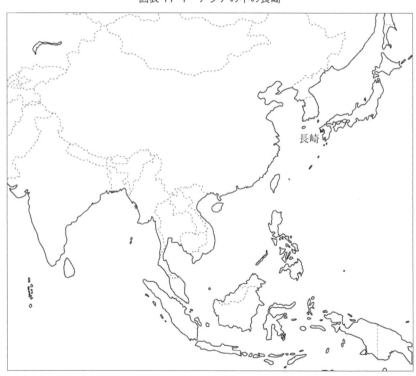

第17章　長崎料理のスタイルデザイン　*295*

図表17-2　長崎市の地図

出所：あっとながさき、長崎観光・宿泊ガイド
http://www.at-nagasaki.jp/archives/002/22.html　2014年3月10日

　長崎の食文化としては、長崎市の公式サイトでは「ながさき和・華(か)・蘭(らん)グルメ」として紹介されているが[4)]、実は「和・華・葡グルメ」とした方がよいのではないだろうか。「葡」とは葡萄牙（ポルトガル）の頭文字であり、開港当初はポルトガルとの交易とキリスト教により発展し、キリスト教布教の拠点となるなど、長崎の文化形成に大きな役割を演じたからである。これに比べると「蘭」つ

まりオランダは、出島に限定されその影響はポルトガルほど大きくなかったと考えられるからである。なお、「華」はいうまでもなく中華すなわち中国である。

このように長崎の食文化について考察を行う場合に、まず長崎が歴史的にこれらの国々とどのようにかかわってきたのか、そしてそれがどのように長崎の食を含む文化形成に影響を与えてきたのかについて、考察を行うことが肝要であろう。そこで次節でまず、こうした歴史と文化についてその概要をレビューする。

第2節　コンテクストとしてのアジアン・グローバリゼーションと長崎の歴史

15世紀後半に始まったいわゆる大航海時代は、西洋と東洋が海を通じて交わるグローバリゼーションの幕開けであった。そこでは、ポルトガル、スペイン、オランダ、イギリス、デンマーク、といったヨーロッパの勢力と、華人、和人、東南アジア人などのアジアの勢力とが交わり、交易、布教、植民地化などの活動が展開された（岩生1974、羽田2007）。

長崎はこのようなグローバリゼーションの中で生まれ、発展していったまちの一つであった。江戸時代の鎖国は、決して日本を閉じた世界にしたのではなく、長崎を通じて交易が進展した時代とみることができる。鎖国の形成と維持については、キリスト教布教を通じた植民地化から日本を守るという国内事情と、当時東アジアに進出したヨーロッパ人の新旧交代（ポルトガル、スペインからオランダ、イギリスへ）とその主導権確立があったとされる（岩生1974、p.14）。

とくに日本においては、ヨーロッパ勢ではオランダ、アジア勢では華人がこうしたグローバル競争の中で勝利し、日本との交易を独占したものと考えてよいのではないか。長崎は、このような動きの中で、アジアのグローバル化に重要な役割を果たしたといえる。長崎の食文化を考えるとき、このような歴史的なコンテクストを抜きにしては、その本質を理解することができないであろう。

以下、各国がどのように長崎とかかわってきたかを俯瞰することにする。

第17章　長崎料理のスタイルデザイン　297

（1）ポルトガル、イスパニアと長崎

　1488年バーソロミュー・ディアスの喜望峰発見、1498年ヴァスコ・ダ・ガマのインド航路の開拓を皮切りにいわゆる大航海時代が訪れた。ポルトガルがインドのゴアからマラッカを抜けてマカオを拠点として東洋へ進出し、海の帝国を築いた（羽田2007、pp.30-72）。

　他方、スペイン（以下、イスパニア）は、1492年のコロンブスによる「新世界の発見」を嚆矢(こうし)として海外展開を試みたが、ポルトガルとの間での紛争を避けるため、1494年にイスパニアのトリデシラスで、ヴェルデ岬諸島西方370リーグ（1リーグは約5km）の線で東西に分割し、西側をイスパニア、東側をポルトガルが領有することになった（鈴木1997、p.13）。このため、イスパニアのアジアへのアプローチは西回りにならざるを得なくなった。

　1519年イスパニアを発ったマゼランは、南アメリカ大陸を南下し、ヴェルデ岬を回り太平洋を越えて、1521年にフィリピンにたどり着いた（鈴木1997、p.16）。このフィリピン発見により、イスパニアはフィリピンに進出することになった。

　ポルトガルは、マカオを拠点に東アジアにも進出し、日本にたどり着いた。ポルトガルは、イエズス会の布教活動と相まって、勢力を伸ばしていったが、ポルトガルが最初にマカオ定期航路の拠点としたのは平戸であった（岩生1974、p.51）。しかし、平戸の領主松浦隆信は交易には興味を示したが、布教には関心がなく非協力的であった。そこで、キリスト教布教に熱心な大村純忠を頼って福田浦に進出したが、福田浦は良港とはいえず、近隣の長崎を開港させたのであった（岩生1974、pp.52-53、陳東華2005、p.120）。長崎は、マカオとの定期航路が開かれ、ポルトガルの最短にして確実かつ最も利益のあがる貿易路線として注力され、急速に発展していった（岩生1974、pp.53-54）。

　長崎の発展は、ポルトガルの定期船による貿易によるだけでなく、キリスト教会側の積極的な活動があった（岩生1974、p.55）。そしてキリスト教の宣教師たちは、長崎を拠点として布教活動を展開したが（岩生1974、p.56）、1580年には領主大村純忠の寄進によりイエズス会の教会領となり、西日本における貿易およびキリスト教布教の中心となった（岩生1974、pp.57-61）。

(2) バテレン禁教令

　バテレン禁教令（キリスト教禁教令）を1587年に出したのは、豊臣秀吉であった。織田信長が本能寺の変で亡くなった後、実権を掌握した秀吉は、全国を平定していったが、九州の平定が終了すると、政権の安定に着手した。この秀吉の封建的な社会秩序にとって、反封建イデオロギーをもつキリスト教は危険な存在となった（岩生1974、pp.94-96）。また秀吉は、ポルトガルが布教を通じて日本をキリスト教化し、侵略するのではないかという危惧を抱いた（岩生1974、p.101）。

　バテレン禁教令を出した後、秀吉は長崎およびその周辺地をキリスト教会から没収して直轄領とした（岩生1974、p.101）。このような動きに拍車をかけたのが、1596年に土佐沖に漂着したイスパニアのサンフェリペ号事件であった。これは、パイロット（水先案内人）のサンダがイスパニアの版図拡大について、①宣教師を派遣してキリスト教化させる、②信者がマジョリティに達したときに軍隊を派遣して信者とともに国を征服して植民地化する、という方法をとっていたことを失言してしまった、とされる（岩生1974、pp.102-105）。あるいは、イスパニアのフランシス会とポルトガルのイエズス会との間の確執で、イエズス会が暴露したともいわれている（岩生1974、p.105）。

　いずれにせよ、このような動きに対して、秀吉が危機感を持ったのは事実であろう。その後、26聖人殉教事件を経て、禁教が強化された（岩生1974、pp.106-109）。この動きは、政権が徳川家康に移行する時期に一時緩和されたが、それに伴ってキリスト教布教が再活性化され、蝦夷地まで広がった（岩生1974、pp.189-193）。

　これに対して、後発組のオランダ、イギリスは布教とは関係なく貿易を行うとともに、あらゆる機会を利用して、競争相手のポルトガルとイスパニアに排撃を行った。オランダは、幕府に対してポルトガル人たちの布教とその本国の侵略的植民地政策の不可分をといて、警鐘を鳴らした（岩生1974、pp.193-194）。

　家康は、政権が安定するに伴って、キリスト教政策にも力を入れるようになり、1612年についにキリシタン禁令を出すに至った（岩生1974、p.194）。しかし、キリスト教禁令の実はなかなかあがらず、家康の後を継いだ秀忠は、1616年キリスト教禁令に加えてヨーロッパ商人の貿易地の制限令を発布した。これに

第17章　長崎料理のスタイルデザイン　299

よって、ヨーロッパとの貿易港は平戸と長崎の2つに制限された。ただし、唐船には適用されなかった（岩生1974、pp.327-328）。

（3）オランダと長崎

　池内（1974、p.510）によれば、17世紀当時の人々が、自分たちの生きた時代を「鎖国」であった、と書き残した事実はない。実際に、対外的には、長崎（長崎口）をはじめ、松前口、対馬口、薩摩口の4つの「口」を通じて世界とつながっていた（池内1974、p.508）。17世紀当時は、東アジア各地に海禁政策がとられていた反面、倭寇的状況（荒野1988）ともいうべき諸民族雑居状態が日本列島を含む東シナ海海域各地にみられ、海域世界のネットワークの存在が指摘されている（池内1974, p.507）。したがってまったく国を閉じていたわけではなく、4つの「口」に拠点が集約されたとみることができるであろう。そうだとすれば、長崎が対外窓口として重要な役割を演じたものとみることができる。

　鎖国政策を厳密に考えれば、幕藩体制の維持強化のために、幕府以外の各藩の対外貿易を禁止し、またキリスト教化による植民地化の阻止、という狙いがあった、と考えられる。江戸幕府は、長崎を直轄領としてオランダ人を出島、華人（船員）を唐人屋敷に留めておくことによって、貿易の管理を厳しく行った。

　このように、布教と貿易の結合が、キリスト教の弾圧が徹底するにつれてポルトガル船の貿易も衰退していった一因であった（岩生1974、p.46）。しかし、大きな文脈でみると、ヨーロッパ勢の新旧交代が背景にあったとみることができる。

　ポルトガルとイスパニアに後塵を拝したオランダ、イギリスはそれぞれ東インド会社を設立して、東南アジアに進出した（羽田2007、pp.74-106）。オランダは最初、平戸にオランダ商館を設置し、そこを中心に日本との交易を行った（岩生1974、pp.156-159）。そしてオランダに続いてイギリスも平戸に商館を設立した（岩生1974、pp.160-162）。

　先に述べたように、17世紀当時は、東アジア各地で海禁政策がとられていた反面、倭寇的状況（荒野1988）ともいうべき諸民族雑居状態が日本列島を含む東シナ海海域各地にみられ、海域世界のネットワークの存在が指摘されている（池内1974、p.507）。このような状況の下で、日本人（和人）も朱印船貿易等を

通じて海外進出し、東南アジア各地に日本人町を形成するに至った（岩生 1974、pp.213-216）。

また、華人も明の海禁政策時代から、密貿易に携わる者も多く、それが後期倭寇の主体となったとされる。とくに後期倭寇の首領であった王直は平戸に居を構えていたという。あるいは鄭芝龍は南シナ海を制する軍閥から明の廷臣となり、息子の鄭成功とともにのちに台湾を拠点に長崎貿易をさかんに行った（岩生 1974、pp.430-439）。

このように、ポルトガル、スペイン、オランダ、イギリス、和人（朱印船貿易）、華人など多くの国の人びとが東アジアおよび東南アジアの貿易に携わっていたが、日本とくに長崎を中心とする貿易という点では、オランダが最終的に勝利した。オランダは、ポルトガル、スペインを排除し、同時に和人を排除し、またイギリスを排除して、勝利した。さらには華人の排除まで試みて、長崎貿易を独占しようとした。しかし、江戸幕府はオランダの貿易独占に対する危惧から華人貿易を認め、両者を競合させることにより、バランスをとる政策を行った（岩生 1974、pp.450-466）。

なお、華人は貿易に携わる船員は唐人屋敷に留められたが、中国からの移住者は市中で生活することができたため、中華の食文化は長崎のまちの中に浸透していったが、オランダ人は出島に留められ、長崎市中とのかかわりが厳しく制銀されたため、オランダの食文化については長崎のまちの中に浸透するには至らなかった。

（4）華人と長崎

華人が長崎に定住して華人社会を形成するようになったのは、1600 年ごろとされている（陳東華 2005、p.120）。唐船貿易が盛んになると在住華人の中から貿易管理に携わる唐通事職が設けられ、稲佐山の麓に唐人共同墓地が設けられた（陳東華 2005、p.120）。1620 年代に入ると、幕府のキリシタン禁教に伴い、華人は出身地ごとに興福寺（三江地方）、福済寺（福建南部）、崇福寺（福建北部）を建立し、1635 年には幕府の唐船長崎集中令にしたがって九州各地に居住していた華人が長崎に移住して、華人社会が発展を遂げた（陳東華 2005、pp.120-121）。

1689年には、唐人屋敷が設けられ、唐船船員はこの唐人屋敷に収容された。これにより在留華人と唐船船員は分離され、新規の定住は制限されるようになった。在留華人は、3つの唐寺を中心に華人社会を維持したが、次第に現地社会に溶け込んでいった（陳東華2005、p.121）。

　1859年に、長崎以外にも、神奈川、函館、兵庫、大阪が開港され、長崎の唐館貿易に終止符が打たれ、新たに参入してきた広東人[5]を加えて、近代における長崎華人社会が形成された（陳東華2005、pp.121-122）。1868年、唐館が処分され、新地が外国人居留地に編入されると在留華人は新地に移り住むようになり、新地は従来の倉庫群から華人社会の中心を占めるように変貌していった（陳東華2005、p.122）。

　その後、福建出身の華人たちは福建会館を設立し、唐人屋敷に残された土人堂、媽祖堂、観音堂、稲佐山の唐人墓地を引き継いだ。また、広東出身の華人により広東会館、三江出身者により三江会館がそれぞれ設立された（陳東華2005、pp.122-123）。

（5）鎖国の影響

　鎖国を転機として、南蛮文化から紅毛文化に変わった（岩生1974、p.483）。鎖国前にはイスパニア、ポルトガルなどのカトリック系の人びとによって、西欧文化、とくに医学、天文学、地理学、航海術、砲術などが輸入され、大いに実用に供された。そのほかに南蛮風の衣服類、食物、遊戯などが伝来し、流行した。しかし、このような学問・技術は、宣教師の媒介によることが多かったので、ひとたび鎖国を断行し、キリスト教を徹底的に禁圧すると、その道連れとなった。その反面、風俗・習慣、たとえば襦袢（じゅばん）、合羽、軽衫（かるさん）、莫大小（めりやす）などの衣類、金平糖（こんぺいとう）、有平糖（あるへいとう）、粕底羅（かすてら）、ぼーろ、煙草などの食品、嗜好品、また歌留多（かるた）のような遊戯はのこり、鎖国後もひろく民間に浸透して、ひき続き用いられ、今日に至っている（岩生1974、p.483）。

第3節　長崎の食文化

　原田（1999）によれば、長崎の食文化として、南蛮文化（ポルトガル）、紅毛文化（オランダ）、唐風文化（中国）の3つをあげている。これらのうち、代表的なものとして、カステラ（南蛮文化）、ちゃんぽんと皿うどん（唐風文化）、卓袱料理（唐風文化）について考察することとしたい。

（1）カステラ

　長崎を代表する菓子は「カステラ」である（写真17-1）。カステラは、バテレンすなわちポルトガルの宣教師が日本にもたらしたパオ・デ・ローがルーツであるとされる（明坂1991、p.170）。パオはポルトガル語でパンを意味し、パオ・デ・ローは円形のスポンジケーキである（写真17-2）。なかでも、パオ・デ・ロー・デ・ヴィセラ（ヴィセラのパオ・デ・ロー）というのが日本のカステラに近いという（明坂1991、p.170）。パオ・デ・ローに似た菓子がスペインにもあり、こちらはビスコチョと呼ばれている（写真17-3）。そしてパオ・デ・ローもビスコチョもアラブの食文化の影響を受けているという（明坂1991、pp.172-174）。

　明坂（1991、p.180）によれば、カステラという名前は、カステロー（城）という言葉に由来しているとされる。卵の白味を泡立てていくと粘り気がでてき

写真17-1　カステラ

出所：福砂屋公式サイト　http://www.castella.co.jp/h_index.html
2014年3月10日

写真 17-2　パオ・デ・ロー

出所：カステラ文化誌　http://www.castella.co.jp/magazine/a2/b.shtml#　2014 年 3 月 10 日

写真 17-3　ビスコチョ

出所：カステラ文化誌 http://www.castella.co.jp/magazine/a1/d.shtml 2014 年 3 月 10 日

て、持ち上げるとふわふわの卵白が盛り上がってきて城のようになる。これをカステローといったという。カステラという名称の起源にはもう一説があり、南蛮渡来当時、イスパニア人ではカステーリャ王国が最も力を持っており、イスパニア人にはカステーリャ王国出身者が多かったことから、イスパニア人はカステーリャ人とも呼ばれており、そこからカステラという名称がつけられたとされる（出井 1987、p.96）。

　また、出井（1987、pp.82-83）によれば、カステラの前身であるビスコチョはキリスト教の修道院で作られていた菓子であり、長崎に来たルイス・デ・アルメイダという修道師が、豊後の病院でビスコチョを焼いて病人に食べさせたとされる。なお、出井（1987、p.82）によれば、日本で最初にカステラを作った日本人は村山等安とされる。

　ホームページにあるカステラ文化館[6]によれば、カステラはスペインのビスコチョを起源として、ポルトガルを経て日本に至り、長崎で長い時間をかけて洋菓子から和菓子に変貌を遂げたとされる。いずれにしても、西洋生まれのカステラが、改良を重ねて洋菓子から和菓子に変わっていったことは、和魂洋才を示す例と考えてよいであろう（写真 17-1、2、3）。

(2) ちゃんぽん

「ちゃんぽん」と「皿うどん」は、長崎の四海樓の創業者であった陳平順が考案した長崎を代表する料理である。ちゃんぽんと皿うどんがなぜどのように生まれたのかを知るために、まず陳平順の生い立ちとちゃんぽん、皿うどんの歴史について、四海樓の4代目社長の陳優継氏の記述（陳優継2005、2009）を参考にしてまとめてみたい。

陳平順は、1873年に中国の福建省でも最も貧しい福清県で貧農の家に生まれた（陳優継2009、pp.9-10）。1892年、19歳のときに、陳家と縁故がある益隆號の張氏を頼って単身で長崎に移住した（陳優継2009、pp.20-24）。長崎に着いた平順は、反物の行商を始めた。反物をリヤカーに積んで大浦地区から遠くは島原まで行商にでかけている（陳優継2009、p.26）。

1899年、日本政府が外国人の経営する飲食店や精肉店などに営業許可を与えるようになったが、それに伴って当時26歳であった平順は広馬場に四海樓を開設した。四海樓はレストランと旅館を兼ねた店で、従業員は約30人であった（陳優継2009、pp.33-34）。四海樓という店名は、四海すなわち「四方の海、つまり世の中、世界、天下（陳優継2009、p.34）」を意味し、南宋の楊万里の詩「六合塵清、四海波静」すなわち、四方の海が波静かで国の内外が平和であることを意味するものとされる（陳優継2009、p.34）。

ちゃんぽんは、福建の郷土料理である湯肉絲麺（トンニイシイメン）がルーツとされている（陳優継2009、p.38）。湯肉絲麺は、豚肉を千切りにしたものと椎茸、筍、ネギ、季節の野菜などをラードで炒めてトッピングにした湯麺（タンメン）である（陳優継2009、p.39）。戦前は、四海樓のメニューにこの湯肉絲麺が入っていたという。

平順は、この湯肉絲麺に手を加えて、ちゃんぽんを生み出した。すなわち、近海でとれたエビ、イカなどの魚介類、地元で栽培されたもやし、当時はまだ珍しかったキャベツなどの野菜のほか、長崎の旬の食材や長崎名物の蒲鉾なども加え、スープも鶏ガラから豚骨に変え、麺のつなぎも鹹水から唐灰汁に変え、麺の太さも太めにしてうどんのように豊かなものにした。料理の仕方にも工夫をこらえ、平順オリジナルのメニューとなり、支那饂飩と名づけて商品化された（陳優継2009、pp.39-40）。

この支那饂飩がのちにちゃんぽんとなるが、これは中国から伝わってきたものではなく、長崎で生まれた中華料理となった（陳優継2009、p.40）。ちゃんぽんは、その後には替え歌や景品などにもなり、長崎の名物の一つになった（陳優継2009、pp.42-46）。

皿うどんも平順が考案したものであり、ちゃんぽんと同じ食材を使うが、調理方法を変えて、皿に盛るようにしたのである。その後、調理方法の簡便化を図り、ちゃんぽんの太麺から細麺を揚げたうえに、あんかけの具をかけるようにした現在の皿うどんになった（陳優継2005、p.131）。なお、皿うどんには、地元で開発された金蝶ソース（ウスターソースに独特の味付けを施したもの）が好まれて使われているが、このソースの開発にも平順がかかわったとされる（陳優継2009、pp.103-106）。

ちゃんぽんと皿うどんは、四海楼で生み出されたものであるが、現在では長崎発のオリジナルメニューとして日本全国各地に広がっている。その意味では、福建料理をベースに創意工夫がなされた長崎料理であるという点で、ちゃんぽんと皿うどんは、和魂漢才といってもよいであろう（写真17-4、5）。

写真17-4　ちゃんぽん　　　　写真17-5　皿うどん

出所：四海楼公式サイト　　　　出所：四海楼公式サイト
　　http://www.shikairou.com/2.htm　　　http://www.shikairou.com/3.htm
　　2014年3月10日　　　　　　　　　　2014年3月10日

306　第 5 部　具体編Ⅳ　ローカルブランドに見るスタイルデザイン

（3）卓袱料理

　江戸時代に中国からの帰化人や唐通事（中国語の通訳）などが唐風料理を食していたが、この唐風料理を長崎で創意工夫したものが卓袱料理である（原田1999、pp.99-100）。中華料理と同様、皿に盛った料理を円卓上で取り分けて食べる料理である。卓袱料理は「朱塗りの円卓 4 卓を用いて、1 卓は 5 ～ 7 人程度で、上下はなく、箸も直箸で、一同で皿や鉢、丼などの料理を取り分けて食べる（原田1999、p.100）」ものとされる。唐風料理が長崎で創意工夫されて卓袱料理になったことは、やはり和魂漢才といってよいであろう（写真17-6）。

写真17-6　卓袱料理

出所：　長崎観光ポータルサイト　ながさき旅ネット
　　　　http://www.nagasaki-tabinet.com/guide/132/　2014年3月10日

おわりに

　以上見てきたように、長崎は鎖国下の単なる貿易の窓口ではなく、当時進展していたアジアのグローバリゼーションの中で重要な役割を果たしたまちであるといえる。その歴史的、文化的資産としての食文化は歴史が下るとともに、徐々に長崎の現地化を遂げていき、独自の食文化を形成してきたものと捉えることができる。しかも、単なる洋・中・和のハイブリッドな文化ではなく、まさに和魂洋才あるいは和魂漢才といったオリジナルとは異なった新しい「食」資源を創りあ

げ、長崎ならではの「食」文化となって、日本全国に知れ渡るようになった。

そのコンテクストは、16世紀以来続いてきたアジアン・グローバリゼーションということができよう。そういう意味で「アジアン・グローバルシティながさき」ともいうべき、ブランドとして具体化することが可能であろう。

長崎の食文化はアジアのグローバリゼーションの中で、ポルトガル（南蛮文化）、オランダ（紅毛文化）、中国（華人文化）が、和の文化と交りあい、和魂洋才および和魂漢才という形で形成され、日本全国に広がっていったものである。

もちろん、本章は、長崎の観光案内やグルメ紹介をする類のものではなく、あくまで食文化について考えるという視点から論じてきたもので、長崎の食そのものをすべて網羅したものではない。ただし、その根底に流れるコンテクストを探り、それをベースに地域デザインあるいは地域ブランディングを行うことを目的としたものであった。

結論としては、「おわりに」の冒頭で述べたことになろう。紙面の限界から、長崎のまちの詳しい地理や歴史については触れることができなかった。また、歴史の記述にも詳細に触れることはできなかった。それゆえ、かなり大雑把な考察になってしまったことは否めない。

しかし、大航海時代の幕開けにより、西洋が東洋と出会い、そこからアジアのグローバリゼーションが始まり、その結果として、長崎が開港し、その進展とともに発展していったこと、いわゆる鎖国により、貿易は4つの「口」に限定されたが、それによって逆に長崎が江戸時代を通じて、日本と海外との貿易の窓口として重要な役割を演じ、発展していったこと、という大きなフレームワークを示し、先に述べたコンテクストを導出することができたのではないかと考える。

注

1) http://gps.ayapani.com/spot/42/（2014年3月1日アクセス）。
2) http://weather.time-j.net/Climate/Chart/nagasaki（2014年3月1日アクセス）。
3) 平成25年10月1日現在の推計人口である。
   http://www.city.nagasaki.lg.jp/syokai/750000/752000/p023439.html（2014年3月1日アクセス）。
4) http://www.city.nagasaki.lg.jp/kanko/870000/871000/p023276.html（2014年3月8日アクセス）。

5) 山下（2000、p.90）によれば、広東人は聖福寺を建立し、3つの唐寺と合わせて、「唐四カ寺」とされているとする。
6) http://www.castella.co.jp/castella/castell1.shtml（2014年3月3日アクセス）。

参考文献

明坂英二（1991）『かすてら加寿底良』講談社
荒野泰典（1988）『近世日本と東アジア』東京大学出版会
池内敏（1974）「解説」岩生成一『日本の歴史14　鎖国』中央公論社、pp.503-513
出井弘一（1987）『カステラの道』学芸書林
岩生成一（1974）『日本の歴史14　鎖国』中央公論社
鈴木静夫（1997）『物語フィリピンの歴史——「盗まれた楽園」と抵抗の500年』中央公論社
陳東華（2005）「4 長崎の華人社会（1）長崎の華人社会の形成と特色」山下清海編著『華人社会がわかる本——中国から世界に広がるネットワークの歴史、社会、文化』明石書店、pp.120-125
陳優継（2009）『ちゃんぽんと長崎華僑——美味しい日中文化交流史』長崎新聞新書
陳優継（2005）「4 長崎の華人社会（2）長崎ちゃんぽん物語」山下清海編著『華人社会がわかる本——中国から世界に広がるネットワークの歴史、社会、文化』明石書店、pp.126-131
羽田正（2007）『興亡の歴史15　東インド会社とアジアの海』講談社
原田博二（1999）『図説　長崎歴史散歩——大航海時代にひらかれた国際都市』河出書房新社
山下清海（2000）『チャイナタウン——世界に広がる華人ネットワーク』丸善
山下清海（2005）『華人社会がわかる本——中国から世界に広がるネットワークの歴史、社会、文化』明石書店

第6部

具体編Ⅴ　ステイタス認証制度に見るスタイルデザイン

第18章

ユネスコ無形文化遺産認定食のスタイルデザイン

原田保・宮本文宏

はじめに

　周知のように、2013年に和食が食のユネスコ無形文化遺産への登録が行われることになった。そこで、本章ではユネスコ無形文化遺産をテーマにして食文化の保護について考えてみる。これはすなわち伝統と革新に関する議論である。
　さて、日本の「和食：日本人の伝統的な食文化」以前にユネスコ無形文化遺産に登録された食には、フランスの美食術（フランス）、地中海料理（スペイン、イタリア、ギリシア、モロッコ）、メキシコの伝統料理（メキシコ）、トルコのケシキキ（トルコ）の4つがあった。日本が登録された後には韓国のキムチとキムジャン文化が登録された（2013年登録）。
　日本でも話題を呼んだこのユネスコ無形文化遺産だが、その制度について多くの人が正確に理解できているとは言い難い。世界遺産と同一視する見方が未だに根強い。実際にテレビや新聞でも世界遺産に登録されたと報じたものすらある。しかし、和食が登録されたのは、世界遺産ではなくユネスコ無形文化遺産である。富士山がユネスコ世界遺産（文化遺産）に登録されたことと、和食がユネスコ無形文化遺産に登録されたことでは意味合いがまったく異なる。また、今回和食のユネスコ無形文化遺産への登録が話題となったが、実際には日本での登録はこれが初めてでなく、すでに食以外の分野で合計21件の登録が行われている。しかし、これらはさほど話題にならなかった。それが今回、和食の登録がニュースとして大きく報じられたのは、食に対する関心の高さを示している。それで

は、食をユネスコ文化遺産に登録することは何を示しているのか。また、登録されることで何が変わるのか。

これらの問いに対して、本章では、無形文化遺産としての和食が何を指すのか、何を目指して登録したのかを探る。しかし、本章のテーマは和食の伝統や今後を論じることではない。ここでは、ユネスコ無形文化遺産という制度を通して食の文化を考察することが目的である。これはすなわち、食の伝統と革新を論じ、食の文化とは何かを問うことである。

第1節　文化の保護のための無形文化遺産

（1）ユネスコ無形文化遺産の概要

　議論の最初に、ユネスコ無形文化遺産とは何か明らかにする必要がある。和食がユネスコ無形文化遺産として認定されたニュースが大きく新聞やテレビで報じられたが、それがどのような認定の仕組みなのか、どのような意味があるのか、について明確に報じたものはきわめて少なかった。ニュースでは、意図的にか世界無形遺産や、世界文化遺産などと世界をつけて報じたものも多く見られた[1]。それは一つには、時期的に富士山の認定が記憶に新しく、両者の認定が同じコンテクストで捉えられたからであろう。現在でも、世界遺産とユネスコ無形文化遺産を同一に捉えている人は相当数いる。

　ユネスコ世界遺産である富士山の場合には厳しい審査を経てきた経緯があり、直前まで認定をどの範囲までとするのか、が話題になった。そのこともあってか、認定時にはマスコミを中心に大きく盛り上がった。その認定後、入山数も前年を上回り、自然保護と安全性の観点から入山制限や登山料の徴収が取りざたされている。また、様々な関連グッズも販売され、経済効果は相当な規模になったと思われる。

　かたや和食の方は、よく知らない間に認定されたという印象が強い。そもそも誰が認定を申請したのか、何のためかもわからず、認定という結果のみが報じられた。認定後は、和食の料理人たちがインタビューに応えてはいたが、何が変わるのかは不透明であり、誰が認定を推進したのかもわからなかった。富士山の場合には、山梨県と静岡県の知事が繰り返しテレビに登場したり、観光産業に携わ

る人達が登録への期待を語ったりして、富士山を世界的に PR したいという意図が明らかであった。

　これと比べて、和食の認定は、富士山と違って実体を持たないものに対する登録であり、その意味が理解し難い。さらに、食の分野で先行し認定を受けたのが、フランスの美食やイタリアやギリシア、そしてスペインやモロッコの地中海料理と並び、なぜメキシコ料理なのか、またトルコ料理の「ケシキキ」という耳慣れない料理は何なのかという疑問がうかぶ。このように、ユネスコ無形文化遺産の和食の登録は、食を文化遺産とすることの意味の捉え難さゆえに、和食が登録されたことは一過性の盛り上がりはあったものの、それ以上の具体的な意義を見いだし難い。

（2）ユネスコ無形文化遺産とユネスコ世界遺産との違い

　こうしたユネスコ無形文化遺産への和食の登録を考える上で、明確にすべき点は、無形文化遺産（ここからはユネスコは省く）と世界遺産（ここからはユネスコを省く）は異なるものだという点である。その前提で両者に共通する点は、ユネスコが登録する"遺産"であるという点である。いずれも日本国内で登録されるものでなく登録リストをユネスコが管轄する。

　これらの活動はユネスコが文化事業として取り組んでいる国際的な文化保全活動の一環である。それは過去から現在の自然や文化的遺産を後世へ伝えるための活動である。そのなかで、対象とするものや目的、そしてその制度と仕組みの違いから大きく3種類の保全活動に分けられる。

　1つ目が世界遺産である。1972年にユネスコ総会で採択された「世界の文化遺産および自然遺産の保護に関する条約（Convention Concerning the Protection of the World Cultural and Natural Heritage）」、すなわち通称世界遺産条約に基づく。その対象とは、文化遺産と自然遺産とその2つが複合したものである。これらはいずれも有形の不動産であることを前提とする。ここでの文化遺産とは、顕著な普遍的価値を持つ建築物や遺跡を指し、日本で有名なのは「東大寺や唐招提寺を含む古都奈良の文化財」や、「法隆寺地域の仏教建造物」などである。自然遺産には青森から秋田にかけて広がる「白神山地」などがある。なお、富士山の登録は、自然遺産ではなく、近隣の神社や修験道の遺跡も含む

「富士山―信仰の対象と藝術の源泉」として文化遺産に登録された。こうした世界文化遺産は審査を経て、承認を受け初めて世界遺産リストに登録される。まず保有国の推薦が必要であり、審査は厳しい。日本でも各地で世界遺産申請を目指す動きがあるが、それらは審査の段階で厳しく選別される。さらに、認定された世界遺産には保全義務が課せられ、保全状況を6年毎に報告し、再審査を受ける必要がある。登録時に存在していた普遍的価値が失われたと判断されれば登録は抹消される。世界遺産を維持していくためには、建造物の建築制約などの様々な制限がその地域に課せられる。

こうした登録の難しさと維持の厳しさにもかかわらず、多くの国や地域が登録を目指している。登録により知名度が著しく上がるからである。そのため、登録が年々厳しさを増すのに反し、登録を目指す動きは後を断たない[2]。

こうした世界遺産とは違い、和食が日本の食文化として登録されたのは無形文化遺産である。その名前のとおり、これが世界遺産と大きく異なる点は対象が有形資産でなく無形資産ということである。この無形文化遺産の基となるのが、2001年、2003年、2005年に行われた「人類の口承及び無形遺産の傑作の宣言」である。その宣言は2003年に採択された「無形文化遺産の保護に関する条約（Convention for the Safeguarding of the Intangible Cultural Heritage）」に統合され、2006年からはこの条約に基づく無形文化遺産制度の運用が開始した。無形文化遺産には世界（World）は付かず、その対象は芸能や伝承、社会的習慣、儀礼などである。日本ではこれまでに人形浄瑠璃文楽や、能楽、歌舞伎等が登録された[3]（図表18-1）。

図表18-1　世界遺産・無形文化遺産・世界の記憶

種類	基本となる条約など	小区分
世界遺産 World heritage	「世界の文化遺産および自然遺産の保護に関する条約（1972）	①文化遺産 ②自然遺産 ③複合遺産
無形文化遺産 Intangible Cultural Heritage	無形文化遺産の保護に関する条約（2003）	
世界の記憶 Memory of the World	記録遺産の保存と利用のために記録遺産のリスト作成開始（1995）	

これらの無形文化遺産の審査は書類審査で行われる。世界遺産は「顕著な普遍的価値を有すること」が厳しく問われるが、無形文化遺産の場合は推薦書類の不備さえなければ大部分が認定される。

3つ目が世界の記憶 Memory of the World である。これは対象を書物や文書とし、歴史的な記録をデジタル化し保全する活動のことである。登録事業として世界記憶遺産といわれる書物や絵を記録する。それにはグリム童話やグーテンベルクが印刷した聖書等が登録されている。

このように、和食として登録された無形文化遺産と世界遺産ではそれぞれの意味合いは大きく異なる。世界遺産が観光産業に大きく影響し、日本各地で登録を目指す活動が行われているが、無形文化遺産は文化の伝承に重点が置かれるため、世界遺産ほどの審査の厳格さはない。それは知名度や効果の違いに現れる。

それでは今回、和食の無形文化遺産への登録を推進したのは誰で、何のために和食の保護を求めたのか。

（3）無形文化遺産に和食を登録しようとした主体

「和食：日本人の伝統的な食文化」を無形文化遺産として申請し登録を推進したのは農林水産省である。正確には、日本料理アカデミーという京都の料理人を中心としたNPO法人[4]が始めた登録運動がきっかけであり、その運動を後押ししたのが農林水産省である。文化財の保護を管轄するのは文化庁だが、日本食文化という無形文化財登録は農林水産省による「日本食文化の世界遺産化プロジェクト」が主導し申請書を提出した。このプロジェクトは、農林水産省のHPによると、平成23年（2011年）7月に日本食に関わる各著名人を集めた検討会を立ち上げたことが始まりである。この検討会では先行して登録された食の無形文化遺産の状況や今後についての意見交換が行われた。そこで和食の無形文化遺産登録を目指すことが明確に示されている。その目的として資料に書かれているのは、原発事故による日本の食・農林水産物の信頼低下を回復することである。この検討会のメンバーは、農林水産省のHPによれば学識経験者、料理人、食品産業事業者などの日本食に造詣の深い各界の有識者で構成される。そして、日本食文化を確立・浸透し日本食の価値の回復・向上を図るために、無形文化遺産への登録を目指すとしている。なお、そこではあえて世界をつけ世界無形文化遺産と

表記している。

 このように、和食の無形文化遺産登録は官庁主体で進められた。その後は予定どおりに、7月に開始しその年の11月までに結果的には4回の会合を経てユネスコへの申請を政府として行う提言がなされた。また、その間に日本食文化に関する国民への意識調査や海外の先行事例としてフランスへの現地調査を行い、また全国各地で説明会を開催し検討の参考にした、とある。その参考内容は、無形文化遺産への登録をほとんどの人が支持し[5]、また委員や関連する団体から建設的な提言が行われた、と議事録や資料に記されている。

 この経緯を見ると、登録ありきで流れがつくられたことが明確にわかる。申請を意味づけし、国民の共通の意志とするシナリオとプロセスはその通りに進んでいった。

 その結果、年中行事や人生儀礼などと結び付き、また共食により地域、家族、友人を結び付ける社会的慣習(農林水産省HPの検討報告資料より)として日本の食文化は無形文化遺産に登録申請された。さらに、参加した委員各自の出身母胎に配慮し、「東北地方の伝統的なもち文化」や「京もの伝統食品の認定」や「すし検定」や「日本料理を研究する高等教育機関の設立検討」などが今後の提言として述べられている[6]。

 こうして、計画とおりに申請書を政府が正式にユネスコへ提出し、申請が行われた。このように、無形文化遺産への登録はきわめてスムーズに進み、予定どおりに和食は無形文化遺産へ登録された。

第2節 無形文化遺産としての食文化

(1) 食文化を無形文化遺産に登録する目的

 さて、このように農林水産省の主導のもと、和食は無形文化遺産に登録されたわけであるが、農林水産省が登録にこだわった理由は何なのか。その理由に、3.11以降の原発事故による日本の食や農林水産物の信認低下からの回復・向上を図ることがあげられている(農林水産省HPの設立主旨より。参考資料2-1)。

 当時、日本からの食料に対して、原発事故による放射能の影響を懸念して各国では輸入を見合わせる動きが強まっていた。たとえ検査を行い安全を保証し

ても、日本の食料に対する信頼度低下は避けられなかった。こうした動きに対して、世界に向けて日本の食のブランド力を取り戻そうという意図がまさに無形文化財登録にはこめられている[7]。

他方で、こうした和食のブランド化に向けての議論のなかで、原子力発電事故と別に、当時は食の分野でもう一つ重要な動きがあった。それは、環太平洋戦略的経済連携協定（Trans-Pacific Strategic Economic Partnership Agreement）通称 TPP である。しかし、このことに関する話題は日本食文化の世界無形遺産登録に向けた検討会の資料上には出てこない。当時の動きとしては、2011 年 10 月に経団連が TPP 交渉への早期参加を政府に求めたが、反対に全国農業協同組合中央会が反対署名を政府に提出した。和食の無形文化遺産への登録を要請した 11 月には首相が TPP 交渉参加に向けての協議に入ると表明した。

無形文化遺産への登録検討と TPP でのグローバル化の議論はまったく意味が異なる。ただし、農林水産業分野での TPP による影響が必須といわれていた時期に、無形文化遺産として日本の食を話題にしながら TPP にはまったく触れていないことは不自然に映る。

先に見たように、無形文化遺産への登録発案は日本料理アカデミー[8]が行い、実質的には農林水産省が中心になって推進した。これはすなわち、日本の食のブランドの海外展開のための施策の一環であった。そしてさらに、国内に向けては TPP による海外からの農水産物の輸入に対抗し、日本の食への注目を高めようとする意図が読み取れる。

このように、和食を無形文化遺産に登録したのは、それを期に日本の食への注目を高め、海外と国内の双方にアピールすることを狙いにしていた、と推察できる。

（2）食文化の保護の理由

本章では、ここまで無形文化遺産の世界遺産との違いと、和食が無形文化遺産に登録された背景について述べてきた。それでは、食の保護とは何なのか。そして、それは何のためなのか。また今回、和食を無形文化遺産に登録することで何が変わるのか。

和食の登録の発案をした日本料理アカデミーは2004年に京都市内に拠点を置く日本料理店の店主や調理学校関係者が設立した団体である。その設立の経緯として、日本料理の世界的ブームに対する海外での情報不足による日本食への誤解と、日本国内における若い料理人たちの閉塞感があげられている。また、活動主旨として、日本料理の発展を図るため、教育および文化・技術研究ならびにその普及活動を行うと共に、日本料理を支える食育および地産地消を支援し、我が国固有の食文化の振興に寄与することがあげられている[9]。

この主旨からは、食の保護とは、元々の伝統に基づく正統なその地域の食を守り発展させ、継承していくことである、と捉えられている。

このような視点から、日本料理アカデミーを設立した京都の和食料理人たちは会席料理を中心にした和食を守るために、無形文化遺産への登録を発案をした。それは日本文化の伝統を受け継ぐ「正統」な和食を情報不足による誤解に基づく異端としての海外の和食から守ることが意図されている。そこには、本家として和食のブランドを維持することを重視する意識がある。これは、企業が自社のブランドを無形資産としていかに守り、顧客にアピールするかを問うブランド戦略そのものである。つまり、それは和食というブランドを確立し、その亜流による毀損からブランドを保護する戦略である、といえる。その一環として、無形文化遺産への登録は位置づけられる。

（3）ブランドとしての食

今回の和食の無形文化遺産への登録においては、何を和食として捉えるべきなのか。つまり、守るべきブランド化の対象としての和食とは何を指すかが問題である。和食といっても、その範囲はきわめて広い。また、人によってイメージするものは大きく異なる。

元々の登録を発案した日本料理アカデミーの母胎が京都の料理店の店主から成る組織であることからもわかるように、そこでの和食は日常的な食ではない。検討委員会の資料を引用すると儀礼のもてなし料理、すなわち会席料理のことを意味する。詳しくは、8世紀末からの平安時代の貴族の社交儀礼の中で発達した宴会（大饗）料理に端を発し、1200年にわたって京料理を中心に発展してきた食文化（第4回検討会配布資料、「日本料理（Japanese culinary art and culture)」の世界無形文化遺産登録に向けた提案書）である、とされる。

　この会席料理を代表とする日本の食文化の特徴として、日本の季節折々の祭りなどの年中行事や儀礼との結び付きと、日本の風土で採れた多様で新鮮な食材の使用、そして米を中心とした食事構成、出汁のうま味や発酵食品の活用をあげている（第4回検討会配布資料。「日本食文化の世界遺産登録に向けた検討会」検討報告）

　農林水産省ではこれらの「和食」を紹介するリーフレットを英語版・日本語版として作成し、その中で和食を「料理そのものでなく、『自然を尊ぶ』という日本人の気質に基づいた『食』に関する『習わし』と位置づけ」ている（農林水産省 「和食」紹介リーフレットより）。そこでの「和食」の特徴は、多様で新鮮な食材と素材の味わいを活用、バランスがよく、健康的な食生活、自然の美しさの表現、年中行事との関わりの4つがあげられている（図表18-2）。

　このように、和食とは日本の風土と歴史が築いてきた文化と伝統を体現するものと認識されている。つまり、ブランド化の対象は、日本の食文化そのものであり、それが和食なのである（図表18-2）。しかし、和食とは何なのかが具体的に定義されているわけではない。和食は定義が曖昧なもの、もしくは明確には捉え難い文化として保護の対象になっている。こうした捉え方のように、日本の食文

図表18-2　和食の特徴

1. 多様で新鮮な食材とその持ち味の尊重
2. 栄養バランスに優れた健康的な食生活
3. 自然の美しさや季節の移ろいの表現
4. 正月などの年中行事との密接な関わり

農林水産省HP "ユネスコ無形文化遺産に登録された「和食；日本人の伝統的な食文化」とは（http://www.maff.go.jp/j/keikaku/syokubunka/ich/index.html　2013年12月24日アクセス）

化は現在危機に瀕しており和食の伝統は失われつつあると言えるのだろうか。

第3節　無形文化遺産と食の多様性

（1）保護主義と自由主義

　音楽は食と同様に、元は地域とそこに暮らす人の生活に結び付いた文化の一つである。この音楽で保護の対象になるのは、例えば民族音楽などのごく狭い範囲でしか流通しない少数による音楽文化である。

　他方で、世界的に広まったジャズは西洋音楽とアフリカ音楽の融合によって誕生した。そのアフリカ音楽をルーツとするジャズやブルースの要素を取り込み白人的な視点で再解釈したのがロックンロールであり、それが形を変えたのがロックである。さらに、ヒップホップはディスコミュージックにおけるDJ（ディスクジョッキー）のミキシング技術と、ジャマイカ発祥のレゲエミュージックのリズムとが入り混じって生まれた音楽である。このように、音楽はもとの形を超え、それぞれの地域の文化と融合しながら世界中に広がってきた。

　こうした音楽の交雑性に関する言葉に「音楽は国境を超える Music has no borders.」がある。この音楽の在り様が示すのは、異質なコト同士が出会い、混在化し、新たなコトを生み出し発展していく文化の特徴である。音楽が顕著なように、地域と地域との交流の中から後に文化といわれるコトが生まれる。

　他方、それを違った面から見れば、地域と地域の交流においては、武力や経済力で勝る強者側の価値観が押しつけられ、地域の独自性や特徴が失われる危険性がある。例えば、かつての大航海時代、ヨーロッパの列強各国が世界各地に進出した際に、キリスト教的な価値観を一方的に押しつけたために各地の独自の生活様式や風習、宗教などが失われた。近年では、市場における自由競争による画一化の弊害が指摘されている。食においては第二次世界大戦後、ファストフードチェーンが世界中に広がった。それはアメリカ型の経済至上主義のシステムとして世界各地で摩擦を起こした。それはマクドナルド化という言葉に代表され（Ritzer, 1993）、食の植民地主義やエンパイアーフーディズム（Empire Foodism）と言われた。

　さて、本章でとりあげた無形文化遺産は、文化の保護を目的にする。しかし、

保護が文化を守ることと同じ意味なのかと問う必要がある。保護することが正統と異端を分けて、そこに壁を作り正統なものを他から隔絶しようとするならばそのとき、その文化は活力を失くしてしまう。このように、保護と自由に関しては様々な議論があり、いずれの見方が正しいとはいえない（McMillan, 2002）。例えば、保護の立場から正統を守ることが、その食全体のコンテクストを活かすことに直結しないこともある。こうした点から、食というコンテクストに対する無形文化遺産の意味をあらためて問い直す必要がある。

（2）カリフォルニアロールは和食といえるのか

　海外に旅行した際の食に関する話題の一つは海外での和食の奇妙さである。例えば、近年の海外での和食ブームに乗って中華料理のレストランがいきなりスシバーに変わり、そこで出されるスシが日本の寿司とまったく異なるなどは、日本人同士の格好の話のネタになる。

　今回の和食の無形文化遺産の登録においては、こうした海外での和食への誤解を正しくすることが目的にあげられる。和食本来のブランドイメージを守るということには、海外の各地で自ら和食と名乗る食事と本来の伝統に基づく和食を区別し、双方の違いを明確にしようとする意図がある。

　それでは、アメリカで生まれたカリフォルニアロール[10]は和食ではないのだろうか。京都の会席料理を基準とすれば、日本の巻き寿司を原型に生鮮品としての魚介類や海苔を使わずに現地のアメリカ人に合うように工夫されたこの食べ物は和食の本流から外れる。多くの人の支持をえて日本でも食べられるカリフォルニアロールは和食もどきであり、それゆえこれは異端と捉えられる。

　それでは、食における正統とは何か。日本においても、イタリアのパスタは日本ではスパゲッティを指し、かつてはナポリタンがそれを代表していた。しかし、これはイタリア人の食の文化から見れば亜流でありイタリアには存在しない日本独自の食べ物である[11]。こうした料理は日本でも枚挙に暇なく、その中でもカレーやラーメンなどは国民食とまで言われている。これらの食べ物は日本の食文化に含まれないのか。また、京都の会席料理とは歴史や伝統が異なることで和食と区別されるのか。狭義の和食こそが日本独自の文化を表しているといえるのか。

（3） 食の伝統の本質

　日本文化として現在我々が捉えるものの源流を辿れば、様々な変遷を経て現在に至っていることがわかる。漢字や仮名も、元は大和時代に朝鮮半島を経由し大陸から伝わったものを日本流にアレンジすることで現在の形になっていった。このように、一国独自ではなく、周辺の国々を始め様々な地域からの影響によって文化は創造される。

　日本の食文化も同様に様々な影響を受け変化してきた。例えば、会席料理においては、禅宗や茶の作法が取り入れられ、素材の持ち味を活かすことに重点が置かれた[12]。そのいずれもが起源は中国大陸にあり海を越えて日本に伝わったものである。また、1970年代にフランスで一世を風靡したヌーベルキュイジーヌは和食の強い影響を受けて生まれたスタイルである。日本料理化したフランス料理といわれることもあるそのスタイルは、素材の持ち味を活かし、飾り付けにこだわる和食の伝統が生きている。また、近年ではフランスのシェフたちが、味噌や醤油を調味料として用いることも珍しくない。

　このように、様々な交流によって新たな食が生まれる。これは今後も続くだろう。なぜならば、各地域で水や食材が異なり、そこで暮らす人が異なる以上、地域間でまったく同じものは成り立たないからである。その時に、オリジナルを正統として他とは区別し保護することは無理な試みである[13]。食においてオリジナルとは現在から見た姿でしかなく、そこに限定するのは、コンテクストとしての広がりに欠ける。むしろ食をブランドとして広めるならば、正統と異端とを区別し境界をつくることではなく、様々な異端が各地域に生まれやがてそれが"正統"を凌駕することこそが望まれる[14]。狭い範囲に食を限定して変化から遠ざけようとすることは、その食が持つ魅力を失わせる。伝統を守るということは、かつてあったものを金科玉条のようにその形のまま維持し続ける姿勢ではない。これは、伝統とは現時点から創造されるコンテクストであることを示している。文化は変遷する。伝統は脚色された虚構である、といえる（小坂井、2002）。

おわりに

　さて、登録時にニュースとして取り上げられ話題となった和食の無形文化遺産登録だが、世界遺産のようにブランド効果が高いとはいえない。それは、無形文化遺産は称号であって実体を伴わないからである。それゆえ、その称号をいかにしてブランドとして活かすかが重要となる。また、食は時代とともにあり常に変化するコトである以上、"遺産"として保護することがブランドとして有効なのかをあらためて問う必要がある。和食の可能性と発展を考えるならば、料理人とその受け手である顧客層を広げていくことこそが重要である。そのためには"遺産"や"伝統"というコンテクストをどのように展開して魅力を高めるかをデザインすることが必要となる。

　本章では、和食の無形文化遺産登録を事例にして、その目的や意図を探り食における遺産や伝統とは何なのかを論じてきた。その議論から示されるのは、食の無形文化遺産登録の意味とは、保護する視点でなく、どのように食をブランドとして発展させていくかの視点を持つことが重要であるということである。それは、無形文化遺産そのものがコンテクストを生み出すものではないという前提に立ち、コンテクストの一つとしてそれをどのように活用するかの戦略が必要であることを示している。

注
1) 正確には「世界」は付かない。Intangible Cultural Heritage が正式名である。なお、世界遺産は World heritage である。
2) 本論のテーマではないが、世界遺産を巡る、保全と観光化、保護と開発の矛盾は大きな問題になっている。特に日本においては世界遺産人気が高く、様々な地方公共団体がリスト入りを目指して登録運動を行っている。
3) 他にもアイヌ古式舞踊や絹織物である結城紬、そして京都祇園祭の山鉾行事など、その範囲は幅広い。
4) この日本料理アカデミーは文部科学省の NPO 団体である。
5) 現実には委員を始めとしてアンケートに応えた国民がどれほど無形遺産の意味や意義を知っていたか。多くの人の頭には富士山のような漠然とした世界遺産のイメージが強く残っ

ていたのではないか、と考えられる。

6) 委員会のメンバーは、辻調理師専門学校校長、服部学園理事長、キッコーマン醤油会長、清酒会社社長、すし商生活衛生同業組合会長、味の素会長などである。

7) 日本食文化の世界遺産に向けた検討会の資料に「我が国の食と農林漁業の再生のための基本方針・行動計画」が含まれ、その中で農林水産分野における今後5年間の行動計画が描かれている（第4回検討会配布資料）。そこで、"競争力・体質強化"戦略として、戸別所得補償制度やグリーンツーリズムの活用といった施策と並んで「輸出戦略の策定」の一つに食文化の無形文化遺産登録の提案があげられている。

8) 日本料理アカデミーは、文部科学省が主幹しているNPO団体である。京都市内に拠点を置く日本料理店の店主や調理学校関係者が設立した（http://www.mext.go.jp/a_menu/ikusei/npo/npo-vol1/1316166.htm）。

9) 文部科学省における同団体のHPによる：（http://www.mext.go.jp/a_menu/ikusei/npo/npo-vol1.1316166.htm）（2013年12月23日アクセス）。

10) 加州巻きともいう。カリフォルニアロールの原型は日本の寿司における巻き寿司である。カニ風味のかまぼこ、アボガド、マヨネーズなどを酢飯で巻いたものである。生鮮品としての魚介類を使わず、海苔で表面を巻かないことで、生食や海苔の見た目に抵抗を持つアメリカ人に受け入れられて広がっていった。現在では、日本でもその名前が知られ、食べることができる。元々はロサンゼルスの日本人街区のリトルトーキョーにあった東京会館のスシバーで1960年代に考案されたのが始まりだといわれている。その後、1980年代にはアメリカ各地で作られた。やがて日本にも伝わり、知名度を上げた。他にもゴジラロールや、フィラデルフィアロール、ボルケーノロールなどがある。

11) 元々はナポリの料理だが、それを模倣し、ベーコンと玉ネギ、ピーマンとケチャップでよく茹でたスパゲッティの麺をからめて炒めた、日本独自の料理であり、イタリアには存在しない。現在もこのナポリタンを出す店はあり、人気は高い。また、名古屋発祥のあんかけスパゲッティなどはイタリア人も驚く、中華と和とイタリアの食文化を折衷した食べ物である。あんかけスパゲッティは、ゆでた太めのパスタの上に、片栗粉でとじた中華風のあんがかかっている。

12) 日本固有の美意識の有り様を示しているとし、かつてロラン・バルトが精妙な一枚の絵と例えた（Barthes, 1970）。

13) かつて農林水産省が海外に向けて行おうとした日本食認定制度である。スシポリスと渾名され、世界の失笑を買った。

14) それは茶道や武道における修行の有り様としての守・破・離という言葉に示される。最初は基本を忠実に守り身につける。次に、それを応用し変化させ、最後はその基本の型から離れていく発達段階を示す言葉である。和食の世界でもそうした変化があってこそ、次の世代に伝承されていく。

参考文献

小坂井敏晶（2002）『増補 民族という虚構』筑摩書房、p.79
農林水産省 日本食文化の世界無形遺産登録に向けた検討会資料
　平成23年7月5日、8月19日、9月28日、11月4日
　(http://www.maff.go.jp/j/study/syoku_vision/kentoukai.html 2013/12/23 アクセス)
原田保・三浦俊彦（2008）『マーケティング戦略論』芙蓉書房
原田保・三浦俊彦 編著（2010）『ブランドデザイン戦略』芙蓉書房
Barthes, R. (1970), L'empire des signes（宗左近訳（1996）『表徴の帝国』筑摩書房）
McMillan, J. (2002), Reinventing the Bazaar: A Natural History of Markets, New York: W.W. Norton and Company（瀧澤弘和・木村友二訳（2007）『市場を創る：バザールからネット取引まで』NTT出版）
Rizer. G (1993), The McDonaldization of Society, Pine Forge Press（正岡寛司訳（1999）『マクドナルド化する社会』早稲田大学出版部）

第19章
ミシュラン認定店舗のスタイルデザイン

原田保・宮本文宏

はじめに

2003年2月24日、1人の男がフランスのブルゴーニュ地方の町ソリューの自宅で猟銃自殺した。その男こそ当代きっての天才フランス料理人といわれたベルナール・ロワゾー（Burnard Loiseau）であった。彼の店ラ・コート・ドール（La Côte d'Or）はフランス大統領やハリウッドの有名俳優が訪れる高級レストランとして知られていた。日本にも一時期支店を出店していた[1]。自身の料理本や本人を取材した著書もあるほど知名度の高い、この有名シェフの自殺はスキャンダルとして大きく報じられた。その報道はやがてある本を名指しで非難した。この「シェフを殺した」と批判を浴びた本が、ミシュラン（Michelin）のレストランガイドブックであった。なぜ、ミシュランのレストランガイドブックと自殺が関連付けられ、非難されたのか。

周知のように、ミシュランのレストランガイドブックは、世界的に最も知名度の高いガイドブックである。このミシュランの名前は三つ星という言葉とともに、レストランの格付け評価の代名詞になっている。しかし、評価するのは著名な料理家や批評家ではなく匿名の評価員であり、星が授けられたからといって何かトロフィーや賞金が手渡される訳ではない。それでも、ミシュランの三つ星はフランス料理人を名乗る誰もが熱望する最高位の称号である。この星は、ある有名シェフ曰く「料理人なら、ミシュランの星を欲しくないなんて人はいない」（国松、2011、p.46）、と断言するほどの権威を持つ。特に、三つ星の評価をえたレ

ストランはその星を冠に、特別な存在だと見なされる。実際に、これはあたかもレストランの階層（ヒエラルキー）で頂点に位置するかのように扱われる。

　このような状況下で、長年三つ星を続けてきたのがロワゾーのレストランであるラ・コート・ドール（La Côte d'Or）であった。このロワゾーの伝記を読むと、ミシュランガイドの三つ星獲得に強くこだわり、そのことを人生の大きな目的にしてきたことがわかる（Echikson, 1995）。他方で、ミシュランの格付け評価制度ではレストランの星の数は毎年見直される。ミシュランのガイドブックと並びフランスで影響力を持つレストランガイドブックのゴー・ミヨ Gault et Milla が2003年、ラ・コート・ドールの評価点を今までの19点から17点に落とした。それに続いて、ミシュランのガイドブックにでも評価が三つ星から二つ星に降格されるとの噂が流れた[2]。その直後にロワゾーが自殺したことで評価の下落と自殺が結び付き、ミシュランの格付けへの批判が起きた。

　その批判の通り、店の評価の降格の噂による絶望感がシェフに猟銃を握らせたのか、については誰にもわからない。確かなことは、多くの人がシェフの自殺とミシュランのレストラン評価を結び付けて捉えたということである。

　ガイドブックに掲載される星の数が人の生死に影響する。ミシュランのレストランガイドブックの星の力はこう捉えられている。これは、単なるガイドブックを超えた特別な存在であることを示す。どの国のどの分野のガイドブックでも、これほどまでに強い影響力を持つ本はない。なぜ、ミシュランのレストランガイドブックはそれ程までの圧倒的な存在感と権威を持ちえたのか。これは何によってもたらされるのか。本章の目的は、食文化のデザインの観点からその点を明らかにすることにある。また、ミシュランのレストランガイドブックが美食に果たした役割を捉え、現在のミシュランの世界戦略から今後の展開についても触れる。

第1節　ミシュランの力

（1）2つのミシュラン

　なぜ、ミシュランのレストランガイドブックに大きな注目が集まるのか。その外観や内容は他のレストランガイドブックとさしたる差異はない。特徴的なの

は、赤い本 le Guide Rouge と称される真っ赤な装丁だが、それでも紹介記事が特別優れているわけではない。他との差異は星による格付けシステムだけである。そして、この格付けによってミシュランの名前は世界的な権威を獲得している。実は、そこにあるのはコンテンツの違いではなく、コンテクストの違いである。

　周知のように、ミシュラン自体は出版社ではなくフランスの地方に本社を置く世界最大級のタイヤメーカーである[3]。そして、我々がミシュランと呼ぶガイドブックは、このタイヤメーカーが発行するレストランガイドブックである。それゆえ、本来は会社名とガイドブックは分けて表現する必要がある。なお、実際の売上げでは、ガイドブック自身はミシュラン社全体の売上げの中では約1パーセントにも満たない。

　それにもかかわらず、タイヤメーカーとしてのミシュランとレストランのガイドブックとしてのミシュランでは、注目度では後者が前者を上回っているということもできる。

　それでは、なぜレストランとは一見何の関係もないタイヤメーカーがガイドブックを出版し、かつその本の名前が本業以上に世界的な知名度を獲得し続けているのか。それを明らかにするためにガイドブック誕生の背景と歴史を辿っていく。

（2）ベル・エポックの夢とミシュランガイドブックの誕生

　ミシュランのガイドブックは、1900年に自動車運転者向けガイドブックとしてフランスで発行されたことをその始まりとする。それは、パリ万博が開催された1900年であった。この19世紀の最後の年を飾った国際博覧会では、来るべき20世紀を科学と技術の世紀と位置づけ、進歩と発展の夢を人類の未来として描いた。動く歩道やエスカレーターがお披露目され、鉄とガラスで覆われたファサードを誇るグランパレ（Grand Palais）が展覧会場になった（鹿島、2008）。

　この万博が象徴するように、この時代がベル・エポック（Belle Époque）の頂点として、世界で最もパリが繁栄した華やかな時代であった。世界最初の百貨店ボン・マルシェがパリ七区に誕生し、都市の消費文化が急速に発展していった。

　こうした近代に向かう繁栄の徴（しるし）の一つが、自動車である。最初は蒸気機関を動力として誕生した自動車は、19世紀中頃には内燃機関を搭載した現在の自動

車になる。それが19世紀末には従来の馬車に代わり、貴族や富裕層を中心に普及しはじめポルシェを始め自動車メーカーが誕生していく。その自動車と同時に、タイヤメーカーとして発展していったのが現在のミシュラン社である。

このように、ミシュランの企業の歴史は自動車文化の発展とともにあった。元々は工業用ゴムの会社として誕生したのだが、アンドレ・ミシュランとエドワールの兄弟が輸送産業に目をつけて自転車から自動車のタイヤメーカーに展開していった。

しかし当時、自動車はごく限られた富裕層の乗り物であった。自動車で旅行することは今までにない新時代の旅行のスタイルだった。そこに目をつけたのがタイヤメーカーであるミシュランなのである。車を運転する少数派の人のために、道路地図やガソリンスタンド、さらにはまだ品質が安定していなかった自動車を各地でメンテナンスする修理工場の場所などの情報を提供したのがミシュランガイドブックの始まりである（宇田川、2002、他）。

このように、当初、ガイドブックの中心はレストラン案内ではなかった。自動車が新たに20世紀を代表する乗り物として広がりつつあったとき、それを後押しし新たな旅行のスタイルを提案し、また自動車を普及させるためのガイドであった。ミシュランがガイドブックを出版した意味は、モータリゼーションの発展に寄与し、タイヤメーカーとしてのブランドを向上することにあった。つまり、企業の広報活動の一環としてミシュランガイドブックは誕生することになった。

（3） ミシュランガイドブックの目的の変容

20世紀初頭には、初めて自動車を運転した人たちは、車が体現する今までにないスピード感と自らが自由に好きな場所に行ける解放感から新たな時代を感じ始めていた。ベル・エポックの時代、こうした社会の変化に合わせて、タイヤメーカーであるミシュランが自動車旅行者向けに作ったガイドがミシュランガイドブックである。自動車旅行者に利便性に優れた旅行案内を提供し、自動車による楽しみを増やし自社のブランド向上に役立てるためである。

このミシュランガイドブック初版の序文にはシュランの創始者の一人であるアンドレ・ミシュランが載せた言葉がある。「このガイドブックは20世紀とともに生まれ、この世紀と同じほど長生きするであろう」。この予言とおり、ミシュラ

ンガイドブックは20世紀を通して出版され続けて、時代を代表するブランドとなっていった。しかし、それは元々の目論みと大きく違った形としてであった。

当初目的とし大きな期待が寄せられたモータリゼーションの発展は予想しなかった形で実現していった。それはアメリカでフォードが始めたベルトコンベアー方式による車の大量生産である。この生産方式によって、自動車は富裕層の乗り物から大衆の乗り物へ変わっていった。

こうして、ミシュランガイドブックが当初持っていた、自動車運転手に向けた自動車普及のためのガイドという意味は失われる。しかし、ブランドは思わぬ形で築かれた。これが旅行の目的として取り上げたレストランの紹介である。これは、やがて美食家たちのための美食のバイブルとして名前を高めていくことになった[4]。そして、自社のブランド向上という目的に対して、ミシュランガイドブックは、その目的を超え20世紀を通して、本家のミシュラン社の知名度を越えるブランドとなり大きな影響力を獲得していった。このように、アンドレ・ミシュランの初版の序文の予言は、本人も含め、誰も意図しなかった形で実現された。

第2節　ミシュランガイドブックのコンテクスト転換

（1）フランス美食文化とミシュランの関係性

このように、元々はモータリゼーション文化の発展への貢献のための旅行ガイドとして生まれたミシュランガイドブックは、どのような経緯を経て現在の美食のためのレストランガイドへ形を変えたのか。

その背景には、フランスで発展してきた美食文化の伝統がある。美食文化には料理人たちとともに、彼らが生み出した料理を批判し賞賛する美食家たちの存在が不可欠であった。料理を正当に評価する目を持つ美食家がいたからこそ、料理人たちが腕を競い新たな美が皿の上に創りだされていった。ミシュランのガイドブックがレストラン批評として成立しブランドになったのも、こうした料理人と美食家との競奏の伝統があったからである。それゆえ、その歴史の概観を理解する必要がある[5]。

フランスで食事が美食と結び付くのは16世紀のヴァロワ朝時代である。当時の文化・藝術の中心地のローマやフィレンツェとの交流を通じて、イタリアル

ネッサンスの文化がフランスの宮廷にもたらされたことが始まりである。それまでは、宮廷の食事は肉を中心に焼いた食材を大皿に乗せ、それらを手づかみで食べていた。それは、空腹を満たすための行為であった。それが一変したのは、古代ローマから受け継がれた料理法として香辛料や調味料を使い、味つけに変化をもたせた調理方法や、新しく野菜や果物や菓子などがイタリアから持ち込まれたことによる（宇田川、2002）。やがて、スプーンとフォークの使用を始めとする食事のマナーが作られ、ブルボン朝においてはヴェルサイユ宮殿を中心にして美食が宮廷文化として大きく花開いた。お抱えの料理人たちが腕を競い、盛り方やソースに工夫がこらされた。しかし、それは現在のフランス料理と異なり、量を多く食べることを権威の象徴としており洗練さとはかけ離れていた。

　それが変わる大きな契機がフランス革命であった。王侯貴族のお抱え料理人だった料理人たちは革命で職場を失った。そのため、自らが町に店を構えて当時勃興し始めていたブルジョワ層を顧客に料理をサービスし始める。こうして、フランスに本格的なレストランが誕生した[6]（宇田川、2002）。やがて、マリー＝アントワーヌ・カレーム（Marie-Antoine Carême）という天才料理人とその弟子たちの貢献によって、フランス料理は19世紀にかけて黄金期を迎えて、ヨーロッパの王侯貴族とブルジョワ層を魅了する美食文化を形成していった（宇田川、2002）。こうした美食文化を背景にして、19世紀最後の年にミシュランのガイドブックが発刊された[7]。

（２）格付けシステムとしてのミシュランガイドブックの成立と構造

　19世紀最後の年に誕生したミシュランのガイドブックは、時代の変化とともに変化してきた[8]。その変化の一つが「推奨するホテルとレストラン」として旅行ガイドからレストランとホテルを独立させたことである。その後に、レストランに対する格付けが始まり、1931年、明確に3段階に分け星を付けてレストランを評価するようになる。それは、最初は地方の優良レストランの評価から出発し、パリは対象に含まれていなかった。

　しかし、この格付けシステムがミシュランによるまったくの独創かといえば、当時は同様の試みを行ったガイドブックがいくつも存在していた。そのなかでもミシュランのガイドブックは利用者の視点に立つスタイルで一貫していた。その

スタイルの原型はグリモ・ド・レニエールがかつて『食通年鑑』で示したものだった。『食通年鑑』は18世紀末から19世紀にかけて美食家として名前を馳せたレニエールが自らの価値観と理論をもとにパリの料理店や食品の批評を載せた本である。なお、同時代には『味覚の生理学』を著し、ガストロノミーに関する哲学的考察を行い、一時代を築いた美食家のジャン・アンテレム・ブリア＝サヴァラン（Jan Anthelme Briallat-Savarin）がいる。

このように、優れたシェフたちが自らの技の粋を美食として結実させるレストランという場と、それらを味わい評価する鑑識眼を持った美食家が存在し、ブルジョワ層が顧客として支持することによって、美食が文化として発展していった。

ミシュランのガイドブックが美食のブランドになった背景には、こうした3者による美食文化の存在がある。その3者のなかでは、利用者の視点に立ちながらレストラン批評を行う美食家の存在がレストランガイドブックの起源に深く結び付いている。

こうした美食批評の在り方は、20世紀、メディアの発展とともに変化していく。この変化によってミシュランのガイドブック自体が美食家の役割と権威を担うようになっていった。そのような変化は、美食文化を支えた3者の在り様が時代とともに変化していったためである（図表19-1）。

図表19-1　美食文化を支える構造

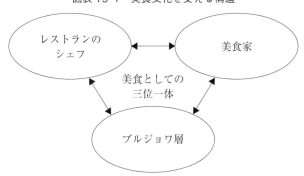

（3）メディアとしてのミシュランガイドブック

20世紀を迎えると、数多くの新聞が競って出版されてジャーナリズムが大きな力を持つようになる。マスコミュニケーションが発展することで情報の伝達の

スピードが加速して、マスメディアを通して報道が広範囲にわたり不特定多数に向けて伝えられた。食の分野もこうした情報媒体の発達による影響を受け、変化していった。

その一つには美食家の変化がある。フランスで美食文化を担ったガストロノミーを体現する個性的な美食家が、マスメディアの発達とともに、個人としての存在から匿名の存在へと変化していった。それは、マスメディアが情報を発信する人物の個性でなく、送り手であるメディアの存在感を強めていったことによる。これに伴い、美食家個人より、美食を扱うメディアが前面に出るようになっていった[9]。こうしたメディアの変化を受けて、ミシュランのレストランガイドは、美食のメディアとしてブランド化していった。

ミシュランのガイドブックではその執筆者と調査員を公開していない。その年齢も性別も経験も、その人数すら明らかにされていない。その調査員がレストランを調査し、そのなかから載せるに相応しいと判断したレストランを3段階で格付けし掲載する。どのレストランが候補になっていたのか、どのような基準なのか、その全てが秘匿されている。そして、読者が目にするのは、3段階に格付けされたレストランの名前とその紹介記事である。

そこにあるのはカタログとしてのレストラン情報である。その情報には表現などに個性はなく、信頼性のみが価値になっている。その価値の源泉は過去の実績であり、数多くの人がその価値を共有していることなのである。つまり、個人の存在ではなく、メディアが情報を発信して、それが広範囲に普及することによってメディア自身が権威を保持していくことになる。それは、かつて美食を支えた美食家たちが、その個人の知識や経験、美意識や哲学を基に食を批評した在り様とは大きく異なる。

同時に、それは美食がブルジョワ層のような一部の富裕層の特権ではなくなり大衆化したことを示している。大衆化とは、20世紀では、身分や経済力や、それらがもたらす食の伝統に対する知識がなくても、メディアが提供する情報を入手することによって誰もが手軽に美食家になれるということである。このように、それまで美食を支えてきた個人としての主体はマスメディアの発達によって次第に不特定多数の大衆へと変化していった。

さらに、こうした顧客の変化が、ミシュランのレストランガイドのブランド化

を推進していく。なぜなら、ブランドとは客観的な判断に基づくものでなく、名前などの情報から何らかのイメージを想起ができるかが重要な要素だからである（原田・三浦、2010）。ミシュランのガイドブックは、メディアとしてレストランを格付けする。そこでは、その権威の源泉が何かは問題ではない。権威があると多くの人が支持することによって、それが権威になる。レストランにとっては取り上げられること自体が自身の権威付けになる。こうした価値連鎖がミシュランのブランドをさらに高めていく。

　このように、かつては特定の個人が担ってきた美食家の文化はミシュランというメディアに変化した。そうして、ミシュランのガイドブックは格付けシステムによって大きく発展していった。その結果、ミシュランのレストランガイドブックはガイドブックの領域を超えた20世紀の美食に関する最大のブランドとして人々から認知されることになった。

第3節　ミシュランというシステム

（1）スター創造システムとしてのミシュランガイドブック

　フランス国内に限ってみても、フランス料理人は何百万人と存在している。そのなかでシェフと呼ばれる厨房のチーフも何万人といる。ミシュランのガイドブックにのるのは、その中のごくわずか一握りのシェフである[10]。だからこそ、そこで選出されたシェフは周囲から讃えられ特別な存在として注目を集める。実際に、星が付くことによって、そのシェフの運命は一変する。この星付きシェフは、テレビや雑誌等のマスメディアに大きく露出し、それゆえ一躍フランス料理界全体の顔になる。

　こうした知名度は、ミシュランのガイドブック自体の販売部数を超える大きな影響力になっている[11]。ガイドブックは買ったことはなくても、ミシュランでとりあげられた三つ星レストランとシェフの名前は知っているという人は多い。このように、マスメディアの発達とミシュランのガイドブックによる権威付けは、従来の伝統的なシェフ像を大きく変えた。

　元々、シェフは裏方であり、他から華々しい注目を浴びる存在ではなかった。彼らはひたすら地道に修行を重ねて技術を磨き、1年の大半を調理場に立つ。こ

のように、シェフは、本来は派手な職業ではない。かつては、有名シェフといっても、ごく一部の限られた美食家の間で知られる存在であった。現在のフランス料理のスタイルを築いたカレームやデュポワといった革命的な料理人ですら、当時では彼らの名前を知る人は少数であった。

それが、ミシュランのガイドブックの格付けシステムによって料理のプロフェッショナルはスターになった[12]。感性や感覚が一般の人よりも優れた人として、アーティストや思想家のように扱われる。人々は、あたかもステージに立つロックスターを仰ぎ見るかのように、シェフの一挙手一投足に注目する。三つ星のシェフにはスポットライトがあたり、崇拝され憧れられるブランドになる。彼らは、それこそ料理本から伝記まで本の出版はもちろん、テレビ番組を持ち講演に呼ばれ、もはや調理場でフライパンを握る暇がない程の名声を獲得する。

三つ星シェフのブランドは名声ばかりでなく、大きな収入をもたらす。そのレストランには予約がひっきりなしにはいり、1年先、2年先まで予約でいっぱいになる。世界中から人が押し寄せて[13]、なかには料理を食べることよりもそのシェフに会うことを目的に遠くから訪れる人までいる。また、シェフのもとには、世界中のホテルやレストランから破格の条件のオファーが殺到する。日本のように名前を借りて支店を設けたいという依頼も多数寄せられる。

このように、シェフは、三つ星の称号がつくかつかないかでまったく違った存在になる。したがって、多くの野心的なシェフたちはミシュランの三つ星を獲得しようと血道をあげるようになる。しかし、その反面、自らの店が三つ星を維持できるかどうかが大きなストレスになっている。

こうして20世紀を通じて、ミシュランのレストランガイドブックはシェフをスター化する装置となり、フランスを代表する美食の教典として君臨し続けてきた。

(2) ミシュランガイドブックは美食文化創造に貢献したか

それでは、ミシュランガイドブックは、美食文化に貢献してきたといえるだろうか。ミシュランのガイドブックは、レストランの選択に迷ったらミシュランのページを開けという程の全幅の信頼をえている（宇田川、2002、p.80）存在である[14]。他方で、ガイドブックを通して情報を得て、そのレストランを訪れる数多くの人達は、かつての美食家やブルジョワ層の顧客と大きく異なっている。

それは、ミシュランガイドブックの始まりが、車による旅行ガイドを目的とし、長期的にそのレストランに通うことを度外視しているからである。ミシュランのガイドブックの主体は、ツーリストとしてその地を訪れて通り過ぎる旅行者である。それゆえ、三つ星が「そのために旅行する価値がある卓越した料理」、二つ星が「遠回りしてでも訪れる価値があるすばらしい料理」、一つ星が「そのカテゴリーで特に美味しい料理」と定義されている（ミシュランガイドブックより）。この表現はレストランへの星の格付けを始めた当初から変わらない。

このように、ミシュランではレストランは旅の目的地であり、また途中で寄り道する場所として捉えられている。このミシュランのガイドブック上の評価が複数の覆面調査員が何度となくその店に足を運んだ結果による評価であったとしても、ガイドの情報をもとに実際に訪れる顧客自体はその一回限りの顧客である。

その結果として、ミシュランのガイドブックで三つ星となるレストランでは、その場限りのサービスが中心になっている。多くの顧客にとって、そのレストランを訪れることは特別なイベントである。たとえるなら、レストランはあたかも劇場であり、そこでシェフは舞台に立つスターとして料理を顧客に与える。顧客は観客として、ガイドブック片手にそこで饗される料理をブランド品のように貴重なものとして戴くことになる（図表19-2）。

図表19-2　ミシュランを支える構造

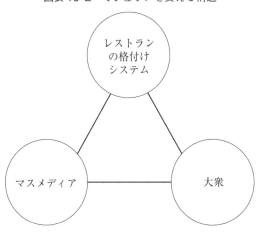

こうして、ミシュランのガイドブックが創り上げた格付けシステムは、シェフの存在を高める一方でシェフにストレスを与えて、シェフの創造性を一定の方向に向けることになる。何が基準で評価されるかが明らかにされていないために、そこには様々な憶測が渦巻くことになる。その格付けを手に入れたシェフは何とかそれを手放さないように、自らのプレッシャーと戦うことになる。また、星の獲得を目指すシェフは研究を重ねることでミシュランにあったスタイルの料理やサービスを心がけることになる[15]（図表19-2）。

こうしたことから、ミシュランのガイドブックは、格付けに一喜一憂するシェフたちの心理につけ込み、格付けを通してシェフたちを牛耳っていると非難される。野心に燃えたシェフたちがレストランの料理やサービスのスタイルを意識的にミシュラン風に合わせてしまうために、本来の個性が失われてしまうという指摘も出ている。こうした指摘はミシュランの在り様そのものに対する批判といえる。

（3）ミシュランガイドブックの変容

これまで見てきたように、ミシュランは格付システムによりシェフのヒエラルキー構造を作り出した。マスメディアと大衆がそれを支持し、ブランドとして君臨してきた。その在り様は20世紀の時代性を体現していたといえる。それでは、21世紀にはミシュランのガイドブックはどのような方向に向かうのか。

その一つの流れがグローバル化に向けた展開である。ミシュランガイドブックでは、フランス料理店以外に日本食の店がパリで初めて星を獲得したり、2007年に初めて欧米以外、アジアで東京版が出版されるなど[16]、欧州以外の世界各地に影響を範囲を広げようとしている[17]（国末、2011、pp.258-259）。さらにその後に、アジアでは香港・マカオ版が出され、各地域へと範囲を拡大している[18]。

このようなグローバル戦略に対する評価は厳しい。星の基準や選択する店が地域ごとに大きく異なり、評価そのものへの納得性が低いため、ブランドの価値を損ねていると批判される。

それは、地域毎に食文化が異なる以上、当然といえる。本章で述べたように、今までミシュランのガイドブックの権威を支えてきたのは、フランスの美食文化の伝統であった。その伝統を抜きにして、各地域でミシュランというブランドが

どれほどまでに、これまでのブランド力を持ちえるか[19]。

　さらに、このようなミシュランガイドのブランドとしての栄光が失われつつある背景には、20世紀から21世紀にかけてのメディアの変化がある。これはインターネットの爆発的な普及によって、マスメディアを中心にした情報伝達からソーシャルメディアなどによって一人ひとりの個人がメディアになる時代に変わってきたためである。マスメディアが発する不特定多数に向けての情報は価値を失くして、特定の価値観やスタイルというフィルターを通した個人や特定の集団でしか持ちえない情報が価値を持つようになってきている。そこでは、メディアとしての匿名性よりも、情報を発する存在自体の特性が重視されるようになっている。個人の価値観に共感できるかが情報の価値基準であり判断材料である。これは、情報網の発達によって、再び個人の存在に焦点が当たるようになったことを示している。

　また、これまでミシュランのブランドを支えてきたフランスの美食文化も、次第に変容している。そもそも食の世界がグローバルに展開すればするほど価値観は多様化を指向する。20世紀という時代は、皆と同じであることに価値を感じ、自己に自足した大衆化の時代であるといえる（Ortega, 1929）。21世紀はさらなる匿名性と多数化の時代となるのか、それとも自らの価値観から生活を主体的にデザインしていく時代になるのか、それともまったく違う価値が生まれるのか。しかし、その答えは未だに明らかではない。

　こうした時代の変化の中で、ミシュランのガイドブック自体は、どのように変容していくのか。匿名性と判断基準の秘匿を特徴にして20世紀に築いてきた美食の格付けシステムを今後も維持できるのか。そこから生み出してきた権威とブランド力を保ち続けられるのか。いずれにせよ、従来の在り様はもはや成立しなくなっていることは明白である。

お わ り に

　美食家たちの起源は、聖書の創世記と同様に、御言葉にある。予言者の演説から教義が生み出されていくように、出版された美食家たちの言葉によって新たな食の文化が生み出された（Toussaint-Sama, 1987）。やがて、こうした言葉はマ

スコミがマスメディアを通して普及する言葉になり、ミシュランのレストランガイドブックは20世紀を通じて美食を扱う最大のメディアとなった。このブランドを支えたものは、格付けシステムと情報を広範囲に展開するマスメディアとそれらの情報を必要とした大衆であった。

　20世紀が終わると、それらは時代とともに大きく変化する。この変化の要因は、社会の多様化と複雑化に伴い、ミシュランのガイドブックが示していた価値観が単一の絶対的な基準でなくなったことにある。こうした変化を受けて、すでに何人かのシェフは自ら三つ星を辞退したり返上したりしている。ミシュラン的な価値観と自らの価値観が合わないことがその理由である（国末、2011）。

　また、ミシュランのガイドがグローバル展開していくなかで扱う地域と食の範囲を広げていくほどに、価値が拡散し、何が星の格付けを支えているのかが見えなくなっている。こうしてブランドのコンテクストが失われれば、星自体は記号の意味しか持たなくなる。このように、かつて自殺者まで出したといわれる星の権威は失われてしまう。

　かつてのミシュランの創業者の一人のアンドレ・ミシュラン（Andre Michelin）は創刊時にミシュランのガイドブックが20世紀とともに生まれ、この世紀と同じ程長生きするであろう、と予言した。その予言どおりに、ミシュランのガイドブックは20世紀を生き抜いた。しかも、当初は想定しなかった大きなブランドを築いてきた。それは、時代性に大きく依存しており、再び時代の変化とともに変容しようとしている。

　本章はミシュランというタイヤメーカーが発刊したガイドブックが時代とともに何回かのコンテクスト転換をして現在の姿になった過程と、その背景の時代を捉えてきた。筆者は、そのことが食文化のデザインのこれからに向けた新たな視点をもたらすことを期待する。

注
1)　神戸のベイ・シェラトンホテル内に支店がおかれ、本人も日本に何度か訪れたことがあった。
2)　実際にはその自殺後に発売された、その年のミシュランのガイドブックでは、ロワゾーのレストラン、コート・ドールは三つ星から陥落していなかった。しかし、それもまた様々な

憶測を呼ぶことになり、自殺があったために、急遽降格をとりやめたのだという噂が流れた。
3) 日産自動車の CEO であるカルロス・ゴーンが勤めていた会社としても有名である。その企業文化は特殊であり、長く創業一族の同族経営であった。しかし、保守的な会社かといえばそうでもなく、ゴーンもその特徴を示す例の一つであるが、ここは能力が認められれば若くして抜擢され権威ある立場につくこともできるという社風で知られる。
4) 本章ではレストランガイドブックとしてのミシュランガイドブックに限定して論じるが、元々の誕生の経緯からもミシュランは観光ガイドブックもあわせて出し続けている。現在はレストランガイドブックの圧倒的な知名度の前でその存在感は低いが、緑色をした装丁でグリーン・ミシュラン (le Guide Vert) と呼ばれる。日本で高尾山が取りあげられ有名になった。なお、他にもミシュランは道路地図を出しており、そのわかりやすさで人気が高い。
5) 詳しくは、専門書などを参考にされたい（宇田川、2002 等）。
6) 元々は"レストラン"はスープの名前を意味している。1765 年にパリでブーランジェという人物が営んでいた店でスープを客に提供したのが始まりとされる。これがやがてレストランという名前で施設そのものを指す言葉になっていく。このように、自前で料理を出す店のことをレストランというようになり、やがてフランス革命期に貴族のお抱えの料理人たちがパトロンを失いレストランを出店しいくことになる（日仏料理協会、2000）。
7) 地図やホテル等の情報に混じり地方のレストラン情報がのせられた理由は、当時の富裕層同士の話題にお互いが知るレストランの情報を取り交わすという一種の"遊び"があったためである。これはまた美食の伝統を引き継ぐものであった。
8) 当初無料だったのが 1920 年からは有料となる。また、ホテルの格付け方式も三段階から五段階に途中で変わる。
9) 例えば、我々は新聞を読むときその記事を書いた人が誰かは気にしない。その新聞の紙面を構成する各記事の個々の記者が誰で、どのような存在かを意識せずに新聞それぞれの方針や傾向、特徴についてある程度意識した上で、どの新聞かを選択する。それゆえ、ある特定の個人の目利きの力より、その情報を扱い編集するメディア自体の信頼性が重要視されることになる。
10) フランスの 2010 年版では、26 の店が最高級評価として三つ星を得ている。
11) 毎年出版されているミシュランだが、それではどれだけの人がその本を直接手に取り、ガイドとして読んでいるか。フランス版で 2004 年に累計発行部数 3,000 万部、世界中で出版されている部数を合計するとおおよそ 1,000 万部といわれる。1900 年の初版が 3 万部であり、これは当時フランスを走っていた車の数とほぼ同じだった（宇田川、2008）から、そのときから比べれば圧倒的な部数である、といえる。しかし実際には、その部数を超えた大きな影響力をガイドブックは持っている。
12) 例えば、現在、そのレストランに 1 度も行ったことがなくても、食に興味のある人であればロブションの名前は聞いたことがある人は多いであろう。
13) 有名だったのがスペインの三つ星レストランのエル・ブリである。そのシェフがフェラン・

アドリアである。この店は現在は営業を行っていないが、1997年にミシュランの三つ星を獲得して、その当時世界で最も予約のとれないレストランと言われた。夜のみの営業で、年間の半分を休業していたために、受け入れ可能な客数は年間7千人から8千人だが予約の申込は百万件を超えていた（国末、2011、p.90）。

14) ミシュラン自体は自らの仕事を美食家と捉えることを否定している。2010年当時のミシュランガイドの総責任者であったジャン・リュック・ナレによれば「（美食）批評家は自らの経験に基づき『あの店に行ったがまずかった。だから、行かない方がいい』などとなる。私たちは行く価値のある店を読者に勧めようとする」（国末、2011、p.286）として、その違いを強調している。

15) 実際に、ミシュランの星の獲得を目指してそのことを戦略にし、実際に獲得したというレストランの逸話も多くある（宇田川、2002）。

16) 特に、星の多さとガイドブックに掲載された対象に関して様々な批評が雑誌や本として掲載された。

17) 2005年にニューヨーク版、その後にラスベガス版、ロサンジェルス版、サンフランシスコ版と立て続けにアメリカを中心にミシュランのレストランガイドブックが出版された。フランス料理以外に、イタリア料理、スペイン料理、ペルシア料理、和食に星が付き、対象となる食の分野を大きく広げていった。

18) 京都・大阪版が2009年に2011年には東京版は横浜・鎌倉を対象地域とし、2012年には東京・横浜・湘南版として出版された。

19) 最初の2008年の東京版では8件が三つ星に認定され（フランス版では11件）、掲載された150件すべてが星付きであり、その内訳は二つ星が25件、一つ星が117件という星の大盤振る舞いであった。

参考文献

宇田川悟（2002）『フランス料理は進化する』文芸春秋

宇田川悟（1986）『食はフランスに在り』講談社

鹿島茂（1996）『パリ・世紀末パノラマ館』角川春樹事務所

鹿島茂（2008）『パリのパサージュ』平凡社

国末憲人（2011）『ミシュラン三つ星と世界戦略』新潮社

日本ミシュランタイヤ　編著（2009）『ミシュランガイド東京 2010』日本ミシュランタイヤ

日本ミシュランタイヤ　編著（2011）『ミシュランガイド東京・横浜・湘南 2012』日本ミシュランタイヤ

原田保・三浦俊彦　編著（2007）『スロースタイル』新評論

原田保・三浦俊彦（2008）『マーケティング戦略論』芙蓉書房出版

原田保・三浦俊彦　編著（2010）『ブランドデザイン戦略』芙蓉書房出版

日仏料理協会　編著（2000）『フランス食の辞典』白水社

Echikson,W.（1995）*Burgundy stars: A Year in the Life of a Great French Restaurant*, London（小林千枝子訳（1996）『星に憑かれた男』青山出版社）

Ortega y Gasset, J.（1929）*La rebelión de las masas*, London（神吉敬三　訳（1995）『大衆の反逆』筑摩書房）

Remy, P.（2004），:*L'inspecteur se met à table*（吉田良子訳（2004）『裏ミシュラン ― ヴェールを剝がれた美食の権威』バジリコ）

Toussaint-Samat, M.（1987）*Histoire naturelle et morale de la nourriture*, Larousse（玉村豊男監訳（1998）『世界食物百科 ― 起源・歴史・文化・料理・シンボル』原書房）

執筆者一覧
(執筆順)

原田　保　〔編著者；序章、第1、2、3、4、18、19章を担当〕
　一般社団法人地域デザイン学会理事長、コンテクストデザイナー、ビジネスプロデューサー

庄司真人　〔編著者；第1、3、5、10、14章を担当〕
　高千穂大学商学部　大学院経営学研究科教授

青山忠靖　〔編著者；第2、3、6、13、16章を担当〕
　公益社団法人兵庫県育才会理事長、公益社団法人全日本能率連盟マネジメント・コンサルタント

宮本文宏　〔第4、7、9、12、18、19章を担当〕
　日本ユニシス株式会社
　主な著書：『地域デザイン戦略総論』（共著）芙蓉書房出版、2013年。『世界遺産の地域価値創造戦略』（共著）芙蓉書房出版、2014年。

佐藤正弘　〔第8章を担当〕
　西南学院大学商学部准教授　博士（商学）
　主な著書：『就活のための自分マーケティング —— 戦略的思考で内定を勝ち取る！——』中央経済社、2011年。

吉澤靖博　〔第11章を担当〕
　一般社団法人ソーシャルユニバーシティ総合研究所所長
　主な著書：『海と島のブランドデザイン』（共著）芙蓉書房出版、2013年。『温泉ビジネスモデル』（共著）同文舘出版、2012年。

河内俊樹　〔第15章を担当〕
　松山大学経営学部准教授
　主な著書：『ベーシック流通論』（共著）同文舘出版、2015年。『京都に学ぶマーケティング』（共著）五絃舎、2014年。

山田啓一　〔第17章を担当〕
　中村学園大学流通科学部教授、大学院流通科学研究科長　博士（経営学）
　主な著書：Managing IT in Government, Business & Communities, IRM Press, 2003（共著）。『企業戦略における正当性理論 —— レピュテーション経営を志向して』芙蓉書房出版、2008年。

■ 監修

一般社団法人地域デザイン学会

2012年設立。地域振興や地域再生を、コンテンツではなく、知識や文化を捉えたコンテクストの開発によって実現することを指向し、学際的、業際的な地域デザインを知行合一的に推進しようとする学会。

■ 編著者紹介

原田　保　（はらだ　たもつ）

一般社団法人地域デザイン学会理事長。コンテクストデザイナー。ビジネスプロデューサー。

早稲田大学政治経済学部卒業。株式会社西武百貨店取締役（企画室長、関東地区担当などを歴任）、香川大学経済学部教授、多摩大学大学院教授、ハリウッド大学院大学教授などを経て、現在は多摩大学大学院客員教授、文化学園大学服装学部特任教授などを務める。
他に一般社団法人ソーシャルユニバーシティ理事・ソーシャルユニバーシティ総合研究所研究主幹、一般社団法人日本スロースタイル協会代表、日本ペンクラブ会員。

主要著書
『コンテクストデザイン戦略』（共編著、芙蓉書房出版）
『知の異端と正統』（編著、新評論）
『地域ブランドのコンテクストデザイン』（共編著、同文舘出版）
『スロースタイル』（共編著、新評論）
『温泉ビジネスモデル』（共編著、同文舘出版）
『海と島のコンテクストデザイン』（共編著、芙蓉書房出版）
『世界遺産の地域価値創造戦略』（共編著、芙蓉書房出版）
『ソシオビジネス革命』（単著、同友館）
『場と関係の経営学』（単著、白桃書房）
『eマーケティングの戦略原理』（共編著、有斐閣）
『デジタル流通戦略』（単著、同友館）
『インターネット時代の電子取引革命』（共著、東洋経済新報社）
『調達・物流統合戦略』（編著、中央経済社）

庄司　真人　（しょうじ　まさと）

高千穂大学商学部　大学院経営学研究科教授

明治大学商学部卒業、明治大学大学院博士後期課程満期退学。修士（商学）。
高千穂商科大学専任講師、高千穂大学助教授を経て現職。

主要著書
『マーケティング論』（編著、白桃書房）
『世界遺産の地域価値創造戦略』（編著、芙蓉書房出版）
『サービス・ドミナント・ロジック』（共著、同文舘出版）
『ベーシック流通論』（共著、同文舘出版）

『マーケティング』(共著、中央経済社)
『淡路島:神の国を背景にしたブランディング』(共著、芙蓉書房出版)
『経営診断の新展開』(共著、同友館)
『リレーションシップ・マーケティング』(共訳、同友館)

青山　忠靖　(あおやま　ただやす)

公益社団法人兵庫県育才会　理事長
公益社団法人全日本能率連盟　マネジメント・コンサルタント

　日本大学藝術学部卒業、多摩大学大学院経営情報学研究科博士課程前期修了。修士(経営情報学)。(株)博報堂、LEC東京リーガルマインド大学講師、(株)スコラコンサルト、(株)ジェムコ日本経営イノベーションデザイン事業部部長コンサルタントを経て現職。他に(有)アーベインクルー代表取締役。

主要著書
『スロースタイル』(分担執筆、新評論)
『地域デザイン戦略総論』(分担執筆、芙蓉書房出版)

地域デザイン学会叢書 2
食文化のスタイルデザイン
―"地域"と"生活"からのコンテクスト転換―

2015 年 8 月 20 日　初版第 1 刷発行

- ■監　　修────一般社団法人地域デザイン学会
- ■編 著 者────原田　保・庄司真人・青山忠靖
- ■発 行 者────佐藤　守
- ■発 行 所────株式会社 大学教育出版
  〒700-0953　岡山市南区西市 855-4
  電話（086）244-1268　FAX（086）246-0294
- ■印刷製本────モリモト印刷（株）

© Tamotsu Harada, Masato Shoji, Tadayasu Aoyama 2015, Printed in Japan
検印省略　　落丁・乱丁本はお取り替えいたします。
本書のコピー・スキャン・デジタル化等の無断複製は著作権法上での例外を除き禁じられています。本書を代行業者等の第三者に依頼してスキャンやデジタル化することは、たとえ個人や家庭内での利用でも著作権法違反です。
ISBN978－4－86429－338－9